集人文社科之思　刊专业学术之声

集 刊 名：法律与伦理
主办单位：常州大学史良法学院

Law and Ethics vol.13

编辑委员会

主任： 芮国强　曹义孙

委员（按姓氏字母顺序）：

曹义孙	曹　刚	何怀宏	侯欣一	刘骁军
芮国强	孙　莉	童世骏	王淑芹	温金玉
吴玉章	谢　晖	於兴中	郑成良	

第十三辑

集刊序列号：PIJ-2017-207
中国集刊网：www.jikan.com.cn /法律与伦理
集刊投约稿平台：www.iedol.cn

LAW AND ETHICS Vol.13

法律与伦理

第十三辑

侯欣一　夏纪森　主编

社会科学文献出版社
SOCIAL SCIENCES ACADEMIC PRESS (CHINA)

第十三辑
2024年12月出版

法律与伦理专题

新时代刑辩律师的职业道德困境与出路

高雨芊　刘坤轮*

摘　要：法律乃国之重器，而律师正是以独特的社会地位手持重器——法律，投入社会发展与时代洪流之中。刑辩律师作为法律职业共同体的重要组成部分，在职业伦理方面处于国家、职业与个人三重身份的交互博弈中，身处利益关系对立最严重的旋涡之中。在厘清"非道德性"基本概念的基础上，本文通过比较研究对比中外刑辩律师角色定位，分析日常道德与职业伦理的分离，发现在法律服务市场商业化发展的情形下，当代中国律师职业存在法律职业认同感缺乏、刑辩律师角色定位模糊、中国律师特有的道德困境等新问题。据此，以中国传统伦理文化为考量因素，基于引起社会舆情的律师职业伦理事件和中国社会背景，尝试探索新时代中国刑辩律师道德困境的因应对策。

关键词：职业道德；道德困境；律师职业伦理

一　问题与思路

（一）问题的提出

步入 21 世纪以来，刘涌案、劳荣枝案、王振华案等一系列具有争议性的案件发生，引发了大众对于律师该不该为"坏人"辩护的讨论，关于律师职业"技胜于德"的讨论成为中国社会公共生活中的重要课题。律师作为法律职业共同体的重要组成部分，身处利益关系对立最严重的旋涡之中，律师职业伦理在诸多方面都表现出自身的独特性，可以说，律师职业伦理处于法律职业伦理的核心地位。① 现代律师在职业伦理方面处于国家、

---

* 高雨芊，中国政法大学法学院 2023 级硕士研究生；刘坤轮，中国政法大学教授，钱端升学者，法学教育研究与评估中心副主任。

① 〔日〕佐藤博史：《刑事辩护的技术与伦理：刑事辩护的心境、技巧和体魄》，于秀峰、张凌译，法律出版社，2012，第 7 页。

职业与个人三重身份的交互博弈中，不同的角色不断交织、冲突、妥协，我国《律师法》第 2 条第 2 款规定了律师的"三个维护"①，这三个维护之间应当是怎样的次序关系？律师职业伦理与日常道德是什么关系？当职业伦理逐渐脱离日常道德的轨道时，我们应当如何看待律师法律职业伦理的道德困境？这些都是学术界重要的理论问题。

除了律师职业原生复杂性的特点，改革开放以来，随着我国社会主义市场经济的发展，法律服务市场不可避免地受到商业主义的影响，传统律师具有的精英形象及职业内涵被刻下深深的商人印记，职业伦理与日常道德之间的冲突边界模糊，由此带来道德困境的频率越来越高，道德选择冲突造成的负面后果也越来越严重。在多数情形中，律师职业伦理和日常道德并不会给出相反答案，但这并不意味着问题重要性的丧失，因为如果缺乏充足的理论准备，我们就无法应对"好律师能不能是好人"这样的疑难问题。律师职业伦理究竟应当适应市场化的需求继续充当道德抉择中的护身符，还是反对商业化的入侵而向日常道德靠拢？寻找破解当代中国刑辩律师道德困境的基本方案，不仅对于解决上述处于舆论焦点的特殊案件具有意义，而且也应当成为规划法律职业伦理建设方向、修正相应制度化规定的理论基础。

（二）国内外研究现状

1. 研究现状

对律师职业伦理的研究源于西方，也发展和成熟于西方，有许多学者专注于对律师职业的道德困境问题研究。目前学界对道德、伦理、法律伦理、普通道德和职业道德这些基本概念区分的讨论较为成熟，国外的学者常常会将律师的职业道德和伦理学结合在一起进行研究，有学者通过比较以委托人为中心的职业伦理和关注社会正义的职业伦理，分析出两种职业伦理观的特点。以委托人为中心的职业伦理更强调道德中立，而关注社会正义的职业伦理则强调律师在使当事人行为正义化方面应发挥积极作用。② 关于律师角色及功能定位，有学者认为应当具体到不同的情形，归纳特定情形下涉及的全部社会利益，将之作为分析律师角色定位和角色

---

① 《律师法》第 2 条第 2 款规定："律师应当维护当事人合法权益，维护法律正确实施，维护社会公平和正义。"

② Katherine R. Kruse, "Lawyers, Justice, and the Challenge of Moral Pluralism," *Minn. L. Rev.*, vol. 90, no. 389, 2005.

义务的根据。① 在律师角色的基础上，有学者研究了律师与正义的关系，用"道德积极主义"对律师的职业观作出概括性描述，认为当当事人追求的目的具有不公正性或不道德性时，律师应当有一些主动作为。此时，律师的职责不应当仅限于终止委托人-律师关系，还应当努力劝阻当事人终止不正当或不道德的行为。② 有学者更进一步探讨了律师的道德立场，认为正是因为法律职业与法的价值之间息息相关，律师才被赋予了独特的期待，追本溯源，律师职业义务产生的根源是"法律的人为理性"，而不是普通道德理性或实体性正义的考量。③

我国法律职业伦理的研究起步较晚，但近年来取得了大量的成果，学界对此的兴趣也越来越浓厚。具体而言，首先是对于法律职业伦理的全景式研究，学界对于法律职业伦理学科构建的学理基础达成了基本的一致。学界对于法律职业伦理与法律职业道德之间的关系持两种不同意见。有学者认为二者属于两个不同的概念，需要加以区别对待;④ 以李本森为代表的学者认为，法律职业伦理与法律职业道德并无本质区别，仅仅是在文书用语上有所区分。⑤ 学界也围绕着法律职业共同体中的具体职业伦理展开热议，其中最具代表性的是关于律师职业伦理的研究。有学者侧重于剖析律师职业伦理的基本概念和主要命题;⑥ 也有学者高屋建瓴地从法规范层面入手，希望可以填补立法空白;⑦ 还有学者借助比较法视角，系统论述了国外相关规则理论。⑧

我国学界对律师职业的道德困境问题也展开了探讨，具体而言存在社会正义、日常道德与律师职业道德之间的矛盾。现有的研究围绕律师职业

---

① 〔美〕德博拉·L. 罗德：《为了司法/正义：法律职业改革》，张群、温珍奎、丁见民译，中国政法大学出版社，2009，第 110 页。

② David Luban, *Lawyers and Justice: An Ethical Study*, Princeton University Press, 1988, p. 12.

③ 〔美〕W. 布拉德利·温德尔：《法律人与法律忠诚》，尹超译，中国人民大学出版社，2014，第 8 页。

④ 唐永春：《法律职业伦理的几个基本问题》，《求是学刊》2003 年第 5 期。

⑤ 李本森主编《法律职业伦理》（第三版），北京大学出版社，2016，第 10~11 页。

⑥ 主要包括：张军英《律师道德伦理与社会正义》，《河北学刊》2013 年第 5 期；许身健主编《法律职业伦理》，北京大学出版社，2014，第 20~30 页。

⑦ 主要包括：廖志雄《律师职业伦理：冲突与选择、道德权利及其法律化》，《西部法学评论》2013 年第 2 期；吴洪淇《律师职业伦理规范建设的回顾与前瞻》，《交大法学》2018 年第 2 期。

⑧ 王进喜：《美国律师职业行为规则理论与实践》，中国人民公安大学出版社，2005，第 15~20 页。

伦理的价值冲突和道德困境展开，有学者从律师主体、律师职业道德、伦理构建弊端等角度展开了讨论。① 另外，还有学者聚焦于伦理学范畴，探讨律师职业伦理的命题，对律师的道德义务展开论述，涉及律师的角色定位、律师多重义务冲突的原因和解决机制等多个层面的论题。② 但现有的讨论更多地侧重于描述性，对律师职业道德困境的具体表现的讨论较为广泛，对律师价值冲突协调机制的关注度不够，多数研究止步于提出原则性、宣示性意味较强的指导。当然，也有部分学者展开了更进一步的探索，提出了通过构建儒家美德法律伦理学体系来应对道德两难挑战的出路。③

2. 对研究现状的评述

通过梳理现有的研究可以看出，学界对于法律职业伦理的讨论较为广泛，对于法律职业伦理的研究对象、研究方法和研究视角达成了粗线条上的一致，但仍存在一些细化概念界定上的分歧。关于律师职业道德困境的研究主要包括两种思路：一是立足于法规范，检索定位律师角色的法规范，并进一步挖掘法规范的法理支撑；二是从法律自身所蕴含的价值和功能出发，提出摆脱律师职业道德困境的思路。国内法律职业伦理学者们对于"公共性职业主义"、"技术性职业主义"以及批判法学派的"双重性"观点争论已久。

目前我国学者围绕律师职业伦理发展过程中出现的问题展开了丰富的研究，且取得了一定的成果，但对日常道德和刑辩律师职业伦理进行比较的研究稍有欠缺。以美国学者为代表的外国学者早已在职业伦理与道德的领域进行了较为深入的研究。他们关注职业伦理与日常道德之间的冲突和矛盾，并且以现实批判为主要研究方法，对辩护律师职业伦理展开分析。前人的研究成果为本文选题奠定了坚实的理论基础，本文将目光聚焦在新时代中国的社会背景下，继续深入探讨刑辩律师的职业伦理与日常道德之间的冲突问题，以期对实践中出现的冲突与困境作出回应，并提出有效的修正路径。

---

① 马驰：《存在独立的律师职业伦理吗?》，《河北法学》2013 年第 9 期。
② 主要包括：郑金火《忠诚与正义：律师职业价值的核心精神》，《法治研究》2008 年第 8 期；李学尧《非道德性：现代法律职业伦理的困境》，《中国法学》2010 年第 1 期；陈景辉《忠诚于法律的职业伦理——破解法律人道德困境的基本方案》，《法制与社会发展》2016 年第 4 期。
③ 王凌皞：《应对道德两难的挑战——儒学对现代法律职业伦理的超越》，《中外法学》2010 年第 5 期。

（三）理论目标

律师是法治文明的重要载体。然而，中国律师职业的发展并非一帆风顺，而是面临诸多挑战。律师作为法治的维护者，在社会中的地位和声誉尚未达到预期的高度。伴随着司法改革的浪潮，律师职业伦理和执业活动备受关注，以刘涌案、劳荣枝案、王振华案等一系列具有广泛社会影响的案件为重要节点，近年来，律师界乃至整个法学界都对律师职业伦理进行了深刻的反思。立足职业伦理学的视角，本文对中国主流法学理论和当下司法改革中所遇到的问题进行分析，具体而言可以分为两个部分。首先是希望可以超越角色伦理或当事人主义的视角，以填补道德价值空洞为主题，系统梳理中国刑辩律师职业伦理存在的问题。其次在此基础上，结合具有一定社会影响的律师职业伦理事件，对否定司法改革成果的理论作出回应。本文的理论目标在于通过理论批判探索司法改革下一步的方向，旨在充实刑辩律师职业伦理理论范式，从而更好地应对律师执业活动中可能面临的道德困境，解决目前理论与实践相脱节的问题，为未来的制度建设提供更为合理和恰当的依据。

二 法律职业伦理的"非道德性"规范

（一）研究范畴界定

1. 伦理和道德关系的讨论

"伦理学"与"道德"在西方语境中并无明显区别。追溯西方词汇的演变，"伦理"一词表述为古希腊语的"ethos"、拉丁语的"ethica"和现代英文的"ethics"，有"人格"和"本质"的含义，也可以解读为"习惯"和"风俗"。现代英语中的道德"morality"源于拉丁语的"mos"，而"ethos"和"mos"表示相同的含义。西方主张的伦理道德可以细分为两个层次：伦理更加追求外在的秩序，如风俗习惯等；而道德则更侧重于内心的约束。西方有三派伦理学的主流观点，分别是效益论、义务论和德行论，简而言之，效益论关注行为结构的幸福最大化，义务论关注行为出发点的善，而德行论关注的是要成为什么样的人，如果是为了成为一个善人，这样作出的行为就是善的行为。

汉语语境下"伦理"和"道德"的概念存在较大差异。伦理更多地指向维持人际关系的秩序，是对人的行为应然理由的说明，具有双向要求性和他律性。道德则侧重于表现人内心对于善恶、对错的理解和倾向，是对人的行为应然境界的表达，具有单向要求性和自律性。① 还有学者认为，伦理承载着古代中国宗法等级关系，而道德是伦理宗法中角色个体的内在德性，二者之间是包含关系，不应将道德从伦理中抽离、孤立地看待。②

2. 非道德与不道德概念的讨论

对于律师职业伦理的"非道德性"引发的中国法律人职业道德问题争议，首先需要明确"不道德"与"非道德"是两个差异明显的概念。③

"不道德"（immoral）指的是违背道德准则和价值观念的行为，是对道德原则的违反或违背，这是法律职业共同体共同面对的问题，如沈德咏案中沈德咏对司法形象和司法公信力造成破坏的问题，④ 以及被媒体报道为"最富法官"的张家慧的不良作风问题。⑤ "不道德性"在律师职业中即为纯粹的生活道德问题，比如因组织卖淫罪被判刑并吊销律师执业证，或者嫖娼、生活作风腐化。

而"非道德"（amoral）则是指依据职业伦理作出的选择与日常道德下的选择相矛盾的情况，或者即便没有违背日常道德，也无法避免两难困境的伦理问题。律师职业伦理非道德性某种意义上可以视为法律的非道德性的衍生品。法律的非道德性并非指违背伦理道德，而是指独立于道德，并与之存在一定距离的性质特征。例如，路遇陌生人溺水却袖手旁观，虽然违背道德，但并不违反法律。法律与道德之间的"空白地带"容易引发律师行为的"无道德性"，加剧律师活动与普通民众之间的矛盾，危害律师行业的良性发展。律师职业伦理的存在为刑辩律师与日常道德矛盾的行为提供了角色道德上的解释，也正因为作为角色道德的律师职业伦理与日常道德之间存在显著差异，律师职业伦理才会被视为具有"非道德性"。⑥

明确区分"不道德"和"非道德"两个概念，是我们正确把握当下

---

① 邹渝：《厘清伦理与道德的关系》，《道德与文明》2004 年第 5 期。

② 朱贻庭：《"伦理"与"道德"之辨——关于"再写中国伦理学"的一点思考》，《华东师范大学学报》（哲学社会科学版）2018 年第 1 期。

③ 王楠：《现代法律人的职业道德困境和解决办法》，《中国证券期货》2013 年第 5 期。

④ 参见《严重败坏司法形象，破坏司法公信力，沈德咏一审获刑十五年！》，载光明网，https://m.gmw.cn/2023-08/04/content_1303467923.htm，最后访问日期：2024 年 10 月 29 日。

⑤ 参见《张家慧："最富女法官"落马》，载新民周刊网，https://www.xinminweekly.com.cn/fengmian/2020/12/30/15329.html，最后访问日期：2024 年 10 月 29 日。

⑥ 张爽：《浅析面向 AI 时代的法律职业伦理教学》，《法治社会》2018 年第 4 期。

中国刑辩律师职业伦理状况的理论基础，也是我们在律师职业伦理学意义上进行深入探讨和分析的起点。

（二）日常道德与职业伦理的分离

1. 刑辩律师职业伦理的主流观点

在对抗性司法体系中，刑辩律师的职业伦理观念得以形成并逐渐发展。职业伦理的出现为在价值选择路口挣扎的律师提供了新的路径，在进退两难的道德困境中为刑辩律师提供了喘息空间。传统律师职业伦理的基本立场是围绕客户利益展开的"标准概念"和基于律师作为辩护人的角色伦理。

首先是律师职业伦理的标准概念。标准概念通常包含三个原则。第一是党派性原则（partisanship），指律师应当对客户的合法利益给予排他性的专注，在合法范围内最大限度实现委托人的利益和目标。[1] 第二是中立原则，基于党派性原则的要求，律师应当在代理行为中排除自身道德信念和普遍道德评价，从而避免道德评价与委托人目标之间的冲突影响代理的效果。第三是非责问原则，如果说党派性原则和中立原则从积极层面对律师提出了角色义务和不做道德评估的要求，则非责问原则就是消极层面上的豁免，即律师在遵守党派性原则和中立原则情况下的代理行为不承担道德和法律上的责任。[2]

其次是作为角色伦理的律师职业伦理。角色伦理是社会人根据具体社会分工所需要承担的义务和遵守的行为规范。身份差异派生伦理差异，不同角色伦理背后有着不同的道德判断和伦理标准。角色伦理学说认为，当日常道德与角色伦理之间产生冲突时，角色伦理优先于日常道德。[3] 角色伦理使刑辩律师的职业伦理超越了日常道德，按此思路"好人"和"好律师"处于两种评价体系，角色伦理回避了这一讨论，使刑辩律师不再受日常道德的审判。

2. 传统职业伦理视角下刑辩律师的道德困境

标准概念下伦理观的构建，使现代律师职业伦理滑向了强调客观意

---

① 〔美〕W. 布拉德利·温德尔：《法律人与法律忠诚》，尹超译，中国人民大学出版社，2014，第 25 页。

② David Luban, *Lawyers and Justice: An Ethical Study*, Princeton University Press, 1988, p. 52.

③ 〔美〕蒙罗·H. 弗里德曼、阿贝·史密斯：《律师职业道德的底线》（第三版），王卫东译，北京大学出版社，2009，第 48 页。

上"正确"的伦理观，而忽视主观意义上"善"的伦理观。① 在标准概念下律师即使认为自己的委托人在道德上有严重瑕疵，也依然需要将这部分排除在法律服务的道德考量范围之外，基于"中立原则"搁置自己的一般道德判断；即使普通民众在道德上厌恶当事人的目标和律师所采取的手段，但由于角色伦理构建出了独特道德领域，律师仍可以基于"非责问原则"免受普通群众的道德谴责，并基于"党派性原则"将实现客户利益视为最高的价值目标。律师职业伦理的标准概念是角色伦理上的主张，而角色伦理意味着可以用与日常道德矛盾的方式来实现角色定位的道德要求，也正是因为作为角色伦理的律师职业伦理与日常道德的差别，它才会被视为具有"非道德性"。②

在众多伦理挑战中，刑辩律师所面临的"维护当事人利益"与"维护社会公平正义"之间的对立，构成了其最主要的道德困境，也是标准概念、角色伦理与日常道德冲突的具象化。更具体一些，如律师的忠诚义务与真实义务之间的冲突，律师社会公共责任与商业利益之间的冲突，律师能否为负面案件中的被告人进行辩护，等等。标准概念关注行为的合法性和规范性，但忽视了道德性，非道德性律师职业伦理将使法律初衷与实际效果背道而驰，换言之，忽视道德性的律师职业伦理反而会削弱法律职业的自主性，最终律师职业伦理可能会沦为谋取特权的遮羞布，甚至引起法律职业共同体的生存危机。在现代，法律人的真实执业状态充斥着朦胧选择，正义与非正义往往不是泾渭分明的，现代职业伦理与日常道德之间的冲突边界更加模糊。一方面是超越日常道德的忠诚义务，另一方面是追求正义的真诚义务，刑辩律师双重义务存在冲突，在实践中，对于刑辩律师的角色定位，如何寻找二者之间的平衡一直存在争议。

三　新时代法律职业伦理与日常道德的矛盾加剧

（一）商业主义下法律职业认同感缺乏

随着社会主义市场经济的发展，法律服务的商业化导致律师职业与商业之间的分界线模糊，曾经以献身于公共利益为宗旨的律师政治家理想正

---

① 李学尧：《非道德性：现代法律职业伦理的困境》，《中国法学》2010 年第 1 期。

② 陈景辉：《忠诚于法律的职业伦理——破解法律人道德困境的基本方案》，《法制与社会发展》2016 年第 4 期。

在消逝，律师职业伦理非道德性的特征愈加清晰。理想状态下商业主义模式可以降低法律服务成本，避免信息不对称带来的消极后果；但在实践中存在无法很好保证法律服务质量和法律工作异化的问题。加之在新技术和全球化的影响下，法律服务工作趋向于分解化、流程化，传统工作模式下代理案件的每一个流程几乎都是由同一名律师完成的，在新的模式下一个律师团队就不同的工作类型和层次进行分工，这样有利于提升律师在单项法律服务中的熟练度，提高效率。但这也会带来律师工具化的问题，律师重复简单工作、对公众的无道德责任等，会削弱律师自身的职业认同感和荣誉感。高薪水、高收入不应成为律师的最终目的，而是完成义务后的附加成果。过于逐利会衍生投机、欺骗等不良行为，从而失去人民群众的尊重和信任，动摇律师职业的根基。对于我国律师业来说，一些律师缺乏对律师职业的全面认识，还没来得及形成职业认同感，就过早地受到商业化的影响，这对律师行业的长期发展产生了不利影响。

由于商业化模式渗透，律师职业荣誉感和认同感日趋减弱，这是新时代法律职业伦理与日常道德的矛盾加剧的表层现象，民众普遍对律师职业伦理缺乏信心，其根本性原因在于，历史上，律师取得职业特权的代价是践行维护社会公平正义的承诺；而在当代，非道德化的职业伦理将这种承诺抛在脑后。[①] 换言之，正是由于律师职业在社会生活中有着无法替代的重要性，民众才对于非道德化的法律职业伦理反应激烈。

（二）中国律师职业特有的道德困境

中国律师职业伦理的建构之路，相对于西方而言，面临着双重困境。其一，西方建构的律师职业伦理侧重于强调行为的正确性，而忽视了其背后的道德价值合理性，律师职业与中国传统乡土文化之间存在隔阂，如果不将西方律师的职业伦理本土化改造，直接移植过来，必然会遭遇中国社会和民众的"排异反应"。[②] 为道德上有瑕疵的人辩护，在中国乡土文化中会被认为不符合人伦道义，部分民众无法接受，例如劳荣枝案的刑辩律师就曾遭遇死亡威胁和网络谩骂。其二，在哲学基础上，西方的主流律师职业伦理体系是康德主义的，预设人具有脱离情感的道德意志。为西方社会量身定制的、具有极强建构性的康德式伦理体系，认为可以超越情感体

---

① 李学尧：《非道德性：现代法律职业伦理的困境》，《中国法学》2010年第1期。
② 余涛：《我们需要何种法律教育——从法律职业伦理困境谈起》，《法学教育研究》2011年第1期。

验评价一个人的行动，一定程度上可以方便法律职业者行事，但也会使法律职业者逐渐遗忘行为背后的道德评价，这种滑向"非道德"的律师职业伦理规范体系，有悖于中国人的日常道德规范。[①]

中国传统文化重视情感和家庭伦理，"无讼"思想盛行，注重调解与和谐，在传统文化背景下构建律师职业伦理，就应该换位思考，理解诉讼外纠纷解决机制背后的传统政治思维惯性。[②] 更深一层的原因是，受到历史传统和文化情感问题的影响，在中国，法律职业者的工作环境是高度行政化的，就算是完全商业化的律师，也会参与到有中国特色的诉讼外纠纷化解机制中。在这样的社会背景下，直接僵化挪用职业伦理标准概念，显然不是当下面临道德困境的最优解。

四　中外刑辩律师角色定位比较研究

（一）新中国刑辩律师角色定位演变梳理

在 1980 年颁布的《律师暂行条例》中，对律师的定义是"国家的法律工作者"，为了恢复和重建律师制度，我国采取国家主义模式，法律服务产品统一管理、统一分配。[③] 随着改革开放启动，社会主义市场经济的发展促进法律服务需求日益增长，外来投资者对法律服务的需求逐渐显露，国家主义模式式微，对律师职业伦理的要求也有所改变，1996 年颁布的新中国第一部《律师法》对律师的定义是"为社会提供法律服务的执业人员"，由具有公职身份的国家法律工作者，转变为社会法律工作者，中国律师的身份定位发生了变化，律师角色的民间色彩更加凸显，新背景下的律所如雨后春笋般涌现，法律服务的积极性、创造性大幅提升，2017年修正《律师法》后，对律师的定义变为"为当事人提供法律服务的执业人员"，律师定位的"当事人性"更加突出。

（二）域外刑辩律师角色定位分析

梳理域外律师角色定位的分类，可以归纳出"当事人主义"和"国

---

① 李学尧：《非道德性：现代法律职业伦理的困境》，《中国法学》2010 年第 1 期。

② 胡铭：《司法竞技、法律诊所与现实主义法学教育——从耶鲁的法律现实主义传统展开》，《法律科学（西北政法大学学报）》2011 年第 3 期。

③ 郭春涛：《律师性质初论》，《中国司法》2008 年第 11 期。

家主义"两种经典视角。

当事人主义视角下律师的主要形象是维护当事人利益的代理人，比如美国，在制度设计和法律条文上都更强调律师是"当事人的代理人"的角色定位，美国律师协会公布的《职业行为示范规则》第 1 条就规定了"律师应当为委托人提供称职的代理"，并在下面的条文中对律师职能的"当事人性"作出了更进一步的分析，其中对刑辩律师的具体定位包括法律顾问、辩护人和谈判者三个方面，在具体操作中从律师能力、称职、勤勉、交流等角度提出了要求，其中对于律师保密义务例外的规制设置主要是从委托人行为或信息危险程度的严重性和危害的未来性角度考虑的。据此，美国律师职业伦理更多侧重律师的"当事人性"，从服务于当事人的角度来制定律师行为规则。

在与当事人主义视角相对的国家主义视角下，律师的角色定位转变为推进刑事司法程序的协力者。日本是国家主义视角的典型，将律师视为"在野法曹"。"法曹"是中国汉代负责邮件传递的官署，也有代指司法官署的含义，受中国汉代影响，日本将律师称为"在野法曹"，是对律师肩负公共职能的强调。相较于其他职业而言，刑辩律师不仅要承担对委托人的伦理义务，还要服务于自身享有执业许可而运作其中的法律制度，以及支撑该制度的政治理想与道德价值，其职业角色综合体现了"当事人利益的维护者"和"司法公平正义的维护者"这两种身份，其需要同时承担代理人责任和公共责任。

纵向梳理，虽然我国法规范对于律师的角色定位呈现逐渐明晰向的趋势，但对于"维护当事人合法权益"和"维护社会公平正义"之间如何平衡，仍然没有作出正面回应，对刑辩律师所负有的伦理义务和规范角色定位仍有进一步细化的空间，基于律师在社会主义法治国家建设中的关键地位，明确律师角色定位、填补规范空白十分重要。

五　新时代中国刑辩律师道德困境的解决对策

（一）构建刑辩律师职业伦理的道德内核

新时代的中国刑辩律师，应当走出象牙塔去服务公众，在公共决策中代表公众利益进行辩论，做有道德的积极公民。律师职业伦理不但应当包括行为准则，还应当包括律师所要具备的美德，行为准则可以提升法律服务的效率，而美德的价值在于削弱商业主义的弊端，成为应对道德困境的最后一道防线。刑辩律师所要具备的第一个道德是"忠"，忠表示竭心尽力，尽职责之事，更表示内心中正、客观公正。"忠"这一道德可以对应律师与委托人之间的关系，要求律师在智力、技术和情感上都投入法律服务。[1] 全身心投入法律服务并不是让律师成为当事人的工具，而是要求律师在维护当事人利益的基础上，考量当事人目的的道德性。司法的功能绝不仅是简单地解决纠纷，律师的社会功能也绝不仅是简单机械式地适用法律，标准概念下的律师是维护委托人权益的工具，但律师事业是一份道德事业，律师职业伦理应当是忠于法律的，律师应当将法律作为自身行动的理由。

除了"忠"这一重要道德之外，我们还可能要求律师具备"礼""智""信"的美德。文明礼节是内心认知的外在表现，"礼"对应现代律师职业伦理，可以体现在对律师庭审仪表与言行的要求，以及对法律职业者互相尊重、互相帮助、平等竞争的要求上。"智"可以拆分为"知"和"日"两个汉字，"知"是知道、明白之义，"日"是了解宇宙运行规律和事物变化规律；"智"体现在对律师执业技能和终身学习的要求上，新时代，律师除了要具有必要的法律知识和技能，进行严谨的推理和辩论，还要与时俱进，对法律人工智能有所学习和掌握。委托人和社会公众对律师的信任也十分重要，"信"意味着正直和诚信，也是对律师个人品质的要求。

（二）明确刑辩律师的角色定位

律师职业责任存在多方面冲突，律师要对当事人承担市场意义上的法律义务，对国家承担公共意义上的法律义务，还要对法律职业共同体承担职业意义上的法律义务。从 1980 年的《律师暂行条例》到 2017 年修正的《律师法》，法规范的变化也见证了经济社会发展背景下律师身份地位的转变，总体而言在法律条文层面律师的"当事人性"不断增强。[2] 党的十八届四中全会提出，律师是中国特色社会主义法治工作者，在此基础上，律师职业被赋予了政治坚定、执业为民、业务精湛、恪守诚信、维护正义、

---

[1] 王凌皞：《应对道德两难的挑战——儒学对现代法律职业伦理的超越》，《中外法学》2010 年第 5 期。

[2] 陈瑞华：《刑事辩护制度四十年来的回顾与展望》，《政法论坛》2019 年第 6 期。

践行公益的新定位与内涵。① 与《律师法》将律师界定为"法律服务人员"相比，"中国特色社会主义法治工作者"对律师的定位更加明确清晰，强调律师在维护委托人合法权益的同时，更要履行好社会责任，发挥协力效用，这一定位在帮助律师群体摆脱"社会中介""枪手"的误解后，进一步明确律师以高水平业务服务社会、维护法律正确实施、维护公平正义的价值目标，有利于提升公众对法律体系的信心。

律师的角色定位取决于法律对律师职责的表述和规定。我国《律师法》第2条第2款规定了律师的"三个维护"，在具体规范表述层面兼具双重特色，对当事人利益和社会公共利益的维护均有体现。实践中律师所遭遇的道德困境表明，刑辩律师角色定位的冲突问题解决的关键在于合理调配"三个维护"之间的关系。超越传统的定位视角，重申我国律师的角色定位，从"中国特色社会主义法治工作者"的规范内涵入手，律师职业伦理要与整体职业形象匹配，那么它就必然是政治道德追问的结果，即律师不是仅维护当事人利益的工具或单一代表作为"控方"的国家，而应当为整个法律的道德吸引力负责。刑辩律师需要在合理性与合法性限制的范围内维护当事人权益，保证恪守事实还原、尊重法律的主旨从事诉讼活动。这意味着我国律师不能完全商业化，律师不仅是某人的律师，更是忠于法律的律师，是社会公平正义的传声筒。

（三）重塑"以德为先"的法治人才培养目标

要想摆脱新时代刑辩律师的职业道德困境，修正"唯法律技术论"的职业伦理倾向，首先应当明确法治人才培养中"德"与"法"的先后次序，将"以德为先"贯穿法学教育全过程。律师职业伦理不断滑向"非道德性"，主要源于对抗制诉讼模式下个人权利至上观念的不断膨胀，律师在面临道德困境时，所做决策难免受到职业伦理至上性、对公众无道德责任原则和"法律技术员"原则的影响。虽然道德一直是律师职业伦理关注的问题，但当下的教育理念有本末倒置之嫌，道德更像是职业技能与司法技术的组成部分。

新时代法治人才培养，应当包含法律技能与职业伦理培养，且后者地位更加重要。目前学界提倡改革传统法学教育，但更多的是着眼于补齐

---

① 薛济民：《坚守中国特色社会主义法治工作者定位 做党和人民满意的好律师》，《中国律师》2022年第5期。

"实践性"的短板，通过"法律诊所""翻转课堂"等形式加强应用技能训练，仅仅将培养应用型或复合型法律人才作为目标，是功利主义的模式，甚至可能导致我国法学教育落入"价值空洞"的危机。[1] 倘若法律职业者丧失了同理心，即使有卓越的法律技术，也注定无法实现法治的政治蓝图，教育目标错位的回旋镖最终会打在法律职业者身上。

因此，应当修正法治人才培养目标，提升德性教育的优先级。法律职业伦理教育的目标不是让学生熟背法律条文从而通过考试，而是传达法律背后的精神，在学生心中播撒下善的种子。具体而言，可以通过将历史传统与社会现实相结合，构建多元化、层层递进、协同育人的教学体系。律师职业伦理不应当止步于扁平化的一本书或者一门课，可以设置职业伦理总论、行为规则、比较研究等基础性理论课程作为教育体系金字塔的"地基"，[2] 辅以司法实务技能案例教学课、"法律诊所"等实务类课程，金字塔的顶端是在律师事务所等社会实践基地开展的实习实践。[3] 此外，在教学过程中可以融入反馈性评价机制，在结课方式上可以采取笔试考核、实践考核、平时考核多元化的考核方式，学生将实践中遇到的真实职业伦理问题反馈给老师，使师生处于同一个法治图景之中，学生是参与者和体验者，老师是引导者和监督者，这可以丰富传统的教学手段。

结　语

关注新时代中国律师的职业道德困境并据此展开刑辩律师的角色定位分析，进而探讨解决职业伦理"非道德性"引发的律师职业问题的具体对策，既是基于我国社会法治化进程的需要，也是与构建法律职业共同体相契合的题中应有之义。近年来，我国司法改革不断推进，在社会中却仍然出现法律人违背职业伦理、深陷道德困境的案例，这一现实中的矛盾，让学界日益深刻地认识到重塑具有中国特色的律师职业伦理的重要意义。本文讨论律师职业伦理的传统观点，并分析其存在的原生性问题，汲取中国传统伦理文化的营养，意在寻找能够破解新时代中国律师职业道德困境的出路，通过构建职业伦理的道德内核、明晰职业角色定位、重塑法治人才

① 季卫东：《秩序与混沌的临界》，法律出版社，2008，第247页。

② 刘坤轮：《"学训一体"法律职业伦理教学模式的实践与创新》，《政法论坛》2019年第2期。

③ 成功：《论法律职业伦理与法学教育目标》，《安徽警官职业学院学报》2020年2期。

培养目标，帮助刑辩律师在维护当事人合法权益与承担公共义务的双重责任之间更好地达成平衡。法律事业是道德事业，律师的权利来自法律，律师的力量来自人民，相信在"以德为先"的法治人才教育机制培养下和健全的职业道德机制约束下，未来的中国刑辩律师一定是德才兼备的！

法德共治中的差序伦理

范学超[*]

范学超[*]

摘　要：在全面现代化与法治体系更加完善的背景下，从不同角度、微观层面研究如何实现现代化成为日益重要的问题，在法德共治且彼此交融的当代，这一问题的现实意义更为凸显。个体与共同体的关系提供了把握德治与法治关系的新视角，人类历史上，个体相对于共同体经历了脱嵌后回归的过程，个体与共同体之间的关系既对立又统一。伦理是共同体的共识性产物，因共同体范围不同而存在差序性，这种具有典型差序性的伦理便是差序伦理。差序伦理包含两种结构，在小共同体视角上呈现为平面的同心圆结构，表现为主体因亲疏有别而对其他主体承担着不同的义务；在大共同体视角上呈现为纵向的阶梯式结构，表现为主体因身份有别而对于共同体承担着不同的责任。二者冲突时，大共同体视角处于优位。差序伦理对当代法治具有重要价值，既可以为现行法中的差序性规定进行理论上的辩护，也可以为立法中的区别对待提供理论依据，更重要的是，对差序伦理的包容构成法治的中国特色。

关键词：中国式现代化；身份伦理；差序伦理；小共同体；大共同体

引　言

党的二十大报告指出，未来五年主要目标任务包括国家治理体系和治理能力现代化深入推进、中国特色社会主义法治体系更加完善。^① 在全面现代化与法治体系更加完善的背景下，从不同角度、微观层面研究如何实现现代化成为日益重要的问题。而法德关系一直是重要的理论问题，在法德共治且彼此交融的当代，这一问题的现实意义更为凸显，自党的十五大

＊　范学超，中南大学法学院法学理论专业博士研究生。

①　参见习近平《高举中国特色社会主义伟大旗帜　为全面建设社会主义现代化国家而团结奋斗——在中国共产党第二十次全国代表大会上的报告》，人民出版社，2022，第25页。

明确提出依法治国与以德治国相结合的理念以来，我们党一贯重视法德共治。党的十八大以后，习近平总书记对此尤为强调，他指出"治理国家、治理社会必须一手抓法治、一手抓德治"①。在中央全面依法治国工作会议上，他指出，要坚持建设中国特色社会主义法治体系，坚持依法治国和以德治国相结合，实现法治和德治相辅相成、相得益彰。②"法治与德治相结合"的命题，体现了中国法治建设对于道德的追求，"法治"与"德治"共同构成了中国法治建设的重要话语。③ 在一定意义上，中华法系的本质特征就是"法治"与"德治"相结合。综观古代法律实践活动的经验教训，可以发现，凡是"法治"与"德治"结合得比较好的时期，社会就稳定和繁荣，否则就会产生弊政和动乱。④ 法治与德治的关系问题，历来是政治学、法学的基本问题，是经国序民、治国理政的焦点问题。从根本上讲，依法治国是政治文明的标志，以德治国是精神文明的标志。⑤学界关于法治与德治相结合的探讨，其实更多的是立足法学视角，研究在建设中国特色社会主义法治体系的过程当中法律对道德所应具有的态度，而从具体的伦理切入谈及法与德结合的并不多见。本文拟选择这一进路进行一定的探索工作。

在黑格尔看来，"从实体出发"与"原子式地进行探讨"，是"永远只有两种可能"的伦理观与伦理方式。⑥ 前者的出发点是共同体的伦理认同，它是传统伦理方式的主流；后者的出发点是原子式个体主义的抽象道德自由，因其"没有精神"而不具合理性与现实性。有学者将目前中国伦理面临的问题概括为伦理精神链的断裂，主要矛盾是道德精神流连于抽象的个体，既缺乏实体的伦理家园感，又难以上升为道德的主体性，"个体"成为"实体"与"主体"之间的隔离带甚至断裂带，出现实体—个体—主体辩证运动的精神障碍。⑦ 笔者认为，哲学层面的探讨过于抽象，虽具有很强的指导意义，但与现代制度层面的联系并不紧密，需要建构更下游且更具实践性的理论。本文可以看作应对个人主义浪潮冲击的一种尝试，

① 习近平：《加快建设社会主义法治国家》，《求是》2015年第1期。
② 习近平：《坚定不移走中国特色社会主义法治道路，为全面建设社会主义现代化国家提供有力法治保障》，《求是》2021年第5期。
③ 武树臣：《"德治""法治"与当代法律文化建设》，《法治现代化研究》2018年第4期。
④ 武树臣：《"德治""法治"与当代法律文化建设》，《法治现代化研究》2018年第4期。
⑤ 张文显：《习近平法治思想的基本精神和核心要义》，《东方法学》2021年第1期。
⑥ 〔德〕黑格尔：《法哲学原理》，范扬、张企泰译，商务印书馆，1961，第173页。
⑦ 樊浩：《当前中国伦理道德状况及其精神哲学分析》，《中国社会科学》2009年第4期。

基于对共同体的伦理认同，以期为解决家庭伦理危机、官德治理障碍、社会分配难题等社会问题提供一种可能的理论支持。笔者探究"个体"与"共同体"的关系，以及这种关系在不同领域的体现，在此基础上借鉴"差序格局"一词，提出差序伦理概念，探究法德共治更为具体的落实进路，以回应法德共治的现实需求。

一 个体与共同体的辩证关系

从古希腊城邦共同体到近代契约论共同体，从黑格尔的伦理共同体到马克思的"自由人联合体"，大体上可以说，个体与共同体经历了从混为一体，到个体相对共同体的脱嵌，再到二者融合的过程。这一变化过程反映个体在不同共同体中的历史地位和作用，也表达人对自身在不同历史时期中社会处境的不断反思，其目的是寻求个体和共同体的最佳结合方式，以发挥个体的作用。[①] 人类命运共同体的提出可以看作探究结合方式的一次新的努力。

要描绘出差序伦理的轮廓，还要对伦理的本质进行一定的讨论。而伦理作为"本性上普遍的东西"，总是指向人的公共本质和共同体生活，即所谓伦理存在。道德世界递进蜕变的深刻问题是什么？是过度膨胀的个人主义。对"人"的信念和向人的普遍本质的回归，是道德精神的真谛和动力，这便是"成为一个人，并尊敬他人为人"的"法的命令"，也是孔子"仁者，人也"的精髓。为探究"伦理"与共同体生活，个人主义对伦理建构的危机，本部分通过探究历史上个体与共同体关系，展现出动态变化过程，为差序伦理的提出做铺垫性工作。

（一）早期社会的强共同体

中国社会的个人私产关系一直没有得到充分发展，从家族到国家，国家混合在家族里面。[②] 在中国古代，以家长制为核心、以血缘关系为纽带的特殊社会体制，即宗族制度，占持续的主导地位。梁启超先生曾谓中国古代的政治是家族本位的政治。宗族是聚合一个个互相恩爱的个体的共同体，这一共同体是由高祖到玄孙不同辈分的各代人共同组成的，族便是有男性血缘关系的家庭聚合体。在中国早期社会里，家族组织和国

---

① 何海涛：《论共同体思想嬗变中的个体境遇》，《兰州学刊》2022 年第 5 期。
② 侯外庐：《我对中国社会史的研究》，《历史研究》1984 年第 3 期。

家政权合而为一。西周时期，宗法制与分封制的结合，不仅在共同体层面形成了一个立体的血缘关系网络，更在共同体内部形成了一种普遍的血缘宗法组织及相应制度体系，从而使得共同体的一切生活都被完全纳入宗法血缘网络之中，并在宗法血缘制度体系中运作。① 家族组织和国家政权基本上是合而为一的，统一于宗法制度。② 天子是天下最大的家长，居最高位，由内及外，个人与天子"关系"渐远，但作为宗族的一员始终保持着共同体中的身份，始终有自己所对应的"位置"。在人类社会初期，联合形成共同体抵御生存之压力是历史的必然，因此我们可以看到如古罗马的法律制度等也存在强烈的共同体色彩。在最古时代的罗马法与古典时期（直到公元前 1 世纪）的部分罗马法中，只有一种自权人，也就是被称作"家父"的人，即使他并没有自己的家庭。③ 有学者指出，这表达了立法者对人的一种基本看法，这种分离从根本上反映了古代罗马社会人与人之间的不平等。④ 梅因对此规定进行描述，父对其子有生死之权，更毋待论的，具有无限制的肉体惩罚权；他可以任意变更他们的个人身份；他可以为子娶妻，他可以将女许嫁；他可以令子离婚；他可以用收养的方法把子女移转到其他家族中去；他还可以出卖他们。⑤ 用梅因的术语来说，罗马社会是一个典型的"身份"社会。罗马法通过家庭或家族内部权力架构的固定及于整个社会权力的分配模式。⑥ 而考察家父权的外在表现，罗马法实际是将家庭作为一个紧密结合的共同体，在这个共同体中，只有"家父"有权决定对外关系，与其他"家父"确定两个共同体之间的各项权利义务。

（二）个体对共同体的"脱嵌"

研究欧洲现代化进程的学者一般认为，西方近现代文化中的个人主义以及由此产生的原子式社会秩序是欧洲现代化进程的结果。但麦克法兰认为，早在中世纪，就可以从英格兰的个体性生产方式中发现个人主义的文

① 张师伟：《礼、法、俗的规范融通与伦理善性：中国古代制度文明的基本特点论略》，《社会科学研究》2019 年第 2 期。
② 郑定、马建兴：《论宗族制度与中国传统法律文化》，《法学家》2002 年第 2 期。
③ 〔意〕阿尔多·贝特鲁奇：《从身份到契约与罗马的身份制度》，徐国栋译，《现代法学》1997 年第 6 期。
④ 尹田：《民事主体理论与立法研究》，法律出版社，2003，第 4 页。
⑤ 〔英〕梅因：《古代法》，沈景一译，商务印书馆，1959，第 79 页。
⑥ 曹险峰：《罗马法中的人格与人格权》，载李明发主编《安徽大学法律评论》（2007 年第 2 辑·总第 13 辑），安徽大学出版社，2008。

化特征，由此，麦克法兰主张，与其说个人主义是欧洲现代化的结果，不如说它是欧洲现代化的先决条件。① 当代社会学家伯杰也赞同这一点，他提出，个人自治的根源存在于西方文化之中，要比现代资本主义早得多。② 也有学者指出，虽然个人主义一词在19世纪初才出现，但西方文化中的个人主义文化在欧洲历史上的产生和存在比麦克法兰、伯杰等学者认为的中世纪还要早。③ 甚至早在古希腊时期，随着人们从对宇宙发展过程的探究转向人类自身生活，个人的主体意识就在智者关于普遍道德规范（包括法律在内）合法性的讨论中悄然萌发了。④

　　个人主义的源头虽早，但其在世界范围内的兴起节点，却可以说有着共识。查尔斯·泰勒在《现代性中的社会想象》提出，在从传统社会到近代社会的历史转型过程之中，发生过一场"大脱嵌"⑤ 的轴心革命。⑥ 伴随启蒙运动与宗教改革的洗礼，个人自主、自由与个性解放在欧洲近现代历史的社会秩序层面上为人际广泛的契约关系明确界定了人们在交换与社会博弈中的权利与义务。这就向现代市场经济秩序的制度化迈出了关键性的一步，进而为现代市场经济秩序的扩展酿就了社会条件。在现代化的市场经济秩序中，过去仅发生在熟人网络中的交易范围不断扩张，人与人之间的关系逐渐抽象化，熟人社会也在不断瓦解。17世纪开始的文化、宗教、科技等改革运动是这种"脱嵌"发生的重要节点。

（三）个体向共同体的"回归"

　　萨林斯试图用"存在的相互性"来超越传统的生物—文化二分法，认为所有文化的所有亲属，都是从本质上参与彼此存在的人，力图在此基础

---

① 参见〔英〕艾伦·麦克法兰《英国个人主义的起源》，管可秾译，商务印书馆，2008。
② 〔美〕彼得·L.伯杰：《资本主义革命》，吴支深、柳青译，经济日报出版社，1993，第17页。
③ 韦森：《个人主义与社群主义——东西方社会制序历史演进路径差异的文化原因》，《复旦学报》（社会科学版）2003年第3期。
④ 杨明、张伟：《个人主义：西方文化的核心价值观》，《南京社会科学》2007年第4期。
⑤ 传统社会的现实世界和意义世界，是镶嵌在宇宙、自然、社会的系列框架之中的。在欧洲中世纪，这是一个由上帝所主宰的神意世界；在古代中国，乃是一个家国天下连续体。个人的行动和生活的意义，只有置于这样的框架之中才能得到理解并获得价值的正当性。然而，17世纪欧洲的科学革命和宗教革命之后，发生了马克斯·韦伯所说的"祛魅"，个人、法律和国家逐渐从神意的宇宙世界中脱离出来，获得了独立的自主性，这就是"大脱嵌"。
⑥ 〔加拿大〕查尔斯·泰勒：《现代性中的社会想象》，李尚远译，（台北）商周出版公司，2008，第87~112页。

上建立自己关于亲属关系的具有普遍解释力的理论。① 萨林斯就此批判了西方的"个人主义"与"自我中心主义",认为这种思维模式将亲属关系看作原子化的个体之间的联结。基于对这种原子化的"人观"和边界清晰的身体观的批判,萨林斯提出了存在的相互性学说,认为人的存在是多元关系的集合,而亲属关系的存在是不同个体之间超越边界的"互渗"。这是反"原子化"的一例理论体现。

中国的私法理论在借鉴两大法系私法制度和私法学说时,很大程度上接受了支撑两大法系私法的个人主义认识论。② 但在现实生活中,共同合作的现象无处不在,婚姻、家庭、社区、学校、工作单位、合伙、公司、行业协会、民族国家、国际联盟(如欧盟)等各种大小不同的共同体都在向我们展示个体与共同体协同实现的可能性。③ 实际上,不止私法领域,以"亲亲相隐"在中国的制度流变为视角,可以清晰地看到这一动态过程在公法领域的体现。"亲亲相隐"内含着这样一种含义,即人并不是孤立的个体,而是生活在复杂的社会关系当中,处罚一个人不能孤立地只考虑他的行为而不顾其所处的社会关系。中国乃"亲属作证特免权"发祥地,早在两汉时期就出现了"亲亲相隐"的司法制度。中国传统法律文化的一个重要内容是亲不为证。儒家本于周礼亲亲之义,形成亲亲相隐思想。这一将容隐义务化的传统做法,直到清末变法修律,才受西方法律思想的影响,演变为拒绝作证权。④ 而新中国成立后,"亲亲相隐"被视为封建制度的糟粕而遭废除。受到当时主流意识形态的影响,犯罪通常被视为个人反对统治关系的斗争,被视为阶级斗争不可调和的产物。⑤ 曾有过夫妻、父子互相检举的情形,这种以牺牲亲属关系为代价而追求事实真相的做法,不仅冲击了中国社会的亲情伦理,更是忽视了亲属被告人的基本权利,偏离了人类司法文明发展的方向。⑥ 1979 年和 1996 年《刑事诉讼法》规定证人有如实陈述的义务,并没有区分出亲属证人。直到 2012 年《刑事诉讼法》,第 188 条第 1 款"但书"条款,才确认了"被告人的配偶、父母、子女"可以免于强制出庭作证。但我们不能认为亲属出庭作证豁免

---

① 刘倩:《亲属关系研究的变革与困局——评萨林斯〈亲属关系的是与非〉》,《湖北民族学院学报》(哲学社会科学版) 2017 年第 4 期。

② 熊丙万:《私法的基础:从个人主义走向合作主义》,《中国法学》2014 年第 3 期。

③ 熊丙万:《私法的基础:从个人主义走向合作主义》,《中国法学》2014 年第 3 期。

④ 李学灯:《证据法比较研究》,(台北) 五南图书出版公司,1992,第 588~595 页。

⑤ 高铭暄主编《中国刑法学》,中国人民大学出版社,1989,第 25 页。

⑥ 张保生:《证据法的基本权利保障取向》,《政法论坛》2021 年第 2 期。

权或者不完全意义上的亲属拒证权就是亲属拒证权。[1] "完全的"亲属拒证权，应如《日本刑事诉讼法》规定的反对陷配偶于罪的特免权。[2] 因此，应当看到"亲亲相隐"文化传统中的优良部分，建立现代法治国家通行的亲属作证特免权制度。[3]

基于共同体的伦理观不仅在中国"复苏"，在西方社会也逐渐有了一席之地。公共人物理论[4]是美国衡平时代宪法裁判的产物，其发轫于这样一种纯朴的价值预设：特定群体的自由与公共利益必须进行适当的平衡，公共利益在某种程度上必须享有适当优先地位。[5] 个人无法脱离社会孤立存在，人脱离了社会，也就无法称为人。因而，我们在看到个人主义不断扩张的同时，也要了解其"力所不逮"之处。

（四）共同体的分类及大小的相对性

简单地划分为个体与共同体的二分结构，实际上忽略了共同体的类型，而对于共同体的类型也存在不同的划分方式。滕尼斯在《共同体与社会》中根据共同体联结的方式将共同体分为血缘共同体、地缘共同体和精神共同体，他认为这三种按顺序呈现为渐进形态。[6] 还有一些则根据既有概念，区分出民族共同体、国家共同体等，但这种划分方式并不旨在追求对共同体逻辑周延的类型化，无法涵盖所有类型。在本文中，所需要的类型划分方式，更多的是要强调共同体的"形式特征"，摒除共同体的"实质特征"，因而大小共同体的划分方式便成为着重考虑的对象。

对于传统中国社会，尤其是被视为中国文化之根的传统乡土社会，有一种可称为"乡土和谐论"的解释。这种解释把传统村落视为具有高度价

---

[1]　李拥军、陈家恩：《论亲属拒证权的双重性质与宪法保障——以〈宪法〉第 49 条第 1 款为中心》，《吉林大学社会科学学报》2021 年第 5 期。

[2]　《日本刑事诉讼法》第 147 条规定："任何人，都可以拒绝提供有可能使下列的人受到刑事追诉或者受到有罪判决的证言：一、自己的配偶、三代以内的血亲或二代以内的姻亲，或者曾与自己有此等亲属关系的人；二、自己的监护人、监护监督人或者保佐人；三、由自己作为监护人、监护监督人或者保佐人的人。"参见《日本刑事诉讼法律总览》，张凌、于秀峰编译，人民法院出版社，2017，第 40 页。

[3]　张保生：《证据法的基本权利保障取向》，《政法论坛》2021 年第 2 期。

[4]　这一理论试图平衡两个群体所享有的权利。第一类权利是掌握政治、经济、社会资源尤其是媒体资源的主体所享有的名誉权、隐私权；第二类权利是新闻媒体根据美国联邦宪法修正案第 1 条所享有的言论自由、报道自由，以及公众的知情权。享有诸多资源的主体必须容忍部分权利与自由被限制，以保证后类表达自由等权利得到充分实现。

[5]　郭春镇：《公共人物理论视角下网络谣言的规制》，《法学研究》2014 年第 4 期。

[6]　参见〔德〕斐迪南·滕尼斯《共同体与社会》，张巍卓译，商务印书馆，2019，第 87 页。

值认同与道德内聚的小共同体，小共同体内高度自治，国家政权的力量只延伸到县一级，县以下的传统乡村只靠习惯法与伦理来协调，国家很少干预。此种伦理与自治的基础则是据说集中代表了中国独特文化的、自古传承下来的宗族血缘纽带，因而传统乡村又被认为是家族本位的，并以此有别于"西方传统"的个人本位。基于此，以小共同体解释中国传统社会得到了很多学者的创新性发展。而有学者认为，不能把小共同体的自治与和谐视为不同于"异文化"的华夏文明特性所在。① 从小共同体出发，该学者论证了大共同体本位与小共同体本位的互动模式，提出小共同体本位的西方传统社会在现代化起步时曾经历"公民与王权的联盟"之阶段，而中国的现代化则要以"公民与小共同体的联盟"为中介。笔者借鉴了大小共同体这一区分，认为在不同类型的共同体中，应遵循至少是"有区别"的伦理观，但如果具体到每个行业共同体探讨，便会有损理论的解释力，因此笔者在划分共同体类型时，进行大小共同体两种类型的简易区分。这样既有利于提高理论的一般适用力，也能在实践中具备较为具体的指导性。

需要进一步指出的是，大小共同体的划分具有很强的借鉴意义，但为了下文核心命题的提出，需要提前进行一定的说明：在本文中，并非依照"家庭"等社会团体是小共同体、"社会"是大共同体的方式来划分，而是在此基础之上，根据"大小的相对性"划分。具体展开，就是判断两主体之间，是地位相同，抑或一方（个体或共同体）是另一方共同体的组成部分。如果是前者，那么就是小共同体之间的内部关系；如果是后者，那么就是大共同体当中主体与共同体之间的关系。

二 差序伦理的内在结构阐释

前文对个体与共同体关系进行了一定的讨论，本部分在此基础之上，基于伦理学的重要研究成果，尝试提出差序伦理概念。"就伦理的东西是理念诸规定的体系而言，构成了伦理东西的有理性。因此，伦理就是自由，或作为客观东西的自在自为存在着的意志，必然性的圆圈。"② 黑格尔认为，个人存在与否，对客观的伦理秩序而言是无所谓的，只有客观的伦理秩序才是治理个人生活的持久东西和力量。而作为实体性的规定，伦

---

① 秦晖：《"大共同体本位"与传统中国社会》（上），《社会学研究》1998 年第 5 期。
② 〔德〕黑格尔：《黑格尔著作集（第 7 卷）：法哲学原理》，邓安庆译，人民出版社，2017，第 285 页。

理实体对个体来说是一些义务，对个体的意志具有约束力。"具有约束力的义务，只对无规定的主观性或抽象的自由以及对自然意志的冲动或被它从任性中产生的无规定的善所规定的道德意志的冲动，才是一种限制。"而个人在义务中反而获得了他的解放。① 笔者认为，伦理是共同体之内的一种行为规则，伦理界定了个体与共同体之间的他人的权力边界，因而总是表现为义务形式，但这种义务反而能使人"解放"，因为个体的义务正是保障他者行使权利的前提条件，共同体内的人们皆是如此。所以在民族共同体内，黑格尔将伦理上升为与民族相关的一种"精神"，因为"精神"代表了这个民族内部的一种行为规则。

（一）差序伦理的提出

在人类文明和人的生命进程中，伦理世界总是伦理道德精神的起点和家园。"人之有道也，饱食、暖衣、逸居而无教，则近于禽兽。圣人有忧之，使契为司徒，教以人伦"（《孟子·滕文公上》）。"教以人伦"是"人之有道"的始点和必由之路。人之为人，在于有超越于个别性之上的公共本质；而伦理的可能性、道德的可能性，在于个体对其公共本质的信念和坚守。这种存在于个体彼岸、透过人的精神才能把握和建构的公共本质，在西方哲学中被称为"实体"，在中国哲学中即所谓"伦"。人与伦统一的现实形态，是伦理实体或伦理共体，其直接和自然形态是家庭和民族。个别性的人与置身其中的伦理共体同一的世界，是伦理世界。为应对全球化冲击，应当重新反思近一个世纪以来我们对待传统的态度，从"集体记忆"与社会同一性的精神哲学意义上重塑关于传统的合理理念。② 然而，抽象地探讨"实体"或者说民族精神，虽具有很强的理论指导意义，但只是一种指引，很难与具体的制度结合起来以解决具体问题。为应对个人主义浪潮的冲击，笔者立足实际，基于对"伦理"的理解以及对共同体的认同，将"伦理"的含义进行简化，用"差序"一词予以限定。

差序伦理是伦理这一更具一般性的概念当中具备差序性的部分，具体可以分为两个方面：在小共同体当中，它代表着共同体内部主体之间伦理上的差序；在大共同体当中，代表着主体与大共同体之间伦理上的差序。在提出这一概念的过程中，小共同体与大共同体并不局限于在家庭与国家

---

① 〔德〕黑格尔：《黑格尔著作集（第 7 卷）：法哲学原理》，邓安庆译，人民出版社，2017，第 288 页。

② 樊浩：《当前中国伦理道德状况及其精神哲学分析》，《中国社会科学》2009 年第 4 期。

的对立中的含义，它们更像是一种观察视角：一种是站在共同体视角进行内部观察，探究共同体内部主体之间的关系；一种是将主体放在"共同体"当中观察，研究主体与共同体之间的关系。在这两个部分当中，都具有很强的差序特性，前者强调主体之间的关联，后者强调主体对共同体应当承担的不同责任。差序特性的具体体现将在文章第四部分展开，其中，"差序"一词借鉴了费孝通先生的"差序格局"①。

差序格局自提出以来，一直被认为是中国社会学的一个基本理论概念，广泛用于传统及当代中国社会的研究中。② 然而，对这一概念始终存在争论。有学者试图从差序格局解释有效性匮乏、无力彰显价值理性等方面，试图证明差序格局已不合时宜。③ 也有许多学者试图完善这一理论。④ 本文无意于探讨差序格局的现代解释力，仅试图通过几位学者的讨论，更好地刻画对"差序"一词的理解。朱苏力否定了费孝通先生论证的"团体格局"与"差序格局"的差异，⑤ 他认为，即使是"团体格局"的社会或国家，也会建立某些必要的差序格局，无论是对内还是对外，如对内，资源稀缺之际，会有对老人、妇女、儿童、残疾者的优待，也会坚持基于国籍、年龄、性别的某些区别对待；对外，每个国家也都会基于本国的意识形态或者经贸或战略利益，选择同一些国家关系更近甚至结盟，疏离或敌视另一些国家，这同样是差序的格局。⑥ 而阎云翔认为差序格局应该是一个立体结构，而不是一个平面结构。⑦ 但无论费孝通自己，还是后来的

---

① 费孝通：《乡土中国 生育制度》，北京大学出版社，1998，第26页。

② 阎明：《"差序格局"探源》，《社会学研究》2016年第5期。

③ 樊凡、刘娟：《"差序格局"抑或"关系情理化"：对一个经典概念的反思》，《华中科技大学学报》（社会科学版）2018年第2期。

④ 参见吴飞《从丧服制度看"差序格局"——对一个经典概念的再反思》，《开放时代》2011年第1期；阎云翔《差序格局与中国文化的等级观》，《社会学研究》2006年第4期；王小章《重思"差序格局"——兼与朱苏力教授商榷》，《探索与争鸣》2019年第3期；等等。

⑤ 费孝通先生指出，中国传统社会里所有的社会道德"只在私人联系中发生意义"："一个差序格局的社会，是由无数私人关系搭成的网络。这个网络的每一个结附着一种道德要素，因之，传统的道德里不另找出一个笼统性的道德观念来，所有的价值标准也不能超脱于差序的人伦而存在。"与此不同，甚至相反，西方社会的道德与其宗教紧密相连，而在共同的神即上帝的观念之下，产生了两个重要的派生观念，一是每个个人在神前平等，一是神对每个个人的公道："耶稣称神是父亲，是个和每一个人共同的父亲，他甚至当着众人的面否认了生育他的父母。为了要贯彻这'平等'，基督教神话中，耶稣是童贞女所生。亲子间个别的和私人的联系在这里被否认了。"由此，确立起了人人平等、每个分子与团体的关系都一样的伦理上的团体格局。

⑥ 苏力：《较真"差序格局"》，《北京大学学报》（哲学社会科学版）2017年第1期。

⑦ 阎云翔：《差序格局与中国文化的等级观》，《社会学研究》2006年第4期。

很多学者，都未把差序格局理解成一个立体结构。① 本文参考了以上二位学者对"差序格局"的理解，将平面的同心圆结构看作对小共同体视角中不同主体之间关系的描写，将纵向的立体结构看作大共同体视角中主体与共同体关系的描写。在此基础上还要明确：差序不是专用以形容中国特定文化的，而是在世界范围内具有普适性的概念，只不过在中国社会，差序伦理的特点尤为突出。

（二）差序伦理的两种内在结构

本部分从两个角度出发，阐释差序伦理的两种内在结构，指出两种结构的重要性并不相同，并且对差序伦理最易招致的批评进行一定的回应。

1. 同心圆结构：小共同体视角

人类学发端于对亲属关系的关注，这是一切社会关系，特别是前现代社会中社会关系的基础。② 人类学研究指出，亲属本质上是对血缘关系的称呼，是人类利用语言对血缘关系的归纳和分类。③ 同心圆式差序伦理便源于这种血缘关系，但不限于血缘关系。随着关系的亲疏远近，我们对不同人的"爱"会有等差。一个人自然地爱他的父母，"子生三年，然后免于父母之怀"（《论语·阳货》），每个人的生命都开始于家庭中，父母的抚养、兄弟姐妹的爱护，是最初体会到的爱。因此，对父母、兄弟姐妹的爱就是起于真切生命中的一种自然而然、油然而发的"情"。"孩提之童，无不知爱其亲者；及其长也，无不知敬其兄也。亲亲，仁也；敬长，义也。无他，达之天下也。"（《孟子·尽心上》）孟子认为，亲爱父母，尊敬兄长，这是人的良知，不用教导，不用学习就能知道，这种"亲亲"是极自然的事。以血缘关系的亲疏远近来区分与他人关系的亲密程度顺理成章，血缘关系越远则人际关系也越疏远，以至于"四世而缌，服之穷也。五世袒免，杀同姓也。六世，亲属竭矣"（《礼记·大传》）。五世的远亲已经出了五服，而六世的远亲在礼制上就已经没有亲属关系了。有学者在研究道德两难判断时，运用电生理的方法，证明了道德判断中亲属偏见的存在。④ 在道

---

① 吴飞：《从丧服制度看"差序格局"——对一个经典概念的再反思》，《开放时代》2011年第1期。

② 刘倩：《亲属关系研究的变革与困局——评萨林斯〈亲属关系的是与非〉》，《湖北民族学院学报》（哲学社会科学版）2017年第4期。

③ 〔英〕罗宾·邓巴：《人类的演化》，余彬译，上海文艺出版社，2016，第276页。

④ 颜志雄、邹霞、燕良轼等：《道德两难判断中亲属关系的认知研究：来自ERPs的证据》，《心理科学》2015年第1期。

德判断过程中，直系亲属刺激比旁系亲属和无亲属关系的熟人刺激得到了更优的加工，个体表现出对直系亲属更为敏感和关注，而对血缘关系相对较弱的旁系亲属和无亲属关系的熟人，其敏感程度显著降低，分配的认知资源也有所减少。

英国人类学家尼达姆指出，人类学亲属关系研究不能局限于自然或生物意义上的亲属关系探讨，社会文化意义上的亲属关系同样重要。① 这相当于扩张了亲属关系的研究范围。在中国，此类研究也有很多。② 然而，不必一直在"拟制亲属"视角内进行研究，对于非亲属关系的人也可以通过友情和熟悉等方式划分出亲疏远近，这样就把亲亲的原则扩展到了更加广阔的人际领域。③ 血缘关系与社会现实中的亲疏远近相结合，就形成了以"己"为中心的同心圆结构。这种同心圆结构便是费孝通先生的"水波纹"描述，民国时期李宗吾也有相关观点，④ 同时这种结构与古代服制也有一定关联性。接下来以容隐与复仇为例，展开同心圆式差序伦理的不同表现形式之论述。

现代法律可以通过强大的中央集权和严格的程序主义禁止任何形式的私人复仇行为，但是复仇问题的关键不在于法律禁止或不禁止，而在于复仇背后的伦理观念及其生活实践。⑤ 传统中国的复仇行为既是一种需要法律进行约束的犯罪行为，同时也是儒家道德伦理所推崇的义举。从传统中国的立法和司法实践来看，直系尊长的生命安全和人格尊严遭受他人侵犯时，个人救护亲属的行为具有正当性，只要其行为不超过法定限度，其均可免责。传统律典中的复仇条款设置的目的在于维护最基本的人伦道德。⑥ 而其中蕴含着浓厚的差序伦理意味。《礼记·曲礼》有云："父之仇，弗与不共戴天；兄弟之仇，不反兵；交游之仇不同国。"为此，"父之仇，辟诸海外；兄弟之仇，辟诸千里之外；从父兄弟之仇，不同国；君之仇视

① Rodney Needham, "Remarks on the Analysis of Kinship and Marriage," in Rodney Needham (ed.), *Rethinking Kinship and Marriage*, Routledge Press, 2004.
② 参见李永萍《浙东农村"弟兄家"拟制亲属现象研究——基于宁海峡湾村的考察》，《湖南农业大学学报》（社会科学版）2015 年第 6 期；罗宗志、潘用学《瑶族的拟制亲属关系研究——以广西贺州市黄洞村认契习俗为例》，《广西师范大学学报》（哲学社会科学版）2015 年第 5 期；罗忱《高排苗族的拟制亲属与群体整合》，《北方民族大学学报》（哲学社会科学版）2010 年第 1 期。
③ 郑震：《差序格局与地位格局——以亲亲与尊尊为线索》，《社会科学》2021 年第 1 期。
④ 李宗吾：《心理与力学》，山城学社，1947，第 19 页。
⑤ 陈顾：《复仇与礼法——以聂政的复仇叙事为例》，《探索与争鸣》2017 年第 3 期。
⑥ 蒋楠楠：《法律与伦理之间：传统中国复仇行为的正当性及限度》，《法学评论》2018 年第 4 期。

父，师长之仇视兄弟，主友之仇视从父兄弟"（《周官·调人》）。一般说来，复仇者的身份有一定的限制，仅限于父母、兄弟、堂兄弟，特殊情况下，也包括君主、师长等。同时，与这一范围的亲友血缘亲疏关系不同，复仇义务也有轻重缓急之分。父之仇，其要求是"不共戴天"，"寝苫，枕干不仕，弗与共天下也。遇诸市朝，不反兵而斗"；兄弟之仇要求是"不反兵"，"仕弗与共国，衔君命而使，虽遇之不斗"；堂兄弟之仇要求是"不同国"，"不为魁，主人能，则执兵而陪其后"（《礼记·檀弓上》）。而就中国古代司法实践而言，对复仇案件多采宽容之策。自汉代以来，国家奉儒家学说为指导思想，出现"春秋决狱"的审判方式，实务界常常以此方式来宽容复仇者，唐代以后，"春秋决狱"虽退出历史舞台，然实践中对复仇案件的宽容之策不改。[①] 即便在受儒家伦理思想影响较小的元代，"因孝枉法"的案例也并不少见。[②]

与容隐相关的内容前文已有论述，"子为父隐"不为罪，父母与子女的关系最为亲近，是"同心圆"的最内圈。尤其是在以孝治天下的古代中国社会，若父犯罪子为之隐，法律无法强求其"大义灭亲"，如果家庭成员之间的关系存在检举乱象，亲情脆如薄纸，家庭共同体将处于瓦解边缘，个体向"脱嵌"方向不断发展，为了维持秩序反而会导致秩序更加混乱。容隐与复仇是同心圆式差序伦理的不同体现形式，犹如一枚硬币的正反面。

2. 阶梯结构：大共同体视角

正如前文所言，差序一词不是指平面结构，而是描绘出一个立体多维的结构，从纵向维度，差序伦理呈现为自上而下的阶梯式，我们从儒家君子文化说起。考究儒家经典，儒家的"君子"一词显现出浓郁的等差意味，其最基本的含义指"在位者"，也即统治阶级的成员、贵族或社会精英，而非普通人。在孔子之后，"君子"一词的"位"的属性有所淡化，更多地注入了"德"的意识和精神。理想的君子应该德、位兼备，但不管是从有位而言，还是从有德而言，君子这两点特征都意味着君子与其他人群的分隔，在一定程度上都体现出人与人之间的等差关系。[③] 孟子从"性"与"命"的差别这一角度提出了产生等差的原因："耳目之官不思，

---

① 龙大轩：《孝道：中国传统法律的核心价值》，《法学研究》2015 年第 3 期。
② 赵文坦：《儒家孝道与蒙元政治》，《孔子研究》2008 年第 3 期。
③ 张舜清：《儒家君子文化中的平等意蕴》，《北京大学学报》（哲学社会科学版）2021 年第 1 期。

而蔽于物。物交物，则引之而已矣。心之官则思，思则得之，不思则不得也。此天之所与我者。先立乎其大者，则其小者不能夺也。此为大人而已矣。"①（《孟子·告子上》）从孟子心性论角度来讲，人人皆有善端，生来是平等的，但进入社会现实层面，因为保存还是舍弃了善端等不同情况，人与人之间出现了德性修养上的差异，从而人们被归为君子与庶民、大人与小人等不同的社会阶层，这也就决定了其处于"劳心"还是"劳力"，"治人"还是"治于人"的不同社会分工中。②荀子在《赋》篇论"知"云："皇天隆物，以示下民，或厚或薄，常不齐均。桀纣以乱，汤武以贤。"这是明确肯定上天赋予人的知性不同，有智有愚，有厚有薄，汤武和桀纣之异乃上天赋予不同知性的结果。

儒家对"有天有地而上下有等"这一事物存在的基本格局，有价值肯定的意味，这一等差格局延伸到人类社会，构成了人类社会的等差，这种等差正是人们之间有机配合、发挥出群体合力作用从而保证人类社会和谐发展的前提。在这一作用机制中，有人处于"高位"，亦有人处于"低位"，有"治人者"，亦有"治于人者"，而君子人格的设定，正是儒家对"高级社会管理者"的定位。社会的管理和发展需要一批德才兼备的社会精英发挥特定作用，这批人在人群中居于"高位"，不管是基于权力还是德性。

桃应问道孟子，舜做天子，皋陶做法官，如果瞽瞍杀了人，那怎么办？孟子答道："舜视弃天下，犹弃敝蹝也。窃负而逃，遵海滨而处，终身欣然，乐而忘天下。"（《孟子·尽心上》）孟子认为，舜作为天子，其不应因私废公，天子之位要求他只能秉公执法，即使执法对象是自己的父亲。湖阳公主质问刘秀："文叔为白衣时，藏亡匿死，吏不敢至门；今为天子，威不能行一令乎？"帝笑曰："天子不与白衣同！"（《后汉书·酷吏列传》）这是相同的道理。刘秀作为天子，舜作为共主，我们对其道德要求非常高，不能窝藏罪犯，必须秉公执法。而刘秀从白衣到天子的过程，也对应着道德标准从"布衣"提高到"天子"的过程。

而从另一个角度，我们对为政者本身的道德要求予以考察。孔子主

---

① 人的耳目等感觉器官没有思考能力，所以容易为外界事物所蒙蔽和诱惑，从而迷失人的本性。而人心是具有思考能力的，通过思考就能够把握住人的本性，不被外界事物所蒙蔽和诱惑，这是上天赋予人的能力。所以先以心把握住人的本性，耳目等就不会被蒙蔽和诱惑了。能这样做的人就是大人，是君子；反之，不用心思考从而使得耳目等受累于外物的蒙蔽和诱惑，这样的人就是小人，是庶民。

② 张志宏：《论孟子之平等理念与等差实践》，《人文杂志》2012 年第 3 期。

张："为政以德，譬如北辰，居其所而众星共之。"（《论语·为政》）他要求治国者"其行己也恭，其事上也敬，其养民也惠，其使民也义"（《论语·公冶长》）。孟子认为，以"德治"思想治理国家，首先要求君主自身有道德。"君仁莫不仁，君义莫不义，君正莫不正，一正君而国定矣。"（《孟子·离娄上》）同时，对大小官吏的要求虽没有对君主那般高，但也要求具备良好的道德素养，正因如此，孔子主张官吏为政要尊五美，即"惠而不费，劳而不怨，欲而不贪，泰而不骄，威而不猛"（《论语·尧曰》）。元代张养浩认为："士而律身，固不可以不严也。然有官守者，则当严于士焉。……自律不严，何以服众？"（《风宪忠告·自律第一》）他还说："廉以律身，忠以事上，正以处事，恭慎以率百僚。如是则令名随焉，舆论归焉，鬼神福焉，虽欲辞其荣不可得也。"（《庙堂忠告·修身第一》）这些都充分说明了古代对官吏这一不同于百姓的群体有较高水平道德要求。孔子云："道之以政，齐之以刑，民免而无耻。道之以德，齐之以礼，有耻且格。"（《论语·为政》）依上文，"民"似乎没有自觉变"有德"的义务，教化"民"之责任落于广大官吏乃至天子之身。司马光云："德胜才谓之君子，才胜德谓之小人"（《资治通鉴·唐纪》），就是在说德才要兼备，强调居高位者有才的同时，必须过德之一关。

而对于党员的高标准、严要求，正是阶梯式差序伦理的当代典型体现。2016年1月开始实施的《中国共产党廉洁自律准则》和《中国共产党纪律处分条例》，明确了党员追求的高标准和管党治党的"戒尺"。1993年以来，中国共产党总书记每年都在中央纪委全会上讲话，表明了党中央对党风廉政建设和反腐败斗争的高度重视和坚定决心。习近平总书记2016年1月12日在第十八届中央纪律检查委员会第六次全体会议上的讲话中引用1859年马克思在致恩格斯的信中的话："必须绝对保持党的纪律，否则将一事无成。"[①] 他说，无数案例证明，党员"破法"，无不始于"破纪"。只有把纪律挺在前面，坚持纪严于法、纪在法前，才能克服"违纪只是小节、违法才去处理"的不正常状况，用纪律管住全体党员。习近平总书记在这次讲话中指出，要抓住"关键少数"，破解一把手监督难题。2020年11月16日至17日，中央召开了全面依法治国工作会议，明确了习近平法治思想是全面依法治国的根本遵循和行动指南，对当前和今后一个时期推进全面依法治国的重点工作提出了"十一个坚持"的要

---

① 习近平：《在第十八届中央纪律检查委员会第六次全体会议上的讲话》，人民出版社，2016，第17页。

求。其中第十一个坚持便是抓住领导干部这个"关键少数"。习近平总书记强调："各级领导干部要坚决贯彻落实党中央关于全面依法治国的重大决策部署，带头尊崇法治、敬畏法律，了解法律、掌握法律，不断提高运用法治思维和法治方式深化改革、推动发展、化解矛盾、维护稳定、应对风险的能力，做尊法学法守法用法的模范。要力戒形式主义、官僚主义，确保全面依法治国各项任务真正落到实处。"①

当然，在 21 世纪，社会评价标准逐渐多元化，此时不仅限于对政界的高标准，在娱乐界、学术界、文艺界等，也同样存在被施加更高道德标准的主体。

3. 阶梯式差序伦理的优位性

个体与共同体、共同体与共同体之间，总存在着权利的让渡。以上文所描绘出的两种伦理结构为例，当二者发生冲突时，应当优先保护何者？笔者认为，应当保护阶梯式差序伦理。任人唯亲与任人唯贤是二者发生冲突的典型例子。前者是以小共同体视角观察共同体内部主体之间的关系，即同心圆式差序伦理；后者是以大共同体视角观察主体与共同体之间的关系，即阶梯式差序伦理。前者强调主体之间的关系，因而任人唯亲；后者强调主体对共同体应负的责任，因而任人唯贤。显然，当二者发生冲突时，应当以共同体利益为主。实际上这种共同体利益优先的思考逻辑源远流长，比如，犯罪也可以看作大共同体视角下，对个体采取的惩罚性措施。

（三）等差与平等的内在协调

和自由、公平、正义等一样，平等也是一个美好的充满理想化的核心价值词语，千百年来为人们所歌颂和追求。然而，我们在对平等的理解中，很长时间里采取了一种简单化和庸俗化的理解，用一种平均主义的方式来对待它，人为地抹平人与人之间的差异。把消灭阶级等同于消灭一切差别，实现人与人在各方面的绝对平等，致使人们的积极性无法得到有效的发挥，生产力水平得不到大幅度的提高。② 在这种情况下，所谓的平等只能局限于一种低水平的层次。社会主义虽然消灭了各种社会剥削和不平

---

① 《习近平在中央全面依法治国工作会议上发表重要讲话》，载中国政府网，https://www.gov.cn/xinwen/2020-11/17/content_5562085.htm，最后访问日期：2024 年 10 月 9 日。

② 贾英健：《论作为社会主义核心价值观的平等》，《北京师范大学学报》（社会科学版）2015 年第 3 期。

等的根源，为平等的实现提供了重要制度条件，但由于"它在各方面，在经济、道德和精神方面都还带着它脱胎出来的那个旧社会的痕迹"①，还无法实现绝对的平等，受到各方面的限制，存在诸多事实上的不平等。正因如此，马克思在提出"权利不平等"问题时指出："要避免所有这些弊病，权利就不应当是平等的，而应当是不平等的。"② 在探讨社会政治问题时，马克思和罗尔斯都默认了现实的社会环境的两个特征：自然界存在着某种程度的匮乏，社会内部人与人之间存在着利益冲突。马克思主张推翻以私有制为基础的资本主义社会，消灭阶级，从而建立没有阶级差别的共产主义社会。罗尔斯认为，在现存的制度框架内，按照正义原则来调整政治法律制度和社会经济政策，就可以限制人们之间的冲突，建立起一个正义的社会，由此罗尔斯提出了他的两个正义原则，以指导立法和制定社会政策。如果马克思追求的是社会革命，那么罗尔斯追求的是社会正义。③罗尔斯的理论能够引起人们高度重视和热烈讨论，很重要的一个原因在于他运用新的方法，系统地论证了分配正义的原则。④ 他的所有理论能否站得住脚，也在于他对分配正义原则的论证能否成立。世界是差异性与同一性的统一，人及其分配正义也是如此，历史上出现的各种分配正义原则，大都可以归约为差异性正义与同一性正义这两大基本原则。⑤ 人是差异性与同一性的统一体，人的差异性与同一性都应在分配正义中得到合理体现。现实的正义并不是只讲平等或只讲差等，并不是平等永恒地优先或自由永恒地优先，一个社会某个时期应实行公平的正义还是自由的正义，要视具体情况而定。

实际上，将平等纳入社会主义核心价值观，不仅有着对西方平等思想的积极借鉴，而且有着对中国传统平等资源的积极挖掘和理论升华。⑥"天尊地卑，乾坤定矣。卑高以陈，贵贱位矣。"（《易·系辞上》）在儒家看来，天地本身就是一种等差性的存在。"有天有地而上下有差。"（《荀子·王制》）天地存在的等差性也决定了由天地创生的万物存在的基本情

---

① 《马克思恩格斯选集》（第三卷），人民出版社，2012，第363页。
② 《马克思恩格斯选集》（第三卷），人民出版社，2012，第364页。
③ 姚大志：《正义的张力：马克思和罗尔斯之比较》，《文史哲》2009年第4期。
④ 朱学磊：《罗尔斯"分配正义"理论及其批评者——兼论"分配正义"理论对当代中国的启示》，《学术探索》2015年第1期。
⑤ 易小明：《分配正义的两个基本原则》，《中国社会科学》2015年第3期。
⑥ 贾英健：《论作为社会主义核心价值观的平等》，《北京师范大学学报》（社会科学版）2015年第3期。

态，即万物也是一种等差性的存在。"夫物之不齐，物之情也。"(《孟子·滕文公上》)天地，以及由天地创生的万物，都是等差性的存在，这是自然宇宙的客观实然，由这种自然意义的等差性，儒家也推导出人类社会存在的等差性。天地关系是人类关系的基础，由于天地本身存在等差关系，故基于天地阴阳关系而衍生出来的诸如男女、夫妇、父子、君臣、君子小人的人间关系也逐渐成为等差性的关系。① 等差，是天地万物存在的基本特征，但是对这一客观事实的描述与肯定并不意味着儒家对平等作为一种价值追求的否定。事实上，在阐释天地万物等差存在这一客观事实基础上，儒家也表达了一种特殊的平等观。那就是，要公正、平等地对待每一个人，就必须从天地万物等差存在这一客观事实出发，针对万物各自不同的具体而特定的生命需求，给予与之生长特性需求相适应的区别对待。② 人类个体天生就存在生理需求的差异性、能与不能和智与愚的区别，加之每个人的后天表现也极为不同，因而根据个体的差异性和实际需求有等差地对待个体就完全是合情合理、天经地义的。每个人依其性分不同，亦会有不同的精神与物质需求，故凡事不能一概而论。因此，一个公正而平等的理想社会，也即一个能够让每一个人各安其位、各尽其能的社会。如《荀子·君道》所说，"皆使人载其事而各得其所宜"。概言之，平等，就是基于不平等的自然事实合乎逻辑地得出对万物、对不同的人必须区别对待的平等，以不平等为基础去追求平等。因此，等差的恰当存在反而是促进平等的重要途径。

有学者主张现代法律制度要"努力将伦理意义与法律意义上的尊亲属人格区分开来"③，笔者并不赞同此种割裂伦理与法律的观点。法的秩序不单纯是社会适应法律规则而形成的法律秩序，而应当是法律适应社会、尊重生活本来的秩序而形成的秩序。④ 上述判断预设了伦理学上的尊亲属人格存在，而法律意义上的尊亲属人格可以不存在，此时主张二者之"区分开来"，便违反了依法治国与以德治国相结合的要求。再者，法律意义上的人人平等应该是以法律为视角或者以社会为视角观察，每一个人在人格上的平等，而不应该是对某一个人而言，每个对其身份不同的人一律平

---

① 张舜清：《儒家君子文化中的平等意蕴》，《北京大学学报》(哲学社会科学版)2021年第1期。

② 张舜清：《儒家君子文化中的平等意蕴》，《北京大学学报》(哲学社会科学版)2021年第1期。

③ 张一民：《民国初期的"杀尊亲属罪"考察》，《清华法学》2021年第4期。

④ 郭忠：《发现生活本身的秩序——情理司法的法理阐释》，《法学》2021年第12期。

等，刻意强调后者是没有意义甚至危险的。如夫妻之间法律意义上的义务本位与权利克减、父母对子女的抚养义务、子女对父母的赡养义务，这些都是基于身份产生的权利义务之不平等，但与法律面前人人平等这一基本现代价值并不冲突。

三 差序伦理之于新时代现代化

习近平总书记指出："法律有效实施有赖于道德支持，道德践行也离不开法律约束。法治和德治不可分离、不可偏废，国家治理需要法律和道德协同发力。"① 他强调："要把实践中广泛认同、较为成熟、操作性强的道德要求及时上升为法律规范，引导全社会崇德向善。要坚持严格执法，弘扬真善美、打击假恶丑。要坚持公正司法，发挥司法断案惩恶扬善功能。"② 习近平总书记的论述阐明了一种现代法治和新型德治相结合的治国新理念，揭示出"融德于法"的法治之理和"法德共治"的实践之道。③ 差序伦理的提出，对中国式现代化具有重要理论意义与实践意义。

（一）差序伦理对现行法的理论辩护

人是追求意义和价值的动物，而相应的价值和意义嵌在文化之中，是长期历史积累的产物，虽然并非不能改变，却难以在短期内快速改变。法律制度背后隐藏着安顿人生与人心的意图，法治模式之中有人心政治的思路，它们反映不同时空下人们的观念、活法和价值系统。④ 差序伦理作为深嵌于社会生活中的一种伦理观念，其必然会在法治的各个阶段有所体现。差序伦理对法治的重要性，更进一步来说，如果将法治视为一种具有内在价值的事物，那么，实质价值就会成为其组成部分。道德理念既要求内在品质，也要求内在价值，作为一种内在价值，理念引导着现实法律制度以及在该制度统领下的社会自我完善。⑤ 差序伦理已经在当代法治中有许多体现，但论证方式并没有统一，制度化的安排没有直接的理论支撑。通过差序伦理，可以更好地体现法与情的结合。如为克减公众人物人格

---

① 《习近平谈治国理政》（第二卷），外文出版社，2017，第133页。
② 《习近平谈治国理政》（第二卷），外文出版社，2017，第134页。
③ 张文显：《习近平法治思想的理论体系》，《法制与社会发展》2021年第1期。
④ 陈柏峰：《法律经验研究的主要渊源与典型进路》，《中国法律评论》2021年第5期。
⑤ 金韬：《价值如何进入法治：形式法治理论的失败》，《法制与社会发展》2020年第1期。

权，我国引入了美国判例法建立的公众人物理论。然而，正如不少学者所指出的，公众人物理论及其真实恶意原则自身存在概念和理论上的欠缺，且其在我国的适用面临水土不服的实践困境。① 在笔者看来，公共人物概念背后的理论实际是公共利益原则，而公共利益基于自身特性很难得到清晰、明确的界定。在这一情境下，通过差序伦理更能起到理论上的辩护作用，即：公众人物在大共同体中，理所当然地承担更多义务，而义务的承担方式可以表现为权利克减。

（二）差序伦理对立法的引领作用

差序伦理可以引领立法，法律则可以通过制度性的规定，进一步引领伦理观念的社会发展。以争议最多的亲属拒证权为例，若规定为"任何人都可以拒绝提供可能会使近亲属受到刑事追诉或者受到有罪判决的证言"，对每一个人来说，便都具有了这一权利，这是法律对差序伦理的吸收。这并不违反个体在法律上的平等，在适用时也将平等使用，当法律规定公民有拒证权时，拒证权便不是法外特权。即使亲属拒证权更进一步，成为现代意义上的容隐制，也并未违反这种平等，如在《刑法》第六章第二节的"妨害司法罪"各条之后增加一条："意图为近亲属开脱责任、逃避制裁而犯本节各条之罪者，可减轻或免于处罚。"② 与教师惩戒权相比对，授予教师惩戒权最大的障碍在于教师身份看似阻碍了法治化进程，仿佛掺杂了身份特权，有封建残余之意味，在现代化社会，强调有罪必罚的情况下，通过亲属身份回避作证的义务，也有身份特权之意味。但社会上从来不缺少身份的存在，法律应当真实反映现实社会真实情况，社会上有无数的差序现象，法律要真实地予以反映，要把差序变成法律意义上的平等。

（三）差序伦理作为法治的中国特色

这样一个世界共同体无疑不需要一种统一的宗教或统一的意识形态，但是，它却需要一些相互有联系的、有约束力的准则、价值、理想与目标。党的十八大以来，党中央继续制定政策、采取措施，大力推动哲学社会科学发展。习近平总书记指出，"20 世纪以来，社会矛盾不断激化，为缓和社会矛盾、修补制度弊端，西方各种各样的学说都在开药方"，在中

---

① 李延枫：《论名誉权诉讼中的公共利益原则——基于对公众人物理论的反思》，《北方法学》2020 年第 1 期。

② 范忠信：《"亲属容隐"原则与当代中国刑事法制的人伦回归》，《法学》2015 年第 1 期。

国，广大哲学社会科学工作者也要"深入研究和回答我国发展和我们党执政面临的重大理论和实践问题"①。马克思说过，人的本质，在其现实性上，是一切社会关系的总和。巴赫金认为，是对话将人类社会的一切社会关系联结、沟通起来，这就是巴赫金著名的对话理论。但是现实中的对话往往是不平等的，在中西文论互传互鉴中，不对等的对话是非常普遍的现象。习近平总书记指出："当代中国正经历着我国历史上最为广泛而深刻的社会变革，也正在进行着人类历史上最为宏大而独特的实践创新。这种前无古人的伟大实践，必将给理论创造、学术繁荣提供强大动力和广阔空间。"② 伴随着中国国力的增强，我国不断获得更多的话语权，这一新的历史阶段带给学界的使命，便是加强中国学术体系、话语体系的构建，差序伦理恰逢其时。差序伦理是基于现象分析总结而得出的理论，是可以迈出国门、具有普适性的一个理论，是"世界的中国"所提出的理论。本文亦符合李泽厚先生所说的"制造概念、提供视角以省察现象"的学术进路，亦争取为学术体系在新时代的自主建构贡献一份力量。

结 语

本文提出，在全面现代化与法治体系更加完善的背景下，从不同角度、微观层面研究如何实现现代化成为日益重要的问题。对于法治与德治的关系的探讨，目前更多研究立足法学视角，研究在建设中国特色社会主义法治体系的过程当中法律对道德所应具有的态度，较少从具体的伦理切入，来谈及法与德如何结合，本文作出了这种尝试。本文从个体与共同体之间的关系开始探讨，描述了个体从脱嵌到回归共同体的过程，参考大小共同体的划分，提出了差序伦理的概念，并指出这是对"伦理"概念的一种限定，差序伦理包含于伦理概念当中。差序伦理包含两种结构，在小共同体视角上呈现为平面的同心圆结构，即主体因亲疏有别而对其他主体承担着不同的义务；在大共同体视角上呈现为纵向的阶梯式结构，即主体因身份有别而对于共同体承担不同的责任。二者冲突时，大共同体视角处于优位。这一概念并非凭空创造，差序伦理深嵌于我们的文化当中，自然而然地由现行法所体现，差序伦理能为体现差序性的制度提供理论辩护，能够引领立法，而法律也可以通过差序伦理促进社会观念的发展。同时，对

---

① 习近平：《在哲学社会科学工作座谈会上的讲话》，人民出版社，2016，第4、6页。

② 习近平：《在哲学社会科学工作座谈会上的讲话》，人民出版社，2016，第8页。

差序伦理的包容也构成了法治的中国特色。对差序伦理的研究还有很多不足，本文仅仅提出了这一概念，并简略描绘了差序伦理与法治体系的结合，并没有针对具体制度以差序伦理论证其合理性，也并未对当代法治对于差序伦理的体现程度进行研究，两种结构之间的关系仍需进一步明确。实际上，当前社会备受关注的差序问题莫过于对明星艺人的权利克减，而权利克减的差序性体现，与西方的分配正义恰有异曲同工之妙，对于这些具体问题的讨论还需要一篇专门的文章进行，在此不再赘述。本文想要说明，在世界日益连接成一个共同体的背景中，在"人类命运共同体"的语境下，差序伦理具有与时代紧密结合的现实意义。随着进入中国国力不断增强的新时代，我们的目光应该聚焦到如何建设有中国特色的法治，如何为解决全球问题提供中国方案，提出差序伦理可以看作这样一种尝试。

西班牙经院派经济思想中从自然正义到实在正义的演变[*]

〔西班牙〕 森德哈斯·布埃诺·何塞·路易斯 著[**]

杨天江 牛 静 译[***]

摘 要： 本文分析了 16、17 世纪西班牙经院派关于经济议题的法律推理。有两个传统共同作用于这一推理：一个是罗马传统，具体来说是罗马法传统；另一个是道德神学传统，其中包括方济各会修士对更接近福音讯息的人类行为的关心。关于所有权的学说就嵌在这一语境之中，它导因于方济各会修士对全部财产的弃绝，主观权利的现代学说由此滥觞，并且得到了弗朗西斯科·德·维托利亚的创造性使用。另外，关于公平价格和货币的学说从根本上来说也是创新性的，它在经济领域发展了罗马法的自然公平原则。新兴的经济学就产生于对财产、贸易和货币等万民法制度的反思，正是这些制度使人们能够协调自然需求和自身意志。

关键词： 自然权利；万民法；经院派经济思想；萨拉曼卡学派；公平价格

---

[*] 本文系 2024 年国家社科基金重大项目 "16~18 世纪西方战争理论与战争法重要著作翻译与研究"（24&ZD287）阶段性成果，译自 Cendejas Bueno, José Luis. "De lo justo natural a lo justo positivo en el pensamiento económico de la Escolástica española." *Studia historica* 44. 1（2022）：153-183。本文翻译发表已取得作者授权。

[**] 森德哈斯·布埃诺·何塞·路易斯，任教于西班牙弗朗西斯科·德·维托利亚大学法学院，著有《西班牙耶稣会经院主义哲学在英国思想中的体现：政治、法学和权利新视角》（Projections of Spanish Jesuit Scholasticism on British Thought：New Horizons in Politics, Law and Rights）（2023）、《弗朗西斯科·德·维托利亚论正义、所有权和经济问题："论盗窃和抢劫" 的版本和学说背景》（Francisco de Vitoria sobre justicia, dominio y economía：Edición y contexto doctrinal de la cuestión "Sobre el hurto y la rapiña"）（2020）和《根据汉密尔顿序列分析十六世纪至十八世纪西班牙的通货膨胀周期和收敛》（Análisis del ciclo y la convergencia de inflación en la España de los siglos XVI a XVIII a partir de las series de Hamilton）（2010）。曾在《哲学史年鉴研讨会》（Anales del seminario de historia de la filosofía）、《世界经济杂志》（Revista de economía mundial）、《历史研究—现代史》（Studia historica-Historia moderna）等杂志发表多篇学术论文。

[***] 杨天江，西南政法大学行政法学院副教授，主要研究领域为自然法理论，特别致力于托马斯主义自然法理论研究；牛静，西南政法大学行政法学院法学理论专业 2021 级硕士。

一 引言：经院派对经济学起源中正义的反思

法律和经济的基础（萨拉曼卡学派所称的交易和契约）作为关注人类共同生活各方面的道德神学的一个部分，在晚期经院派的反思中占据重要的地位。经院派思想将亚里士多德《尼各马可伦理学》和《政治学》的遗产与罗马法结合起来，最终在这一领域提出了一种使得社会生活成为可能的各项制度的来源和合法性的学说，而这个学说对现代政治和法律思想产生了巨大影响。由于航海大发现提出了美洲人民权利问题，加之宗教改革引发的政治冲突，政治权力（对人的统治权）和财产（对物的所有权）的来源问题就处在这些反思的核心位置。我们现在称为经济学的学科起源于古希腊，指的是对财产和人的家庭管理，而致富的方法，即为家庭（oikos）获取有用财产的技艺（techne），事实上才是经济学的最初形态（森德哈斯，2017）。根据从古希腊延续至经院主义传统以来的思想，当前意义上的经济事务（那些与贸易、货币、价格、信贷、生产等相关的事务）都与正义的德性相关，并且因此也是法律的一个部分。

托马斯·阿奎那的《神学大全》对这一思考产生了决定性的影响，而他所借鉴的正是罗马法这一伟大的世俗源头（奥韦尔特，1955），他将其与亚里士多德《尼各马可伦理学》和《政治学》中关于正义的纯理论性贡献调和起来。这些来源以不同的方式被吸收或者批判，构成了经院主义经济和法律思想的底层（el sustrato）。托马斯·阿奎那在《神学大全》的第二集第一部分（问题 90~108，或称《论法律》）和第二集第二部分（其中包括《论正义与法》，问题 57~79）当中着手研究了法律、正义和权利等问题。弗朗西斯科·德·维托利亚（Francisco de Vitoria）像其他教授神学的经院派博士一样，以阿奎那的著作为参考，他们通常都按照《神学大全》的顺序处理上述问题；但是也存在例外的情形，例如耶稣会士路易斯·德·莫利纳（Luis de Molina）和弗朗西斯科·苏亚雷斯（Francisco Suárez），前者在自己的《论正义与法》（*De iustitia et iure*）（第一卷：昆卡，1593），后者则在自己的《论法律》（*De legibus*）（科因布拉，1612）当中展开了对这些问题的讨论。维托利亚的手稿被他的学生保存了下来，① 这些手稿对《神学大全》第二集进行了评注。除了他之外还有多明戈·德·索托（Domingo de Soto）等人，索托于 1553 年率先撰写了一部独立于《神学大全》评注的剩余部分的著作——《论正义与法》。

16 世纪，随着欧洲贸易的扩张，新的经济秩序开始建立。这种经济秩序依赖通过财产和权利自由转让实现财富积累不断增加的可能性。因此，在《论契约》（De Contractibus）和类似的著作中，以及在忏悔牧师的手册中，对契约性质进行研究的首要目的在于分析它们是否具有偶然的利息属性，为此所展开的可靠的经济分析直到当下都仍令人感兴趣。在忏悔牧师的手册中，必须提到的是马丁·德·阿斯皮尔奎塔（Martín de Azpil-cueta）的《忏悔牧师和忏悔者手册》（Manual de confesores y penitentes）（科因布拉，1552），它的 1556 年第三版包括附录《关于利息和交换的决议性评注》（Comentario resolutorio de usuras y de cambios）。这些契约方面的手册还有一个宗旨，为不熟悉当时通行的商业惯例的悔罪的商人或忏悔牧师提供帮助。这类手册当中还包括教士克里斯托瓦尔·德·比利亚隆（Cristóbal de Villalón）的《交换专论和利息谴责》（Tratado de cambios y reprobación de usura）（巴利亚多利德，1542）和路易斯·萨拉维亚·德·拉·卡列（Luis Saravia de la Calle）的《商人指南》（Instrucción de mercade-res）（梅迪纳·德尔坎波，1544），以及方济各会修士路易斯·德·阿尔卡拉（Luis de Alcalá）的《借贷专论》（Tratado de los préstamos）（托莱多，1543）。还有多米尼克修士托马斯·德·梅尔卡多（Tomás de Mercado）的《交易和契约大全》（Suma de tratos y contratos）（萨拉曼卡，1569）、巴托洛梅·弗里亚斯·德·阿尔沃诺斯（Bartolomé Frías de Albornoz）的《契约技艺》（Arte de los contratos）（巴伦西亚，1573）和弗朗西斯科·加西亚（Francisco García）的《所有契约中最有用和相当普遍的条款》（Tratado utilísimo y muy general de todos los contratos）（巴伦西亚，1583）。此外还有一批用拉丁文撰写并具有学术性的专题论文，它们构成《论正义与法》的部

① 弗朗西斯科·德·维托利亚在 1527～1528 学年和 1535～1536 学年讲解了《论正义与法》，在 1533～1534 学年和 1541～1542 学年讲解了《论法律》。我们还有弗赖莱（1995，2001）的版本，这两个版本都以贝尔特兰·德·埃雷迪亚的版本为基础，其中包括出自萨拉曼卡大学学士弗朗西斯科·特里戈（Francisco Trigo）第 43 号手稿的《论正义》，以及出自梵蒂冈图书馆拉丁文奥托博尼手抄本第 1000 号的《论法律》。关于《论法律》，我们还有兰赫利亚（2011）和兰赫利亚等人（2010）的版本。

分内容，广泛评注和阐释了阿奎那·托马斯《神学大全》的相应问题。② 例如，有一个叫弗朗西斯科·特里戈（Francisco Trigo）的学士的课堂笔记、弗朗西斯科·德·维托利亚对问题 77 和问题 78 的评注与题为《关于交换的见解》（*Dictamina de cambiis*）的附录③。此后很久，我们还应提到耶稣会士胡安·德·萨拉斯（Juan de Salas）及其《托马斯博士〈神学大全〉第二集第二部分评注：论契约》（*Commentarii in secundam secundae D. Thomae：de contractibus*）（里昂，1617）、路易斯·德·莫利纳（Luis de Molina）④、莱昂纳多·莱西乌斯（Leonardo Lessius）及其《正义、法和枢德》（*De iustitia et iure ceterisque virtutibus cardinalibus*）（安特卫普，1606）以及胡安·德·卢戈（Juan de Lugo）及其《关于正义和法的辩论》（*Disputationes de iustitia et iure*）（里昂，1642），他们及其著作对后世世俗的法律和经济思想产生了巨大的影响。尤其需要指出的是，中世纪晚期以来不断发展的以方济各会神学为基础的意志论，主要体现在耶稣会士的专论之中，重新诠释并强化了罗马法中的自由同意原则，契约完全有效全系于此（德考克，2013）。

　　耶稣会士伯纳德·登普西（Bernard W. Dempsey）在其 1940 年左右完成的博士学位论文中提到，约瑟夫·熊彼特（Joseph A. Schumpeter）在他的巨著《经济分析史》（1954）第二编第二章"经院学者与自然法哲学家"中强调了西班牙晚期经院派经济思想的重要性。在这一章中，亚当·斯密之前的经济思想史被完全改写了，经济分析的起源被定位于道德哲学之中，首先是经院主义作家（相应的道德神学），然后是世俗化的自然法思想，而不是《经济分析史》出版之前通常认为的重商主义思想。然而，对包括西班牙经院派在内的经院主义的经济学的"再发现"在此之前就已经开始了（格里斯-哈钦森，1983）。⑤ 根据关于经济思想史的这一新视角，经济思想始于亚里士多德，12、13 世纪拉丁文译本的出现使之在中世纪得到重新发现，继而成为托马斯·阿奎那《神学大全》的范本，并融入 16、17 世纪以西班牙经院派为主的经院哲学博士们的《论正义与法》及类似的专论之中。这个视角曾影响了新教自然法学家

---

② 巴里恩托斯（Barrientos，2011）对这些论文和忏悔者手册进行了全面汇编。

③ 由索罗萨（M. I. Zorroza）出版，书名为《契约与利息》（2006）。

④ 其中，与价格、借贷和交换相关的问题，我们有弗朗西斯科·戈麦斯·卡马乔（Francisco Gómez Camacho）的版本（1981，1989，1991）。

⑤ 熊彼特《经济分析史》之前的西班牙国内研究应参考乌利亚斯特雷斯（Ullastres，1941）和拉腊斯（Larraz，1943）。

雨果·格劳秀斯（Hugo Grotius）、塞缪尔·普芬道夫（Samuel Pufendorf）和约翰·洛克（John Locke），并在苏格兰启蒙运动的鼎盛时期为亚当·斯密在格拉斯哥大学的导师弗朗西斯·哈奇森（Francis Hutcheson）所接纳。按照熊彼特的观点，经院哲学博士和自然法主义者追求分析的普遍有效性，以及从自然法中推导出一般原则，最终才是真正经济理论的开端，正是这些做法使得把经济学的起源定位于此成为可能。在西班牙经院派之中，还有一份随后大幅扩展的人员名单，熊彼特列举了马丁·德·阿斯皮尔奎塔、多明戈·德·索托、胡安·德·梅迪纳（Juan de Medina）⑥、托马斯·德·梅尔卡多、路易斯·德·莫利纳、胡安·德·卢戈和胡安·德·马里亚纳（Juan de Mariana）⑦。与熊彼特《经济分析史》出版时间相仿，对于深入的研究思路我们还应提到雷蒙德·德·鲁弗（Raymond de Roover，1955）的著作，以及其他尤其是玛乔丽·格里斯-哈钦森（Marjorie Grice-Hutchinson，1952）的著作。自从这些初期的贡献以来，关于西班牙经院派经济思想的研究不断增多，⑧ 而且，许多著作⑨都认为熊彼特所提出的历史序列是可信的。相较而言，穆拉伊·罗特巴尔德（Murray N. Rothbard，1976，1995）的著作更为出色，他认为经院主义经济学的影响力一直从苏格兰启蒙运动延续至 19 世纪末奥地利经济学派的兴起。

二 经院思想中的"正义"观

如前所述，无论是中世纪还是中世纪晚期，经院主义思想都是从道德神学的角度出发来探讨经济问题的，将其视为正义之德性的一个部分进行

---

⑥ 《忏悔者手册》（*Codex de poenitentia*）（阿尔卡拉，1544）的作者，并补充以《返还和契约手册》（*Codex de restitutione et contractibus*）（阿尔卡拉，1544）。

⑦ 不过熊彼特指的是他的《论君主和君主制度》（*De rege et regis institutione*）（托莱多，1599），而不是他的《论铜币》（*Tratado y discurso sobre la moneda de vellón*）（《论流通货币》，科洛尼阿，1609）。

⑧ 参考书目见何塞·路易斯·森德哈斯（2020a）。

⑨ 关于该主题的介绍，请参见佩迪赛斯（L. Perdices）、特德（P. Tedde）、加西亚·桑斯（A. García Sanz）、格里斯-哈钦森（M. Grice-Hutchinson）、戈麦斯·卡马乔（F. Gómez Camacho）、波佩斯库（O. Popescu）、萨切斯-阿尔沃诺斯（N. Sánchez-Albornoz）、贝尔纳尔（A. -M. Bernal）、马丁（V. Martín）和费尔南德斯·德·拉·莫拉（Fernández de la Mora）的著作，这些著述收录于富恩特斯·金塔纳（M. E. Fuentes Quintana）的"西班牙经济学和经济学家"（*Economía y Economistas españoles*）（1999）系列丛书的第二卷。

研究。托马斯·阿奎那追随乌尔比安⑩将正义定义为"以不变且持久的意志分与每个人其应得的习性"（el hábito según el cual uno，con constante y perpetua voluntad，da a cada uno su derecho）⑪。弗朗西斯科·德·维托利亚将正义的概念扩展为"为他人追求公平"（conseguir la igualdad en orden a otro）⑫。作为一种德性，正义应是有意识、出于自由决定、坚定且以自身为目的的。正义所关注的是应得的东西，而不是应得的人。例如，维托利亚指出，只要给予买方相同的东西，那么他是富有还是贫穷则无关紧要。需要提醒的是，与已被强加了法律实证主义的当今世界形成鲜明对比，在经院派看来，法律（ley）和权利（derecho）不是一回事。法律必须是正义的，否则它既不是法律，也不具有良知的约束力，而权利就其本质而言是正义的。而且，这种正义并不完全源于人的意志。根据古希腊传统，正义有两个来源，即自然（自然法、自然权利）（lex naturalis，ius naturale）或人的意志（实在法、市民法）（lex positiva，ius civile），基督教世界在此基础上增加了旧约法律和新约法律（las leyes Antiguo y Nuevo）中所体现出的神的意志。自然法（和自然权利）具有普遍约束力，并且并不仅仅适用于人类，⑬而实在法则因人或神的颁布而具有约束力，或者通过法院判决等方式适用于特定案件。

权利承认限定过程有一个"中间层级"（nivel intermedio）：经院派承认除自然法和市民法外还存在着万民法，这是罗马法的遗产。万民法在西班牙晚期经院派思想中占据着突出的地位（森德哈斯，2020b，2022）。从罗马法传统来看，万民法的法律渊源要追溯到外事裁判官（praetor peregrinus）为解决罗马公民与外邦人之间或者外邦人相互之间的争端而发布的告示。而就自然法而言，它的概念的纯理论起源则可能要追溯到斯多葛学派、古希腊和古罗马思想所产生的启发（克罗赫尔，2004）。就自然法的内容和法律意义而言，至今仍未达成共识。它被认为是在市民制度出现之前人类所处的原始自然状态（status naturae）中有效的法律。这种法永恒不变且不受人的意志的影响。《法学阶梯》记载：

---

⑩ "正义是分与每个人其应得的不变且持久的意志"（Iustitia est constans et perpetua voluntas ius suum cuique tribuendi）（《学说汇纂》第一卷第一章第 10 节导言）和"法的准则是：诚实生活、不伤害他人、各得其所"（Iuris praecepta sunt haec：honeste vivere，alterum non laedere，suum cuique tribuere）（《学说汇纂》第一卷第一章第 10 节第 1 条）。

⑪ 《神学大全》第二集第二部分问题 58 第 1 节。

⑫ 弗朗西斯科·德·维托利亚对《神学大全》第二集第二部分问题 57 第 1 节的评注。

⑬ 亚里士多德《伦理学》第五卷第 7 节，1134b 20–25.

自然法为所有民众共同体共同遵守，是根据某种神的意志确立的，其始终保持稳定不变；但任何城邦为其自身制定的法律，往往会因为人们的默许或后来制定的另一法律而经常发生改变。(《法学阶梯》第一卷第二章第 11 节)

万民法虽然也是全体人类共同的法律，但它是基于满足人类脱离自然状态之后的需求而产生的：

出于习惯的需要和人类的需求，人类各民族为其自身制定了特定的法；但战争爆发了，俘虏和奴役出现了，这违背了自然法（因为根据自然法，人人生而自由）；因此，几乎所有的契约都从万民法中被引入，如买卖、租赁、合伙、寄存、同物借还以及数不胜数的其他契约。(《法学阶梯》第一卷第二章第 11 节)

因此，以财产（对物的所有权）或奴隶制（在家庭共同体内对人的统治权）为前提的契约就被认为是万民法的制度，而市民法则是每一政治共同体自身的立法或习惯法，"显然，自然法更为古老，它是事物的本质在人类自身中的显现；当城邦开始被建立、地方行政长官开始出现时，才出现了市民法"(《法学阶梯》第一卷第二章第 11 节)。

《学说汇纂》中记录了在如何处理万民法这一问题上出现的分歧。乌尔比安确立了三分法（自然法、万民法和市民法），而盖尤斯则像亚里士多德一样，只考虑自然法和市民法。然而，在教会法学家和神学家中，乌尔比安的分类更受欢迎，因为某些制度（政治权力、财产、奴隶制）具有普遍性，不能将它们划分到罗马市民法中去。但是，从基督教的角度来看，并不存在将这些制度（尤其是奴隶制和财产）划分到自然法中去的绝对必要性。万民法具有普遍性、某种必要性或便利性，这解释了为何在不同民族中存在着不同于自然法规定的类似的制度。后者记录在格兰西（Gratian）于 1140 年左右编纂的教会法汇编中。格兰西在《教会法汇要》(Decretum) 中表明：

自然法对于所有民族都是共同的，它因为自然的本性而不是某个制度存在于任何地方。[它包括] 男人和女人的结合、子女的承认和教育、一切财产共有（communis omnium possessio）、所有人的自由（omnium una libertas），从天上、地上和海里获取物品；还包括归还寄存的物品或委托的钱财，以及以暴制暴。§1. 这些和类似的情形从来都不是不公正的，而被认为是自然公正的。（《教会法汇要》第一卷第七集）⑭

自由⑮和共有被万民法与市民国家特有的政府和财产制度所取代（这是附条件的而非绝对的）。除了家庭制度、共有和自由外，现在所说的无主物的先占取得（以前是全体人类共有）、契约中的对等⑯以及合法自卫的制度也是自然正义的。因此，我们可以肯定，自然法包含两个不同的要素：一个是政府和私有财产都付阙如的社会的自然状态，二者阙如的状态被万民法和市民法附条件地取消了；一个是在交易中存在的自然公平的规范性原则。⑰正如我们在谈到公平价格的确定和货币的性质时将看到的那样，不管是在自愿还是非自愿的交易中，这条规范性原则都是有效的，而且它在经济学相关领域发挥着极其重要的作用。在继续前面的论述之前，有必要着重谈谈所有权概念在像主观权利这样的权利的现代概念的起源中所占据的地位。

三 作为所有权或主观权利的"正义"

经院主义法律思想对现代思想最具影响力的贡献就体现在所有权概念的起源上。上帝将对受造物的统治权赐予所有人，以使人类从财产共有制中受益。出于几近必要（这是解释的核心）的原因，物必须由人自己来划分和分配。不言而喻，分配指向家庭，即亚里士多德在《政治学》第一卷

---

⑭ 圣伊西多尔在《词源》（约634）第五卷第4节中所写内容的书面再现。

⑮ 根据自然法，人人生而自由，《学说汇纂》第一卷第一章第4节，第一卷第五章第4节第1条，第十二卷第六章第64节，第四十卷第十一章第2节，第五十卷第十七章第32节；《法学阶梯》第一卷第三章第2节。

⑯ 对杰尔苏非来说，法是善良与公正的艺术（《学说汇纂》第一卷第一章第10节导言），保罗确认自然法一直是这样的（《学说汇纂》第一卷第一章第11节）。

⑰ 在维托利亚看来，自然法确定了特定的公平和正义，如"归还出借物"或"己所不欲，勿施于人"。另外，万民法被认为是因其他事物而适用于某人，例如，并不直接涉及公平和正义，而是为了人与人之间的和平分割财产（《神学大全》第二集第二部分问题57第3节评注）。万民法并不是本身就公正的，而是由于人类法规的合理确定而公正，并且它对于天性的保存是几近必要（casi necesario）的。例如，一个不存在私有财产的世界是可能的，就像在宗教秩序中那样，但会导致无序和战争。

中所分析的自然共同体。在解释这种划分的原因时，经院派提出了一种财产起源理论，这个理论在很大程度上因为约翰·洛克[18]的综合而在后来的世俗思想中占据主导地位。经院派博士们对物从最初的财产共有中被划分和分离出来所给出的理由构成了私有财产优先于共有财产的坚实论据。虽然这种划分不是绝对必要的，但它极为便利，[19] 或者用前面的术语来说，是几近必要的，可以将其应用于整个万民法之中。

对物的所有权（财产）或对人的统治权（政治权力或公民政府）的合法性，就建立在与生俱来或自然的主观权利的基础之上。如果没有权利的主观主义概念的先行发展，弗朗西斯科·德·苏亚雷斯和约翰·洛克可能都难以连贯地阐述其政治权力的契约理论，因此也就不可能发展出与前者相一致的财产起源理论。因此，主观自然权利理论为这些阐述从自然自由状态到公民状态以及从财产共有到私有财产的学说奠定了必要基础。我们可以标识出这一权利概念历史发展中的两个重要的里程碑。第一个里程碑与方济各会就福音贫洁的含义和范围所展开的中世纪论战相关。以这场论战为起点，维利（Villey，1975）认为主观权利概念起源于奥卡姆。[20] 然而，蒂尔尼（Tierney，1997）认为主观权利概念来源于教会法学（la jurisprudencia canónica），而奥卡姆应该是从这里得到这一概念的。弗朗西斯科·德·维托利亚经常引用的唯名论者让·热尔松和孔拉多·德·苏门哈特[21]等人的观点中也存在主观权利学说（古斯曼·布里托，2009；特利坎帕，2009）。事实上，维托利亚在巴黎除了受到托马斯主义的影响外，还受到了唯名论的影响，[22]这从他对道德和法律问题的兴趣中可见一斑。在唯名论者意志论的启发和强化下，这一权利概念不仅被方济各会的神学家们，也被弗朗西斯科·德·维托利亚和多明戈·德·索托等多米尼克修会的神学家们所采纳和发展，并最终主要通过耶稣会影响了现代自然法主义者。在这一过程中，除了维托利亚

---

[18] 《政府论》下篇第五章。

[19] 例如，托马斯·阿奎那对此给出的理由，"人拥有自己的财物是正当的"（《神学大全》第二集第二部分问题 66 第 2 节）。也可参见弗朗西斯科·德·维托利亚对问题 66 的评注（森德哈斯、阿尔费雷斯，2020）。

[20] 《神学百谈》，第 1333 页。

[21] 孔拉多·德·苏门哈特（1450/60-1502），多米尼克修会修士，曾在图宾根大学任教。他是合同手册《合同论著》（*Opus septipartitum de contractibus*）的作者（哈格诺，1500），该手册被西班牙经院派广泛引用。

[22] 加西亚·比略斯拉多（R. García Villoslada，1938）认为是"缓和的和折中的"，另见贝尔达（2000）。在巴黎，曾结识唯名论者约翰·梅尔（受热尔松的影响）、雅克·阿尔曼、科罗内尔兄弟和胡安·德·塞拉亚，他是弗朗西斯科·德·维托利亚的老师。

之外，还必须提到法学家费尔南多·巴斯克斯·德·门查卡㉓（Fernando Vázquez de Menchaca）、耶稣会士路易斯·德·莫利纳、弗朗西斯科·苏亚雷斯、胡安·德·卢戈以及佛兰斯人莱昂纳多·莱西乌斯等人（卡平特罗，2008：第152页及其后）；在第二阶段，必须提到的是格劳秀斯、普芬道夫和洛克等新教自然法主义者（古斯曼·布里托，2009：第八章），正如我们已经指出的，他们承担了向中欧和北欧的大学传播经院派经济思想的工作。格劳秀斯经常引用维托利亚、巴斯克斯·德·门查卡和迭戈·德·科瓦鲁维亚斯（Diego de Covarrubias）等西班牙经院学者的观点（戈麦斯·里瓦斯，2021）。在他的《海洋自由论》（莱顿，1609）中，维托利亚之前所提出的与其他民族交流和贸易以及每个国家在海上航行的权利得到了捍卫，这些权利概念为国际法的出现奠定了基础。㉔ 这一法律最初被称为万民法，但是经院派在此处使用的万民法与罗马万民法是两个完全不同的概念。

正如我们已经预料到的，在主观权利理论的现代形成过程中还有第二个重要的里程碑，它出自弗朗西斯科·德·维托利亚之手，他在这一权利概念的形成中发挥了决定性的作用。可以说，维托利亚揭示了后来被称为人权（derechos humanos）的事物。在他看来，人权源于自然法，基于人之为人的事实，人是按照上帝的形象和样式被创造出来的。维托利亚在"最近发现的"印第安人问题上重新提出了所有权问题（《论最近发现的美洲印第安人》，1539）。他在《论美洲印第安人》（De Indis）中提到，对于美洲印第安人是不是"他们私人物品和财产的主人，他们中是否存在统领其他印第安人的真正的君主和领主"，肯定的回答是基于以下事实，即所有权是自然法的制度，而不是超自然法的，所以它不会因为不忠或罪恶而丧失。一旦承认美洲印第安人是权利主体，那么就该承认存在着一个包括所有民族在内的普遍政治共同体（communitas totius orbis）以及相应

㉓ 在前述两人以及格劳秀斯和普芬道夫之前，巴斯克斯·德·门查卡已着手重振自然自由的概念，这一概念最终将在现代性中占据主导地位（《三本关于实践中经常出现的争议的书》［Controversiarum usu frequentium libri tres］，巴塞罗那，1563；以及《实践中经常出现的著名争议和其他争议》［Controversiarum illustrium aliarumque usu frequentium］，威尼斯，1564）。

㉔ 这在罗马法中早已存在。按照《法学阶梯》，根据自然法，流水、海洋、河流以及船只可以停靠的港口都是共有的。根据自然法，有些东西依其本质为所有人共有（res communes omnium），不可被占有，因此被排除在法律交易之外，如空气、流水、海洋及海岸（《学说汇纂》第一卷第八章第2节，《法学阶梯》第二卷第一章第1节）以及河流和港口等公共物品（《法学阶梯》第二卷第一章第2节）。

的普遍共同财产，这在《论美洲印第安人》和《论西班牙人对野蛮人开战的权利》（*De iure belli Hispanorum in barbaros*，1539）中都有明显的体现。除了上述"重讲"（Relectiones）内容之外，维托利亚还在评注《神学大全》第二集第二部分问题 62 关于"返还"的主题时阐述了他的所有权理论，尽管阿奎那在这个问题上并没有谈到所有权。在维托利亚看来，所有权的第三层含义是根据合理制定的法律使用一物的能力，㉕ 因此，按照这种理解，权利和所有权、权利和主权是一致的。正是由于"权利"与"有权"（derecho a）之间的这种等同，权利的一种主观主义概念才逐渐占据主导地位。路易斯·德·莫利纳和弗朗西斯科·苏亚雷斯，尤其是后者，㉖ 进一步阐述了作为主观权利的权利。苏亚雷斯将权利的第二层含义表述为"每个人对属于他自己的东西或对他应得的东西所拥有的道德能力（facultas moralis）"。

在自然状态或在基督教版本的无罪状态，㉗ 人人皆是自由的，一切属于所有人，也就是说，没有政治统治，人与人之间也没有财产划分。正如我们所指出的，人类从上帝手中获得了对整个造物界的统治权。原因在于人拥有着特有的高贵（la especial dignidad），尽管人也是受造物，但由于人是按照造物主的形象和样式被创造出来的，所以人不同于其他受造物。在无罪状态下，既不需要镇压恶人的政治权力，也不需要为个人分配生活必需品。就像在异教的自然状态下一样，富足和德性使得人们不需要财产制度。在堕落之后，建立具有强制力的政治统治就成为必要，㉘ 划分一直以来共有的财产，

㉕　沿用苏门哈特的定义（《论契约》第一卷第一章）。维多利亚将这一定义归功于苏门哈特，而苏门哈特则沿用了热尔松的定义。古斯曼·布里托（2009）指出，维托利亚将权利定义为能力，综合了热尔松对权利和所有权的定义："权利是一项根据正确理性的指示属于某人的即刻的能力或权力"（Ius est potestas vel facultas propinqua conveniens alicui secundum dictamen rectae rationis），"所有权也是一项即刻的能力或权利，是根据合理确立的权利或法律使用一物的能力"（Dominium autem est potestas vel facultas propinqua assumendi res alias in sui facultate vel usum licitum secundum iura vel leges rationaliter institutas）。

㉖　《论法律》第一卷第二章第 5 节。另参见巴谢罗（2012）。

㉗　神学家们指出，《圣经》中没有任何相关记载，这种状态仅是一种理论。除其他外，我们有两种描述：托马斯·阿奎那在《神学大全》第一集第九十六章及其后的描述，以及弗朗西斯科·苏亚雷斯在其《论六日的创造》（*De opere sex dierum*，1621）中的描述。后者的部分译文来自谢拉（Sierra，1975：第 721 页及其后）。

㉘　在《彼得·伦巴德〈语录〉二卷评注》第四十四章第 1 节第 3 段（谢拉，1975：第 398~399 页）中，阿奎那指出，在无罪状态中存在政府的统治权，尽管其职能仅限于指引那些应做和应知道的事，而且统治者是那些拥有更多智慧或更具聪明才智的人。政府的第二项职能与前一项职能一样，在堕落状态中，惩罚恶人，强制推行德性行为。

尤其是耕地,㉙ 将带来极大的便利（森德哈斯,2022）,甚至奴隶制也是如此。新情况带来的必要性或几近必要使得万民法制度被引入进来。要理解万民法与市民法之间的区别,最根本的一点是,这些制度不是通过立法者或法官的颁布被引入的,而是通过人们的实践认可和默许,人们因神的意旨而享有此种权利,即这样做的（主观）权利。因此,苏亚雷斯指出,根据特许的自然权利,不管在无罪状态还是堕落状态,人都有权（尽管不是必须）为个体划分和分配物品。托马斯·阿奎那也指明了这一点。㉚ 尽管在堕落前后发生了这种"制度变化"（在这一点上还没有达成一致意见）,但原初的制度并没有被完全取代:除非有相反的意旨,否则占有无主物仍然是合法的（森德哈斯、阿尔费雷斯,2020：第 136~139 页和第 202~203 页）,㉛ 而且在必要时,从拥有生活必需品（ius necessitatis）的人那里夺取这些物品也是合法的。㉜ 可以说,因自然而公正的东西以一种潜在的方式继续有效着,因为正如托马斯·阿奎那所说和维托利亚所重申的,"人的本性既不因罪而增加,也不因罪而消失"㉝。

四 作为自然公平价格的"共同估量"之价格

对于经院主义思想而言,公平价格是指当买卖双方达成充分一致后,共同估量（communis aestimatio,平均估价或估值）得出的市场通行价格。共同估量的价格在本质上是公平的,且意味着货币价格与物品价值相等。而介入交换的货币则是万民法的一项制度,正如经院派所认为的,万民法的制度是普遍的、非绝对必要的,但它极其方便或几近必要。交换和使用货币的前提是对最初为所有人共有而后被预先划分的物享有所有权。

罗马法传统认为,等价物的交换本质上是公平的,亚里士多德也持同样的观点。经院主义思想继承并卓有成效地发展了这一传统,西班牙晚期

㉙ 这个问题是洛克阐释从自然状态到公民状态的核心。

㉚ 《神学大全》第一集问题 98 第 1 节答复 3。

㉛ 弗朗西斯科·德·维托利亚对《神学大全》第二集问题 66 的评注。

㉜ 当然,如果缺乏这些物品,也可以向他人乞讨。多明戈·德·索托在其《贫穷的本质》（Deliberación en la causa de los pobres）中捍卫了穷人在那些对禁止挨家挨户乞讨的各种法律和穷人离开其居住地表示支持的地方居住与乞讨的权利（萨拉曼卡,1545）。索托认为,禁止乞讨的人有义务照顾穷人,因为穷人有寻求生计的自然权利。如果做不到这一点,因为不可能强迫当地人这样做,那么就应该不加限制地容忍乞讨。另参见马丁（1999）的论辩。洛克也承认生活必需品（《政府论》上篇第四章第 42 节）。

㉝ 《神学大全》第一集问题 98 第 2 节。

经院派则将其进一步扩展至交换媒介本身。亚里士多德在《尼各马可伦理学》第五卷中以"正义"这一德性为背景论述了交换问题，经院派也遵循着这一总体框架。正义分为一般（或政治）正义和具体正义。后者又可分为矫正正义（又称交换正义）和分配正义。矫正正义调整的是作为平等个体的政治共同体成员之间的关系。正如托马斯·阿奎那后来所阐明的，[34]这种平等被认为是对同一君主的服从，即服从于相同的法律。与此相反，分配正义是指当每个公民以不同的方式对集体利益作出贡献时，政治共同体，归根结底就是全体公民的联合，按照比例给予其应得。例如，承认其功绩或荣誉。[35]与具体正义相反，一般正义指的是政治共同体的成员与政治共同体本身之间的关系，因此也被称为政治正义。正如我们已经说过的，这可以是自然的，也可以是法律的。归根结底，正义在三个方面确定应得：第一，通过矫正正义确定平等主体之间的应得；第二，通过分配正义确定政治共同体给予其每个公民的应得；第三，通过政治正义确定政治共同体的每个公民给予政治共同体本身，即给予所有其他公民的应得。在后两种情况下，应得的不是个人之间的，而是个人与共同体之间的。

政治共同体的成员之间在正常的共同生活范围内的正义必须得到维护，也就是说要维护公民之间正常交易的结果。在自愿交易（购买、出售、借贷、担保、用益、寄存、租赁等）中，任何一方的利益都不得受损。在此情形下，出现了亚里士多德最早所提出的"公平价格"概念。另外，违反交换正义的违法行为（非自愿的交易）要受到惩罚、作出赔偿或者恢复原状，即以某种方式恢复到违法行为发生之前的状态。常见的犯罪行为，如涉及财产的盗窃和抢劫（森德哈斯、阿尔费雷斯，2020），则被认为是针对政治共同体的成员实施的，但它们不是针对整个共同体的联合。按照这种理解，这类赔偿属于一般正义或政治正义的范畴。

在亚里士多德看来，互惠维系了政治共同体的统一，也将政治共同体

---

[34] 在《尼各马可伦理学》第五卷第6节，1134a 25-30 中，要探讨不正义，就必须考虑君主制定的法律。托马斯·阿奎那区分了存在于"两个绝对不同的人之间，而不是仅仅一个人之内"的公正与当一个人是另一个人的一部分时产生的公正。从严格意义上讲，我们不该谈论公正，而应谈论统治的公正，无论是父权统治还是家权统治（弗朗西斯科·德·维托利亚对《神学大全》第二集第二部分问题 57 第 4 节的评注）。另见《神学大全》第二集第二部分问题 58 第 7 节反论 3。

[35] 托马斯·阿奎那对此的解释是，交换正义是指如何使一个人得其自身应得，而分配正义是指如何使一个人得其共同应得（《神学大全》第二集第二部分问题 61 第 1 节反论 5）。

成员联系了起来。这里包括物物交换。交换正义意味着交换物的相等。然而，这里出现了价值问题，即如何使这些介入交换的本质上并不相等的物变得等同起来。为此，货币就出现了，它是一种通过需求使不相等的物等同的交易媒介。亚里士多德认为，货币是根据约定确立的一种常规度量，因此它既不是"自然的"，也不是事物存在所必需的。㊱货币的出现充分解决了不相等物的等同比较问题，也即解决了买卖双方互惠需求的问题，这使需求的相等而非物的相等成为可能，物与物本质上是不可能相等的。因此，货币充当了需求的替代品。㊲

在不符合特定条件的情况下，自愿交易可能会变成欺诈性的交易，这时就需要恢复原状。根据托马斯·阿奎那和经院主义传统的观点，欺诈性买卖可被视为盗窃。在《神学大全》第二集问题 77 中，阿奎那考虑了可能导致这种情况的四个原因：不公平的价格、所售物品导致的不正义、所售物品存在缺陷和以比买入价更高的价格出售物品。根据熊彼特（1954：第 93 页脚注 15）的观点，问题 77 中提到了欺诈，这表明阿奎那沿袭了罗马法传统，认为竞争市场中的现行价格即是公平价格：在竞争条件下，卖方很难将价格定得高于现行价格，买方也很难将价格降到低于现行价格。然而，他们可能在数量和质量上进行欺诈，而这正是这个问题的关键所在。既然交换是出于相互需求、为双方的利益而进行的，那么任何一方都不应受到损害。㊳在阿奎那著作中重新出现的那种相互需求，对于亚里士多德而言，是可以用货币来衡量的。简言之，合法的贸易是指买卖双方基于相互需求在不存在欺诈或欺骗的情况下以公平的价格进行的交易，此处的公平价格是指货币价格与物品价值相等。这就解释了罗马法中允许以尽可能高的价格出售物品（res tantum valet quantum vendi potest㊴）的原则，因为在竞争激烈的市场中，供方被定以价格上限，需方则被定以价格下限。朗霍尔姆（Langholm，1998a：79-80；1998b：459-470）详细阐述了罗马法学家、教规学家和神学家对这一原则的解释和补充，"如果允许"

㊱　因此，作为一种制度，它不是自然法的一部分。正如我们所说的，亚里士多德只考虑了两种类型的公正：自然的公正和法律的公正。

㊲　《尼各马可伦理学》第五卷第 5 节，1133a 15-30。

㊳　《神学大全》第二集第二部分问题 77 第 3 节。阿奎那引用圣奥古斯丁的话说："贸易本身并不是非法活动：贸易的恶是人的恶，而非技艺本身的恶。"（《神学大全》第二集第二部分问题 77 第 4 节）

㊴　《学说汇纂》第三十六卷第一章第 1 节第 16 条，第十三卷第一章第 1 节前言，第三十九卷第六章第 18 节第 3 条，第四十七卷第二章第 53 节第 29 条。

（安东尼诺·德·弗洛伦西娅）、"如果以公平价格出售"（巴蒂斯塔·特罗巴马拉）、"公平合理地"（加夫列尔·别尔）、"合法地"（苏门哈特）、"合法合理地"（胡安·德·梅迪纳）、"在公平估价的范围内"（莱西乌斯），一件物品能卖多少钱就值多少钱。多明戈·德·索托也承认这一原则，"排除违反买方意愿的强迫、欺诈和欺骗"，且不包括首要的必需品（我们现在如此称呼），这些必需品就不能以尽可能高的价格出售。[40] 佩德罗·德·巴伦西亚认为，该原则"适用于非生活必需品"[41]。

如前所述，根据罗马法学说[42]和教会法学说，公平价格是指根据共同估量出售物品的现行价格，这一概念同样为中世纪以来的神学家和经院学者所认可。例如，让·布里丹（Jean Buridan）（"人类共同需求是衡量物品价格的尺度"）、亚历杭德罗·德·阿莱斯（Alejandro de Hales）（"物品的公平估价是物品在某一城市或地区的普遍售价"）或大阿尔伯特（Alberto el Grande）（"如果价格与以某一时间的市场估价出售的货物的价值相等，则该价格是公平的"）。[43] 在贝尔纳迪诺·德·谢纳（Bernardino de Siena）看来，公平价格源于"公民群体共同作出的估价或估值"（德鲁弗，1967：第20页）。卡耶坦（Cayetano）总结道，对阿奎那而言，公平价格是"在某一特定时刻，在达成共识且不存在任何欺诈和胁迫的情况下，可以从买方那里得到的价格"（德鲁弗，1958：第422~423页）。在16世纪的西班牙，萨拉维亚·德·拉卡列认为，"物品的公平价格是指在现金契约订立的地点和时间普遍支付的价格"[44]，同时应考虑商品、商人（这影响我们今天所说的市场力量）和货币的多寡，并且是在不存在"欺骗和恶意"的情况之下。因此，多明戈·德·索托是从经济理论而非严格的法律角度来探讨上述价值的起源问题的，"物品的价格不应按其自然属性来计算，而应按其对人的效用来计算"，"物品的一般估值应与其对人的效用相当"[45]。索托提到，存在着两种价值尺度。经院派不断重复的一个例子是，根据被造物的自然次序，老鼠的地位高于小麦，但依其作为有用

---

[40]　《论正义与法》第六卷问题2第3节（格里斯-哈钦森，1952：西班牙语版第148~151页）。

[41]　《关于小麦价格的论述》（萨弗拉，1605）（格里斯-哈钦森，1952：西班牙语版第169~171页）。

[42]　公平价格（iustum pretium）是买卖双方自由协定的任何价格，买卖双方可以自然地讨价还价（《学说汇纂》第四卷第四章第16节第4条，第十九卷第二章第22节第3条）。

[43]　这三个定义引自罗特巴尔德（Rothbard，1995）。

[44]　《商人指南》第二章。

[45]　《论正义与法》第六卷问题2第3节（格里斯-哈钦森，1952：西班牙语版第148~151页）。

之物来估量，没有人会更喜欢老鼠而不是小麦。㊻ 按照亚里士多德的观点，需求是“人与人之间交换的原因与尺度”，不过，索托却认为，需求也是“社会的装饰物”，即一切能为人类“娱乐和装饰”服务的东西。就像经济理论所理解的那样，“需求”是一种简单的需要。在教规学家迭戈·德·科瓦鲁维亚斯（Diego de Covarrubias）看来，商品的价值并不取决于“其根本属性而是取决于人的估价，即使这种估价是荒谬的。在印度群岛，由于人们有更高的估价，这里小麦的价格要比西班牙小麦的价格更高，尽管小麦的自然属性在两地是一样的”㊼。在托马斯·德·梅尔卡多看来，公平价格“就像市场上所说的那样，是本周和本小时公开流转和使用的价格，其中不存在任何强迫或欺骗；尽管根据经验，它比风更多变”㊽。

几乎所有经院学者都认为，公平价格是共同估量的价格，而不是补偿成本的价格。德鲁弗（1958）继续澄清了关于这一认识的许多误解。朗霍尔姆（1998b：470-475）认为，人们援引大阿尔伯特、托马斯·阿奎那或邓斯·司各脱的观点提出的例外情形并非完全真实，因为公平价格估量的两条原则是相辅相成的：如果共同估量的价格不能覆盖成本，那么就不可能存在相应的生产。萨拉维亚·德·拉卡列清楚地解释道，“公平价格受制于商品、商人和货币的多寡，而非成本、劳动或危险程度”，“最初的果实更贵是因为稀缺，而不是因为成本更高。因为前者和后者来自同样的果树和同样的果园”㊾。

然而，市场运行中特定需求㊿的出现确实与商人有关。弗朗西斯科·德·维托利亚(51)指出，当饥荒时期小麦价格上涨时，“根据自然规律，必然是这样：小麦和卖家逐渐减少，需求逐渐增加，价格必然上涨”。在卖家

㊻ 圣奥古斯丁《上帝之城》第六卷第十六章。弗朗西斯科·加西亚在回顾这段引文时，将物基于自然的价值归于“哲学家”，而将物基于满足人类需求的价值归于“政治家”（《所有契约中最有用和相当普遍的条款》第一部分第九章，格里斯-哈钦森，1952：西班牙语版第160~164页）。

㊼ 摘自格里斯-哈钦森（1952：西班牙语版第122页）（迭戈·德·科瓦鲁维亚斯，《教宗、国王和凯撒的正义决议的不同》［*Variarum ex pontificio, regio et cesareo iure resolutionum*］，第四部，1554，第二卷第二册第三章）。

㊽ 《交易和契约大全》第二卷第八章第181页。

㊾ 《商人指南》第三章。

㊿ 而非绝对需求。因此，万民法再次具有了现实意义，它介于自然法的必然性与实在法的纯粹约定性之间。如果面对价格上涨束手无策，那么要求商人采取负责任的行为就毫无意义，因为如果是绝对而非特定的需求占了上风，商人是无法自由行动的。

(51) 1546年4月28日弗朗西斯科·德·维托利亚致米格尔·德·阿科斯的信（弗朗西斯科·德·维托利亚，2006：第267页）。

众多的地方，"价格是由卖方自己来制定的"。即使在这种情况下，卖方也应尽量维持适度的利润，"尽可能不损害穷人的利益"，也就是说，即使合法，他们也不应该"以尽可能高的价格"出售小麦。然而，除了公平价格，官方（因此是实在法）制定的法定价格也可能是公平的，并且优先于自然价格适用。因此，多明戈·德·索托[52]认为，买卖双方应遵守法定价格，而不是对其加以修改，法定价格不同于不断变化的自然价格或自主价格（市场价格）。当自然价格介于严格价格和宽松价格之间时，它就"符合正义的限度"，而适度价格则是指处于中间位置的价格。商人不能试图根据其必须投入的成本、付出的劳动和所涉危险来确定商品的价格。买卖双方之间达成的任何会引起垄断的决定都将导致不公平价格。在路易斯·德·莫利纳看来，价格是自然的，因为"它产生于事物本身，与任何实在法或公共法令无关，而与导致价格发生变化的诸多因素以及人们根据物品的不同用途而对其产生的喜爱和推崇有关"[53]。托马斯·德·梅尔卡多（《交易和契约大全》第一卷第三章第77节）也持同样观点。虽然法定价格优先于自然价格，但法定价格不能是任意的。维托利亚认为，法定价格必须符合法律的规定。马丁·德·阿斯皮尔奎塔和路易斯·德·莫利纳也认为，法定价格应在自然价格的适当延伸范围之内（穆尼奥斯，1998：第173页）。

事实上，自然公平价格概念本身就意味着其中存在着价格浮动，它是一个价格区间，而不是一个单一价格，这是由市场当前情况决定的：鉴于存在着多个交易点，除非如此制定（但这样我们处理的将不再是自然价格），否则就不可能期望所有交易都以相同的价格进行。公平价格不是完全确定的（punctualiter），而是当它作为一个近似估价的结果（in quadam aestimatione）时，在它的浮动范围内，正义所要求的公平不会被破坏。[54]公平价格从下限（宽松公平价格）至上限（严格公平价格），要经过中间层级（适度公平价格）。[55] 基于这些思考，经院派博士们遵循了《法典》

---

[52] 《论正义与法》第六卷问题2第3节（格里斯-哈钦森，1952：西班牙语版第148~151页）。

[53] 《公平价格理论》（*La teoría del justo precio*），第347页第3段。

[54] 《神学大全》第二集第二部分问题77第1节反论1。

[55] 贝尔纳迪诺·德·谢纳也指出，公平价格是围绕一个中点在两个端点之间的延伸（《宽松、适度、严格》，塞尔莫第三十四卷第三章第1节）。胡安·德·卢戈认为，只有上帝才知道作为精确价值的公平价格（"只有上帝知道合法计算的公平价格"）（pretium ius-tum mathematicum licet soli Deo notum）（《论正义与法》）。在谈到市场所要解决的复杂信息问题时，哈耶克和德·卢戈提到了胡安·德·萨拉斯（《〈神学大全〉第二集第二部分评注》），"上帝而非人类才能理解的精确价格"（quas exacte comprehendere et ponde-dare Dei est non hominum）（韦尔塔·德·索托，2002）。

（*Codex*）（第四卷第四十四章第 2 节）中的规定，其中限定了买卖双方可以就价格达成一致的范围：当卖方以低于公平价格一半的价格出售货物给自身带来巨大损失（laesio enormis）时，他可以强制买方向他支付差价或者撤销买卖。如果官方在公平价格的区间内制定了法定价格，则制定的该价格将是公平的。维托利亚指出，实在法、君主或法官可能会在买卖价格超过或不足公平价格一半的情况下仍认定不存在返还义务。然而，根据这一法律传统，维托利亚指出，一种不具有合法性的法律将因此是不公正且危险的。所以，如果法定价格必须是公平的，那它就不应超出自然价格所设定的界限。

在 16、17 世纪的西班牙，固定下来的最具争议的法定价格是为人们所熟知的面包定价，该定价自 1539 年至 1632 年经各种调整和减免后一直有效。对此进行的研究有梅尔乔·德·索里亚（Melchor de Soria）的《论面包定价的合法性和合理性》（*Tratado de la justificación y conveniencia de la tassa de el pan*）（托莱多，1627）。其中包括小麦的最高价格，小麦作为一种基础粮食，其价格受收成好坏的影响。在梅尔乔·德·索里亚看来，因为市场和大小地主各自储存小麦的能力不同，所以定价要具有合理性。在收成不好的年份，价格上涨，大地主享有市场支配权。小地主和较贫穷的消费者由于急需用于下一季播种的小麦，就不得不支付高昂的价格。在这样的价格下，买卖双方之间极不对等的需求(56)使得交换成为混合意愿的结果，因此定价要更为合理：“人们支付的价格不是自然的，而是强制的，因为卖方施加了强制力，而买方也承受了此种强制力。”换言之，在某些情况下，并不具备为达成公平价格所必需的完全自愿。然而，如果要利用农民“美味的贪婪”（sabrosa codicia）来激励其扩大种植，那么压低约束小地主的定价就是合理的。阿斯皮尔奎塔认为，除特殊情况，不应制定最高价格。他指出，制定最高价格有其弊端，如助长欺诈行为、在丰收时期毫无用处或在困难时期根本无法施行（穆尼奥斯，1998：184）。路易斯·德·莫利纳也反对定价，他支持的是维托利亚所提出的法定价格应在自然价格范围之内的观点。佩德罗·德·巴伦西亚（Pedro de Valencia）（《论

(56) 需求不对等既可能是以垄断或独占形式存在的市场支配权的原因，也可能是其结果。如果存在市场支配权，当垄断者或独占者利用需求者的需求，通过不公平的价格获取非法利润时，他们对需求者施加了特定强制力。即使人们同意在此种条件下进行买卖，这种行为也是一种混合意愿行为：我们自愿选择，但受到环境的制约，如果能的话，我们不会作出这样的选择（《尼各马可伦理学》第三卷第一章）。

小麦价格》，1605）指出，作为一般原则，制定价格（包括小麦价格）既困难又没有好处，“这些用来衡量和估计自然公平价格的因素或数值都是不确定、不公平且对共同体有害的”(57)。货币也不可能“衡量出在任何时间和地点普遍可行且公平的价格”。然而，巴伦西亚断定，在这些价格不会发生变动的歉收年份，有紧迫需求的买方比卖方的处境更差，因此，没有法定价格将是不公平的：在考虑物品价格的公平性时，必须首先考虑公共效用。

五 货币的自然价值

正如我们所说的，对于亚里士多德主义和经院主义传统而言，货币是一种为交换不同物品的行动者所普遍接受的交换媒介，但首先必须有一种确保交换正义所要求的价值和价格相等的共同的度量衡来表示这些不同的物品。这种相等指向每个估价各自的主观领域。在易物经济中，双方都需要或想要对方拥有的东西。但在货币经济中，卖方想要的是货币。同样，应将货币放在旨在进行物品交换的主观估价里考虑，因为货币的价值或多或少取决于卖方期望在以后的购买中能用它获得什么。在交换和信贷交易中，也可以用货币来交换货币。尽管货币的面值没有发生变化，但货币的价值可能并不总是相同的，这就是经院派所提出的货币数量论的推理基础。事实上，货币的价值也取决于共同估量，正如维托利亚所说的，“不必考虑这是金子还是银子，而是要考虑人们的估值”(58)。马丁·德·阿斯皮尔奎塔、多明戈·德·索托、托马斯·德·梅尔卡多或胡安·德·马里亚纳都从这句话中得出了重要的分析结果。

金属货币的特征包括金属材质（金、银或铜）、成色或纯度、重量或大小以及面值。后者是其外在价值，而金属成分的价值则决定了其内在价值。从共同估量角度来看，货币的价值与其内在价值相关，尤其是主观估价因素，这为西班牙经院派所强调，也是一个重要的理论创新。货币的购买力，包括当前的购买力和预期的购买力，会影响共同估量，因为货币也是一种价值贮藏手段。汇率是指不同货币之间的兑换关系，可以是此时此地的货币（货币之间的兑换），也可以是不同地点的货币

---

(57) 摘自格里斯-哈钦森（1952：西班牙语版第169~171页）。

(58) 弗朗西斯科·德·维托利亚对《神学大全》第二集第二部分问题77的评注。

（票据兑换）。[59] 当用票据以当前的货币兑换另一个地方未来的货币时，汇率中包含了兑换者的时间偏好所产生的贴现率。[60] 这些交换最适合隐匿利息，因为价格差异（溢价或折价，取决于其变数）混合了两个因素：距离和时间。现在我们知道，如果涉及时间，必然会产生利率。而面值本身仅仅是铸币局公布或声明的结果。当前，人们接受完全信托货币（没有金属价值），是因为他们希望该货币同样被其他人所接受，而接受它的法律义务保障了这一点。这种货币在 19 世纪之前并不存在，在单一银行垄断发行的情况下也不会存在。在我们正在考虑的那个时期，世界上任何造币厂铸造的金币和银币都可以自由流通，任何银行家发行的票据也是如此，这是一种由金属支持的支付手段，也是今天纸币的最初源头（然而，在金本位制崩溃后，纸币不再有任何金属支撑）。

根据胡安·德·马里亚纳的学说，货币的面值（通常指币值的大小）与实际金属含量之间的对应关系遭到破坏（实在法与自然法之间不再具有对应关系），意味着君主的暴力，甚至是暴政。依此类推，同样的思考也适用于我们当下，即我们称作通货膨胀的货币价值的持续流失。在货币理论初步形成时期，就出现了关于货币价值的实在法与自然法之间的冲突。在柏拉图看来，货币是惯例或符号。他赞成两种类型的垄断，一种是铸币垄断，另一种是流通垄断。在他看来，金属货币只能用于与其他政治共同体的贸易，那些在旅行中使用金属货币的人应该在离开时交出剩余部分（这相当于今天对持有外币或资本流动的各种限制）。与此相反，亚里士多德却将货币的起源叙述为一个历史演进过程，他在其中强调了金属相较其他材质所具有的优点。

因为货币价值取决于货币使用者的共同估量，所以影响商品价格的因素也会影响货币的价值。因此，任何超出货币需求量的供给都会使货币贬值，换言之，当所有其他商品的价格都用该货币表示时，这些商品的价格将上

---

[59]　多明戈·德·索托提到了不同地方集市之间通过票据进行交易时所隐含的汇率，如梅迪纳·德·尔坎波（Medina del Campo）、梅迪纳·德·里奥塞科（Medina de Rioseco）和比利亚隆（Villalón）的集市及其与佛兰德斯集市的贸易往来（《论正义与法》第六卷第十二章第 2 节）。

[60]　时间偏好的概念解释了即使在没有风险的情况下也要支付利息的原因。经院派思想预见到了这一概念，而这一概念对奥地利经济学派至关重要。因此，吉列尔莫·德·欧塞尔（Guillermo de Auxerre）（罗特巴尔德，1995：第 50 页）或希莱斯·德·莱西恩（Giles de Lessines）（韦尔塔·德·索托，2002）指出："未来物品的价值不如眼前可获得的相同物品的价值高，它也不能使其所有者获得相同的效用，因此根据正义原则，必须认为未来物品的价值较低。"

涨。在货币与货币的交换中，如果一种货币的供应量较其他货币的供应量增长更快，那么与其他货币的价值相比，该货币的价值会下降，即贬值。通货膨胀和贬值是同一现象的两个方面，马丁·德·阿斯皮尔奎塔和托马斯·德·梅尔卡多等人都清楚地认识到了这一点。在整个 16、17 世纪，那些越靠近货币扩张中心的美洲和欧洲领土，通货膨胀对其影响越大。正如波佩斯库（Popescu）[61] 所解释的那样，通货膨胀率最高的地区是波托西山（Potosí）所在的德·查尔卡斯法院管辖区（Audiencia de Charcas）周边地区，而半岛上通货膨胀率最高的地区是安达卢西亚。[62] 托马斯·德·梅尔卡多是这一过程的亲历者，他看到在货币充足的地方，人们给予货币较低的估值。[63]

西班牙经院派所观察和解释的这些事实为货币数量理论的出现奠定了基础，简而言之，这一理论就是我们刚才所说的内容。格里斯-哈钦森（1952）描述了经院派博士们是如何利用共同估量原则将货币理论和价格理论融会贯通并提出货币数量理论的。例如，阿斯皮尔奎塔[64]以一种更清晰、更详细的方式阐述了该理论，这比博丹（Bodin）早了 12 年。[65] 16、17 世纪西班牙通货膨胀的原因不仅在于汇款导致以白银为主的货币的供应量增加，而且还在于 17 世纪影响到铜币的货币贬值和操纵。1605 年，布尔戈斯市向国王递交了一份请愿书，抗议在货币上强加高于其"内在和基本价值"的价格，这清楚地表明了货币的面值与其实际价值的不同，以及货币管理部门不能通过操纵前者来强加后者的原则：

> 虽然法律可以指明和标注货币的价值和价格，并规定必须以所注明的价格接受和使用货币，但法律不能赋予货币其本身不具有的价值。在估价中，人们不会将货币估量得高于他们所认识到的货币内在和基本价值。[66]

---

[61] 与马丁·德·阿斯皮尔奎塔、生活在墨西哥和西班牙的托马斯·德·梅尔卡多以及胡安·德·马蒂恩索（西班牙法律合集第四卷……评注，马德里，1580）一同提出，也单独提出了货币数量理论（波佩斯库，1999）。

[62] 参见汉密尔顿（1934）的价格序列及其模型，载于森德哈斯、丰特（2015）。

[63] 《交易和契约大全》第四卷第五章。

[64] 《关于交换的决议性注释》，1556，第 51 页。

[65] 对 M. 德马勒斯特罗伊克悖论的回应触及了货币的真相和万物的丰富（巴黎，1568）。

[66] 摘自格里斯-哈钦森（1986）。佩德罗·巴伦西亚也在这一年撰写了《论铜币》，他在文中将价格水平（货币价值的转换）与货币数量联系了起来。他解释了秘密进口铜币的原因，因为在以双倍的价格（"我们很好地偿付了它"）加盖印章后，就可以用同样的数量获得双倍的金银，而这些双倍的金银会立即流向国外（称为"出口"）。

胡安·德·马里亚纳巧妙地揭露并批判了利用贬值和其他调节手段来满足王室资金需求的做法。他在《皇室尊严和国王的教育》(*Sobre la dignidad real y la educación del rey*)（1605）中指出，国王没有正当理由就不能处置其臣民的财产，这同样适用于税收制度，未经议会批准同意，就不得颁布税收法令。他也因著作《论铜币》(1609)而惨遭逮捕，菲利普三世在其宠臣杜克·德·莱尔马（Duque de Lerma）的授意下对该著作进行了谴责。马里亚纳在其著作中强烈谴责了自 1597 年以来通过降低铜币中的白银比例和上调印花税来获取财政收入的做法。[67] 持续了长达八十多年的铜币混乱局面最终在查理二世统治时期得到了纠正（丰特，2008，2022）。归根结底，货币操纵或当今与其形式相同的通货膨胀，以及改变市场或自然价值与面值（实在法）[68] 之间的必要一致性的做法都是不正义的，这些做法侵犯了财产权，因为它们在违背债权人意愿的情况下将资源从债权人手中转移到债务人手中，债务人的实际债务负担因此而减轻。在马里亚纳生活的时代，主要债务人是王室，而如今，整个公共部门的债务额远超过这些债务。

关于交换，阿斯皮尔奎塔断定，之所以会以相同面值的货币交换相同面值的货币，是因为二者的实际价值不同，而这种不同可能是由八种情况导致的，因此有人从货币交换中获得了利润，但如果这种交换是以货币价值进行的，那就是公平的交换。[69] 货币的实际价值受到金属、成色、货币的重量和形状（可能会磨损）、货币的需求地、流通数量的实际或预期变化以及货币稀缺程度或需求的影响。从这方面来看，货币现象与商品现象类似，因为货币"是一种可通过契约出售、转换或者交换的东西（……），它也会因需求

---

⑥⑦ "因为如果君主不是主人，而只是私人财产的管理者，那么他就不能用这种方法或任何其他方法从他们那里拿走他们财产的一部分，而货币贬值就是这样的做法，因为他们以较多的东西换回了较少的东西；如果君主不能在违背他的臣民的意愿的情况下征税，也不能把商品集中起来，那么他也不能使用这种方法，因为这都是一样的，都是从人民那里夺取他们的财产，不管他们是如何通过赋予金属比其本身价值更高的法定价值来伪装的"，《论铜币》第三卷。通过上调印花税，货币的面值被改变，这使持有者产生货币真正增值的错觉。显然，这种骗术并不奏效，市场立即使这种货币贬值。

⑥⑧ "如果把这些价值分开，使法律价值与自然价值不一致，那就太愚蠢了；如果命令普通人把其认为是 5 美元的东西以 10 美元的价格出售，那就更愚蠢、更邪恶了。在这一点上，人们遵循的是共同估价，而这种估价是建立在物品的质量、丰富或稀缺基础之上的"，《皇室尊严和国王的教育》第三卷第八章。

⑥⑨ 《关于交换的决议性注释》。货币在交换中的价值（格里斯-哈钦森，1952：西班牙语版第 153~156 页）。对维托利亚而言，通过票据交换并从中获利也是合法的，只要这种交换是在不同的国家进行的（而不仅仅是在不同的地方），而且没有隐藏利息。出于这些原因，维托利亚分别谴责了"单纯交换"和"交易不畅"（森德哈斯，2018b）。

量大涨或数量不足而价格上涨"。第八种情况是，一种交换货币的短缺和另一种交换货币的充足（因为这影响到货币可用的时刻）意味着对现存货币的时间偏好要大于对短缺货币（未来可用）的时间偏好。这种时间偏好标准或主观贴现因子的引入是一项极为重要的理论贡献，因为它解释了任何时际交换都会产生利率的原因。阿斯皮尔奎塔之所以未能得出这一结论，是因为他坚持了其中存在各种不连贯之处且谴责利息不正义的传统观点，这种谴责主要基于自然法，而不管神法、教会法或市民法是否认可这种谴责。

我们在谈到公平价格时曾说过，对亚里士多德而言，货币使公平交换成为可能，但这并不意味着只要是涉及货币的交换都是公平的。事实上，亚里士多德区分了服务于家庭⑦和城邦（提供了实现各自自然目的——活着和活得好⑦——的手段）的自然致富方法与另一种非自然的致富方法。后者单纯以积累钱币为目的，它缺乏自然目的，因此不受限制，⑦它将生活中不可或缺的物品用于非自身的目的，如换取钱币。⑦非自然的和不受限制的致富方法将其他技艺都变成了赚钱的手段，而赚钱也就是一种价值储存，因此必须受到谴责。以利息生利息是最不自然的商业行为，因为以这种方式，钱币生出了子币。⑦货币的产生并不是为了借贷取息。我们从禁止利息中得出了货币的不可变性的这一论点，该论点与罗马法学家关于可消耗物的消费借贷（mutuum）具有契约性质的论点相混同。

阿斯皮尔奎塔拾起了这一观点，并对它进行了驳斥。事实上，亚里士多德谴责的是，仅为牟利（阿斯皮奎塔说"没有目的的目的"）而进行的货币交换是不自然的，因为货币是用来交换物品的。托马斯·阿奎那也认为，单纯以营利为目的的交易是不合法的。但是，倘若利润适度且用以维持家庭生计或服务于国家，那它就是合法的。⑦然而，在阿斯皮尔奎塔看来，货币之间的交换（不是因为时间而是因为地域差异）仍是合法的，即使这不是货币产生的最初目的。这就好比用鞋子换钱，尽管这不是做鞋的目的，但这是穿鞋的目的，所以这也是合法的。⑦一般认为，基于距离

---

⑦　《政治学》第一卷第八章 1256a。

⑦　城邦以优良的生活为目的，即使它也能带来防御优势或通过贸易使单纯的生活更便利，但仅就这些功能而言，契约就足够了。有一种自然的趋势指引人们共同幸福生活。

⑦　《政治学》第一卷第九章 1257a 1-8。

⑦　《政治学》第一卷第九章 1257b 9-14。

⑦　《政治学》第一卷第十章 1258b 4-5。

⑦　《神学大全》第二集第二部分问题 77 第 1 节。

⑦　《政治学》第一卷第九章 1257a 2-4。

产生的交换是合法的，而基于时间产生的交换是不合法的，阿斯皮尔奎塔⑦、多明戈·德·索托⑦、萨拉维亚·德·拉卡列⑦和路易斯·德·莫利纳⑧都持这样的观点。

阿斯皮尔奎塔⑧不是基于"钱币不生钱币"（pecunia pecuniam non parit）的论点谴责利息，因为他否认这一论点具有普遍适用性。正如经院派通常所做的那样，他援引了消费借贷契约性质的论点，⑧ 根据这一论点，可消耗物（油、小麦、货币……）的所有权是通过在约定期限内归还与所收物品数量和质量完全相同（tatundem）的物品而发生转移的。在消费借贷中，基于可消耗物本身的特质，物品的使用权和所有权同时发生转移：在这种情况下，不可能存在用益权，因为物品的使用即意味着物品的消耗。禁止利息的理由则是不可能在作为可消耗物的货币上设立用益权。因此，禁止利息是一条自然法禁令，同时也为神法所支持。⑧ 相较于消费借贷，尽管使用借贷（commodatum）也是一种无偿契约，但它针对的是不可消耗物。使用借贷的不同之处在于，根据条款中的约定，物品在使用后要被归还，其所有权不发生转移。自然公平意味着仅归还已收到的物品。收取更多的东西则是不公正的，因为那是针对不存在的东西⑧收取报偿，并且必须予以返还。

---

⑦ 《关于交换的决议性注释——货币为何而生？它的主要目的和用途为何？》（格里斯－哈钦森，1952：西班牙语第 152～153 页）。

⑦ 《论正义与法》（1553）第七卷第五章第 2 节。

⑦ "虽然在交换中决不应考虑时间，但可以而且应该考虑地点"，《商人指南》中《论交换》。

⑧ 在同一地点进行的交换，将大币值兑换小币值的固定兑换率确定下来是合乎逻辑的。但是，"在与其他地方的货币进行交换时，货币应具有另一种不稳定的价值［汇率］。皮奥五世在他的诏书中批准了这种增值的交换"，《契约论争——相同数量的货币在不同地方可能具有的双重价值》（格里斯－哈钦森，1952：西班牙语版第 167～169 页）。

⑧ 《利息评注》（1556）第十二章。

⑧ 《法学阶梯》第三卷第十四章中表达了同样观点。

⑧ 《旧约》中谴责了收取利息的行为（《出埃及记》22：24，《诗篇》15：5，《箴言篇》28：8，《以西结书》18：8，《以西结书》18：13，《以西结书》22：12）。人要慷慨无息地借贷（《启示录》25：35-37，《申命记》15：7-8，《诗篇》112：5），在安息年免债并释放奴隶（《申命记》15：1-2）。犹太人之间禁止收取利息，但允许他们向外国人收取利息（《申命记》15：6，《申命记》23：20-21），他们的债务无须免除（《申命记》15：3）。托马斯·阿奎那指出，根据福音律法，禁止收取利息的范围扩大到"作为我们的邻居和兄弟"的每一个人（《神学大全》第二集第二部分问题 78 第 1 节反论 2），将向外邦人收取利息的权力赋予犹太人不是因为合法，而是为了避免贪婪带来的更大罪恶才予以容忍的。

⑧ 《神学大全》第二集第二部分问题 78 第 1 节，以及弗朗西斯科·德·维托利亚对问题 78 的评注（弗朗西斯科·德·维托利亚，2006；森德哈斯，2018b）。

　　尽管经院派博士们支持贸易，但他们并没有对根据《圣经》和教规[85]谴责利息的做法提出反对意见。深受罗马法影响的民事法律则更为宽容，[86]尽管其中规定了每月最高1%的利率[87]并禁止复利[88]。鉴于交易和契约的复杂性，有必要对每项交易和契约进行详尽的分析以确定是否存在收取利息的行为。外部所有权凭证理论就符合这一活动，它在法律上确认了出于某个特定的原因，[89] 而非为了金钱的使用进行的收费，因为如前所述那是不可能的事情。这既是学术性著作《论正义与法》中所包含的《论契约》专论的目标，也是为道德目的而出版的《论契约》的目标。其中一些契约被广泛使用，并为16世纪的经济增长提供了资金来源。[90] 当双方试图以欺诈性安排掩盖利息时，对收取利息的行为的谴责尤为强烈。[91] 此外，还有一些豁免条款，部分豁免条款显然与普遍的谴责不一致，就像塞维利亚的契约之家（la Casa de Contratación de Sevilla）（贝尔纳尔，1999）所支持

---

[85]　教父们和教会法都谴责收取利息的行为：埃尔维拉公会议（300）第20条教规和尼西亚公会议（325）第17条教规禁止教士收取利息，也禁止普通人收取利息（626年的克利希公会议和789年查理曼大帝的《通谕》）。格兰西《教会法汇要》（1140）采纳了这些教规的条款：第一部分，第四十六篇，第九章和第十章；第一部分，第四十七篇，第一章至第九章；第一部分，第八十八篇，第十一章；第二部分，案例十四，问题三和问题四。格里高利九世（1234）编纂的《教令集》强化了《教会法》的内容（格里斯-哈钦森，1978）。此外，维埃纳公会议（1311）谴责收取利息无罪的说法为异端邪说。

[86]　《法典》第四章第32节第3条；《法学阶梯》第三章第十四节第2条；《学说汇纂》第十二卷第一章第2节第1条，第十三章第六章，第四十四卷第七章第1节第4条，第五十章第16节第121条。

[87]　《法典》第四卷第三十二章第26节第1条。

[88]　"利息的利息"，《法典》第四章第32节第28条。累计利息额不得超过本金。

[89]　其中有些所有权是因为受损失而产生的，即赔偿金。因为只要有明确的协议，获得赔偿就是合法的。这种所有权就是我们今天所说的风险溢价。对托马斯·阿奎那来说，"期待利益损失"并不是一个有效的所有权，因为这种利益是不确定的，但对维托利亚而言，如果贷方的损失是确定的，那它就是有效的。或者说，如果这种利益损失不是虚假的或商定的，那么它就是合法的。

[90]　三份一体契约或日耳曼契约的合法性之所以存在争议，是因为它所涉及的三份契约单独来看都是合法的。维托利亚认为，这种说法是错误的，因为实际上只签订了一份契约。虽然西斯笃五世在1586年谴责了三份一体契约（《宪令》第68条或《恶》），但该类契约仍继续被签订，且得到了马丁·德·阿斯皮奎塔等人的辩护。其他一些契约，如租金或永久租金，也被认为是合法的。即使在我们看来，这是为有财产担保的贷款支付的利息。

[91]　维托利亚（2006）分析了以下几种情况：假装购买牲畜，侵占质押物的孳息。而这实际上构成了实物支付的利息。维托利亚指出，为延迟交付预付款而支付的折扣或附加费，即使是在公平价格的范围内，也有收取利息的嫌疑，因此现金销售和赊销之间的价格差异必须是最小的；存款人收取利息（depositum confessatum）实际上是存款掩饰下的贷款，其中假装延迟交付存款。另参见格里斯-哈钦森（1978；第一章）。

的条款或有关抵押贷款的条款（伍德，2002：第204~205页）那样。

简言之，对利息的谴责基于以货币性质为依据的法律论证。对某些商业惯例的谴责则基于一项经济法律分析，该分析旨在探讨是否可以仅因时间收取利息。在每一笔跨时间的权利或义务交易中，普遍存在着以明示或默示的方式支付利息的行为，这事实上是由时间偏好或风险规避等潜在原因导致的，经院派发觉了这些原因，但未能将其理论化。即使分析每种情况的性质以认定其法律或道德合法性的方法是正确的，但因此得出的结论却并不必然如此：尽管分析很有见地，但由于缺乏一种关于利息的一般经济理论，就出现了同时支持或批判基本相同的做法的矛盾行为。

结　语

本文对经院派论证财产、价格和货币等经济问题的法律逻辑进行了剖析。这一论证虽然属于法律和道德范畴，却指向经济分析，因为在解决何为经济领域的公平这一问题时，出现了关于价值性质的问题。西班牙经院派准确地回答了上述问题，将价值的源头追溯到市场上共同的主观估价，无论是被交换物品的价值还是货币的价值，都基于此种共同的主观估价。罗马法学家构建了包含三个裁判层级（按照乌尔比安的分类，自然的、万民的和市民的）的法律体系，这一分类方法同样也为教会学家和神学家所采纳，事实证明这是一个非常适合用来分析经济现实的理论框架。在万民法中，自然法所特有的必然性（同样也是以正确理性去行善的自然公正原则）与发现财产、契约等制度具有极大便利性的人类意志相协调，这些制度的发现不是通过苏亚雷斯式的立法者颁布法律的方式，而是通过采取分散模式达成各类约定的方式。万民法的制度（财产、交换和货币）是通过大量默认的符合自然公平价格的决定和约定产生并自我调节的。立法者可以合法地制定价格、确定交换和铸币或征税，但同时必须符合自然法、万民法或神法等预先确定的公正。这种符合不仅是正义的要求，也是这些制度存在的前提。在熊彼特看来，经院主义思想中理解自然法的两个视角是统一的，但不是混合的。在这个意义上，也就是实在正义（因为它是值得期许的，所以被立法或约定）符合自然正义。但是，这里的"自然"并不仅仅是指因为它是好的，所以必须如此；它首先是实现那些值得期许的事情的条件，也就是说，它是行动有效的条件。在不存在长期立法干预的情况下，正当如何以自发或自然的模式产生，关于这一问题的研究在许多情况下都注定要走向失败。但正是对该问题的研究使西班牙经院派获得了一个关于经济（进而是社会）运行的基本发现，这个发现为现代经济学开辟了道路。㊿

参考文献

Aubert, J.-M. (1955). *Le droit romain dans l'oeuvre de saint Thomas*. Paris：Vrin.

Baciero, F. T. (2012). «El concepto de derecho subjetivo y el derecho a la propiedad privada en Suárez y Locke». *Anuario filosófico*, vol. 45, n. 2, pp. 391-421.

Barrientos, J. (2011). *Repertorio de moral económica (1526-1670). La Escuela de Salamanca y su proyección*. Pamplona：Eunsa.

Belda, J. (2000). *La Escuela de Salamanca y la renovación de la teología en el siglo XVI*, Madrid：Biblioteca de Autores Cristianos.

Bernal, A. M. (1999). «De la praxis a la teoría：dinero, crédito, cambios y usuras en los inicios de la Carrera de Indias (s. XVI)». En E. Fuentes Quintana (ed.), *Economía y economistas españoles*, vol. 2, pp. 249-293. Barcelona：Galaxia Gutenberg.

Carpintero, F. (2008). *La ley natural. Historia de un concepto controvertido*. Madrid：Encuentro.

Cendejas, J. L. (2017). «Economics, chrematistics, oikos and polis in Aristotle and St. Thomas Aquinas». *Journal of Philosophical Economics*, vol. 10, n. 2, pp. 5-46.

Cendejas, J. L. (2018a). «Justicia, mercado y precio en Francisco de Vitoria». *Revista Empresa y Humanismo*, vol. 21, n. 2, pp. 9-38.

Cendejas, J. L. (2018b). «Francisco de Vitoria, economista：comentario a la cuestión De usuris». *Relectiones*, n. 5, pp. 17-39.

Cendejas, J. L. (2020a). «Síntesis bibliográfica del pensamiento económico de la escolástica española». *Revista Fe y Libertad*, n. 3, pp. 331-358.

Cendejas, J. L. (2020b). «Derecho subjetivo, naturaleza y dominio en Francisco de Vitoria». *Cauriensia*, n. 15, pp. 109-137.

Cendejas, J. L. (2021). «Justice and just price in Francisco de Vitoria's Commentary on Summa Theologica II-II q77». *Journal of Philosophical Economics*, vol. 14, n. 1-2, pp. 1-32.

Cendejas, J. L. (2022). «Raíces escolásticas de la teoría de la propiedad de John Locke». (en prensa).

㊿ 在亚当·弗格森看来，制度是"人类行动的结果，而不是任何人类设计的实施"（《文明社会史论》第三卷第二章，1767）。

Cendejas, J. L. y C. Font (2015). «Convergence of inflation with a common cycle: estimating and modelling Spanish historical inflation from the 16th to the 18th centuries». *Empirical Economics*, vol. 48, n. 4, pp. 1643–1665.

Cendejas, J. L. y M. Alférez (2020). *Francisco de Vitoria: sobre justicia, dominio y economía. Edición y contexto doctrinal de la cuestión 'Sobre el hurto y la rapiña'*. Pozuelo de Alarcón: Editorial Universidad Francisco de Vitoria.

Decock, W. (2013). *Theologians and Contract Law. The Moral Transformations of the 'Ius Commune' (ca. 1500–1650)*. Leiden: Nijhoff.

Dempsey, B. W. (1943). *Interest and Usury*. Washington, D. C. : The American Council of Public Affairs.

Font, C. (2008). *La estabilización monetaria de 1680–1686. Pensamiento y política económica. En Estudios de historia económica*, n. 52. Madrid: Banco de España.

Font, C. (2022). *En busca de la estabilidad monetaria. Prolegómenos de una reforma exitosa. Selección de arbitrios.* Madrid: Instituto de Estudios Fiscales.

Fuentes Quintana, E. (ed.) (1999). *La Escuela de Salamanca y las ideas económicas de la Escolástica. Varios capítulos en Economía y Economistas españoles*, vol. 2. Barcelona: Galaxia Gutenberg.

García Villoslada, R. (1938). *La Universidad de París durante los estudios de Francisco de Vitoria (1507–1522)*. Roma: Universitatis Gregorianae.

Gómez Rivas, L. (2021). *La Escuela de Salamanca, Hugo Grocio y el liberalismo económico en Gran Bretaña.* Pozuelo de Alarcón: Editorial Universidad Francisco de Vitoria.

Grice-Hutchinson, M. (1952). The School of *Salamanca: Readings in Spanish Monetary Theory, 1544–1605*. Oxford: Clarendon Press. Traducción: L. Perdices, J. L. Ramos y J. Reeder (eds.). La Escuela de Salamanca: una interpretación de la teoría monetaria española, *1544–1605*. Salamanca: Caja España, 2005.

Grice-Hutchinson, M. (1978). *Early Economic Thought in Spain, 1177–1740*. Londres: Allen & Unwin. Traducción: El pensamiento económico en España, *1177–1740*. Barcelona: Crítica, 1989.

Grice-Hutchinson, M. (1983). «Los escolásticos españoles y la Historia del Análisis Económico de Schumpeter». *Papeles de Economía Española*, n. 17, pp. 172–184.

Grice-Hutchinson, M. (1986). «El discurso acerca de la moneda de vellón de Pedro de Valencia». En AA. VV. , *Aportaciones del pensamiento económico iberoamericano, siglos XVI–XX* , pp. 55–66. Madrid: Ediciones Cultura Hispánica.

Guzmán Brito, A. (2009). *El derecho como facultad en la Neoescolástica española del siglo XVI*. Madrid: Iustel.

Gamilton, E. J. (1934). *American Treasure and the Price Revolution in Spain, 1501 - 1650.* Nueva York: Octagon Books. Traducción: Barcelona: Ariel, 1975.

Huerta de Soto, J. (2002). «Juan de Mariana y los escolásticos españoles». En J. Huerta de Soto (ed.), *Nuevos Estudios de Economía Política*, pp. 249 - 261. Madrid: Unión Editorial.

Kroger, J. R. (2004). «The Philosophical Foundations of Roman Law: Aristotle, the Stoics, and Roman Theories of Natural Law». *Wisconsin Law Review*, n. 905, pp. 905–944.

Kangella, S. (2011). *Teología y ley natural, estudio sobre las lecciones de Francisco de Vitoria.* Madrid: Biblioteca de Autores Cristianos.

Langella, S. (2011). *Teología y ley natural, estudio sobre las lecciones de Francisco de Vitoria.* Madrid: Biblioteca de Autores Cristianos.

Langholm, O. I. (1998a). *The Legacy of Scholasticism in Economic Thought: Antecedents of Choice and Power.* Cambridge: Cambridge University Press.

Langholm, O. I. (1998b). «The Medieval Schoolmen (1200–1400)». En S. T. Lowry y B. Gordon (eds.), *Ancient and Medieval Economic Ideas and Concepts of Social Justice*, pp. 439–501. Leiden: Brill.

Larraz, J. (1943). *La época del mercantilismo en Castilla, 1500–1700.* Real Academia de Ciencias Morales y Políticas. Madrid. Reimpreso: Aguilar, 1963.

Martín, V. (1999). «La controversia sobre los pobres en el siglo XVI y la doctrina sobre la propiedad». En E. Fuentes Quintana (ed.), *Economía y economistas españoles*, vol. 2, pp. 295–339. Barcelona: Galaxia Gutenberg.

Molina, Luis de (1597 [1981]). *La teoría del justo precio.* Edición de F. Gómez Camacho. Madrid: Editora Nacional. Reedición: Valladolid: Maxtor, 2011.

Molina, Luis de (1597 [1989]). *Tratado sobre los préstamos y la usura.* Edición de F. Gómez Camacho. Madrid: Instituto de Estudios Fiscales.

Molina, Luis de (1597 [1991]). *Tratado sobre los cambios.* Edición de F. Gómez Camacho. Madrid: Instituto de Estudios Fiscales.

Muñoz de Juana, R. (1998). *Moral y economía en la obra de Martín de Azpilcueta.* Pamplona: Eunsa.

Popescu, O. (1999). «Contribuciones indianas para el desarrollo de la teoría cuantitativa del dinero». En E. Fuentes Quintana (ed.): *Economía y economistas españoles*, vol. 2, pp. 209–241. Barcelona: Galaxia Gutenberg.

Roover, R. de (1955). «Scholastic economics: survival and lasting influence from the sixteenth century to Adam Smith». *Quarterly Journal of Economics*, vol. 69, n. 2, pp. 161–190.

Roover, R. de (1958). «The Concept of the Just Price: Theory and Economic Policy». *Journal of Economic History*, vol. 18, n. 4, pp. 418–434.

Roover, R. de (1967). *San Bernardino of Siena and sant'Antonino of Florence: the two great economic thinkers of the Middle Ages.* Boston: Harvard University. Traducido en Procesos de Mercado, vol. 6, n. 1, 2009.

Rothbard, M. (1976). «New light in the prehistory of the Austrian School». En E. G. Dolan (ed.), *Foundations of Modern Austrian Economics*, pp. 52–74. Kansas City: Sheed & Ward.

Rothbard, M. N. (1995). *Economic Thought before Adam Smith: An Austrian Perspective on the History of Economic Thought.* Cheltenham, UK: Edward Elgar. Traducción: Unión Editorial, Madrid, 1999.

Schumpeter, J. A. (1954). *History of Economic Analysis.* Londres: Routledge.

Sierra Bravo, R. (1975). *El pensamiento social y económico de la Escolástica desde sus oríge-nes al comienzo del Catolicismo social.* Madrid: CSIC, Instituto de Sociología Balmes.

Tellkamp, J. A. (2009). «Ius est idem quod dominium: Conrado Summenhart, Francisco de Vitoria y la conquista de América». *Veritas* vol. 54, no. 3, pp. 34–51.

Tierney, B. (1997). *The Idea of Natural Rights.* Grand Rapids, MI: William B. Eerdmans. Ullastres, A. (1941, 1942). «Martín de Azpilcueta y su comentario resolutorio de cambios. Unas ideas económicas de un moralista español del siglo XVI». *Anales de Economía* vol. 1, no. 3–4 (1941). pp. 375–407, y vol. 2, no. 5 (1942), pp. 51–95.

Villey, M. (1975). *La formation de la pensée juridique moderne.* 4th ed. París: éditions Montchrestien.

Vitoria, Francisco de (1932–1952). *Comentarios a la Secunda Secundae de Santo Tomás.* Edición de V. Beltrán de Heredia (6 vols. Y 3 apéndices) Salamanca: Biblioteca de Teólogos Españoles.

Vitoria, Francisco de (1995). *La ley (qq. 90–108, 1533–1534).* Edición de L. Frayle. Madrid: Tecnos.

Vitoria, Francisco de (2006). *Contratos y usura.* Edición de M. I. Zorroza. Pamplona: Eunsa.

Vitoria, Francisco de (2010). *De legibus.* Edición de S. Langella, J. Barrientos y P. García. Salamanca: Universidad de Salamanca.

Wood, D. (2002). *Medieval Economic Thought.* Cambridge: Cambridge University Press.

法律方法专题

案件类型化取代实践推理：司法人工智能价值权衡困境的解决进路

赵浴辰[*]

摘　要： 在当下关于司法人工智能的讨论中，"人工智能无法处理价值权衡问题"是一个得到广泛承认的流行意见。但是，鉴于涉及价值权衡的案件可以被等价为需要适用法律原则的案件，而法律规则与法律原则的二分在人工智能的算法拟合中又不具有如在人类法官实践推理结构中一般的重要性，因此，司法人工智能在逻辑上不必然不能处理涉及价值权衡的案件。另外，"个案正义"进路的对司法人工智能处理价值问题的实质性反对意见也是站不住脚的。通过将训练样本类型化的方式，司法人工智能或能在不"理解"价值的情况下，运用拟合原理对涉及价值权衡的案件作出处理，从而实现对司法人工智能价值权衡困境的突破。

关键词： 司法人工智能；实践推理；案件类型化

得益于各地司法机关在推进"智慧法院"建设方面所做的努力，人工智能在我国司法实践中的应用范围不断扩大，涌现出了上海刑事审判辅助系统——"206"[①]、浙江全流程智能审判系统——"小智"[②] 等数个取得了一定实效的实践案例。与实务界对人工智能辅助司法的积极探索相呼应的是，理论界亦围绕着人工智能参与司法裁判的条件、方式和限度等议题展开广泛的讨论。在这些讨论中，存在一种流行的对司法人工智能的批评性意见，即人工智能不具备人的理性和情感，其不能处理价值权衡问题，因而无法在需要法官做价值权衡的疑难案件中实现"个案正义"[③]。此种

---

[*]　赵浴辰，北京大学法学院法学理论专业硕士研究生。

① 关于这一系统的开发历程、原理和应用效果，参见崔亚东《人工智能与司法现代化——"以审判为中心的诉讼制度改革：上海刑事案件智能辅助办案系统"的实践与思考》，上海人民出版社，2019。

② 关于这一系统的介绍，参见 Bin Wei et al., "A Full-process Intelligent Trial System for Smart Court," *Frontiers of Information Technology & Electronic Engineering*, vol. 23, no. 2, 2022, pp. 186-206。

③ 参见雷磊《司法人工智能能否实现司法公正?》，《政法论丛》2022 年第 4 期。

意见堪称当今学界的共识：即便是为数不多承认人工智能的工作能够替代司法裁判中的某些价值判断的学者，也往往会强调人工智能不能"理解"价值，因而只能在此领域发挥极其有限的作用。①

但是，在对现有的讨论做细致考察后，我们不难发现，上述论断无论在理论上还是实践上都是草率的。在理论层面上，大部分对司法人工智能无法处理涉及价值权衡的案件的批评都是以断言的方式作出的，既未深入思考法律推理中的"价值权衡"的含义，又缺乏对先进人工智能的内部运行机制的考察；而在实践层面上，倘若在涉及价值权衡的案件中，人们因这些案件的复杂性、争议性、个案性而主张不能信任人工智能自动生成的判决结果的话，那么，他们似乎也没有理由相信掌握有限知识、具有有限理性的法官就能作出具有普遍说服力的司法裁判。鉴于人工智能在可预见的未来将于司法场景中得到更大规模的应用，② 人们有必要对司法人工智能处理价值权衡问题的可能性及限度做更严肃的反思。本文将论证，关于司法人工智能无法处理涉及价值权衡的案件的观点建立在对人工智能算法与人类实践推理模式的混淆之上，而对人工智能所遵循的归纳逻辑与"个案正义"之间冲突的强调则夸大了"个案"的特殊性。通过将训练样本类型化并打上恰当的个别化标记，人工智能或可妥当地处理一部分涉及价值权衡的案件，从而更好地在司法中发挥辅助作用。

一 从价值到原则：法律推理中的价值权衡

在探讨"司法人工智能不能处理涉及价值权衡的案件"命题是否成立前，我们首先需要澄清该命题的含义。为了实现这一目标，对"涉及价值权衡的案件"这一概念的外延作出界定，显然是必要的。

价值是一个实践哲学概念，在宽泛意义上可以被界定为值得追求的事物。在法律领域，价值同样发挥了重要的作用：一方面，一些法律被认为是某种价值的体现，例如侵权法规则贯彻了"矫正正义"理念，③ 合同法

---

① Zichun Xu, ZhaoYang and Zhongwen Deng, "The Possibilities and Limits of AI in Chinese Judicial Judgment," *AI & SOCIETY*, vol. 37, no. 4, 2022, p. 1603.

② 2022 年 12 月 8 日，最高人民法院发布了《关于规范和加强人工智能司法应用的意见》，指出要于 2025 年前"基本建成较为完备的司法人工智能技术应用体系"，并于 2030 年前"建成具有规则引领和应用示范效应的司法人工智能技术应用和理论体系"。

③ Jules L. Coleman, "The Practice of Corrective Justice," *Arizona Law Review*, vol. 37, 1995, pp. 15-37.

规则体现了"契约自由"理念，^① 刑法规则包含了"报应正义"理念；^② 另一方面，司法也是一项有关价值的活动，法官在"找法"的过程中需要做价值判断，^③ 并且在一些涉及价值冲突的案件中还需要做价值权衡。不过，需要特别注意的是，司法过程中的"价值判断"和"价值权衡"是两个不同的概念。法官在处理案件的时候总是需要做价值判断，但是其未必需要做价值权衡。例如，在审理"甲打碎了乙收藏的珍贵花瓶"这一最为简单的财产损害赔偿案件时，法官需要作出甲"侵犯"了乙的财产且应当赔偿乙的损失的价值判断，再去适用《民法典》第 1165 条，进而作出裁判。在这个过程中，法官做了价值判断，但是没有做价值权衡，因为他只是在"矫正正义"这一单一价值的指引下适用了一条明确的规则，没有在两个或多个冲突的价值间做权衡。涉及价值权衡的案件，则指的是类似"泸州遗赠案"的案例。在该案中，法律所保护的当事人的遗嘱自由与法律同样保护的善良风俗之间构成了明确的冲突，因此法官不仅需要做价值判断，还需要在"自由"和"公序良俗"这两种冲突的价值间做价值权衡。由此可见，司法中的价值权衡是与价值冲突相伴而生的。在此类案件中，法官失去了单一明确规则的指引，而是要在做价值权衡后，从两个甚至数个可能的裁判结果中选出最为可欲的那个。此种在价值权衡后挑出最可欲结果的活动实际上是一种道德审议（moral deliberation），因此，可以说，在涉及价值权衡的案件中，法官需要做真正的道德推理。

　　不过，尽管涉及价值权衡的案件中存在真正的道德推理，但这并不意味着法官如道德哲学家一般思考价值问题；相反，基于下文即将提到的两个原因，道德哲学知识对于解决价值权衡问题的帮助十分有限。首先，道德哲学很难帮助法官解决道德不确定性问题。价值权衡一直是法律论证领域的一个难解议题，因为不同人对于同一价值冲突很可能持有不同的解决方案，并给出相异的辩护。然而，就这一点而言，钻研价值问题的道德哲学家们实际上并不能在价值疑难问题上提供比普通人群体更具一致性的答案。哲学家们在几乎所有的道德问题上都存在争议，且于可见的未来没有

---

① Margaret Jane Radin, "Boilerplate Today: The Rise of Modularity and the Waning of Consent," *MICH. L. REV*, vol. 1175, 2006, pp. 1231-1233.

② Michael S. Moore, *Causation and Responsibility: An Essay in Law, Morals, and Metaphysics*, Oxford University Press, 2009, p. 95.

③ 参见许德风《论法教义学与价值判断——以民法方法为重点》，《中外法学》2008 年第 2 期。

达成一致的可能性，而这就与需要快速且终局性地对价值冲突问题给出明确答案的司法语境构成了冲突。相较于永无止境且漫无边际的道德哲学讨论，法官更需要的是具有相对确定性的适用于法律推理情境的价值权衡方法。其次，不同于哲学家或者普通人，法官在履行司法职责时通常不能直接就价值问题发表意见。虽然在英美法系国家中，法官被认为享有具有造法性质的自由裁量权，因此可以在一些情况下依据道德、政治或经济等法外考量来创制、变更和发展法律；① 但是，一方面，此种权力只能在适用规则会导致极端不正义结果的少数情形中被调用，在大多数情况下法官还是要做到"依法裁判"；另一方面，也有一些英美的法理学家，如德沃金，并不认为法官有强意义上的自由裁量权。② 至于在大陆法系国家，受传统分权观念的影响，相较于承认法官的能动性，人们一般更强调对法官的约束。尽管大陆法系国家也存在"判例"和"法官法"，但法官创造的法只是在"依据争议所适用的法律规则对纠纷作出裁判"的框架下才具有正当性，③ 且法官被禁止仅仅依据一般原则作出规范性判决。④ 因此，在司法语境下，法官尽管需要在涉及价值权衡的案件中做真正的道德推理，但他们并不能直接如此，而是必须找到法律依据。

事实上，按照德沃金的观点，法官在审判过程中所做的价值权衡是通过对法律原则的适用来实现的；法官通过适用法律原则，对法律做了道德和政治上最佳的解释。⑤ 德沃金对司法过程中的价值权衡模式的刻画建立在他对于法律规则和法律原则的二分之上。在他看来，法律规则和法律原则是两种不同的法律规范。法律规则给出了明确的适用条件，必须被"全有或全无"适用，且在适用后可以得出确定的结果；而法律原则则缺少明确的适用条件，且包含"分量"（weight）这一维度，需要在权衡后得到适用。一种理解规则和原则二分的方式是，规则可以被看作价值权衡后的

① Joseph Raz, *The Authority of Law*: *Essays on Law and Morality*, Oxford University Press, 1979, pp. 48-49; Leslie Green, "Positivism, Realism and Sources of Law," in Torben Spaak and Patricia Mindus（eds.）, *The Cambridge Companion to Legal Positivism*, Cambridge University Press, 2021, pp. 43-44.

② Ronald Dworkin, *Law's Empire*, Harvard University Press, 1986.

③ 〔法〕雅克·盖斯旦、吉勒·古博著，缪黑埃·法布赫-马男协著《法国民法总论》，陈鹏、张丽娟、石佳友等译，法律出版社，2004，第 411 页。

④ 〔法〕雅克·盖斯旦、吉勒·古博著，缪黑埃·法布赫-马男协著《法国民法总论》，陈鹏、张丽娟、石佳友等译，法律出版社，2004，第 422 页。

⑤ Mark Greenberg, "The Moral Impact Theory of Law," *Yale Law Journal*, vol. 123, 2013, pp. 1299-1300.

结果，其在产生时就已对其所适用的事实类型中需要考虑的价值做过权衡了，因此在适用时法官无须再做价值权衡；而原则在适用的过程中仅仅意味着要求实现一种价值，但在大多数单纯适用规则无法解决的案件中，要正确行动往往意味着需要在多种冲突的价值之间找到平衡，因此法官需要以权衡原则的方式来做价值权衡的工作。[1] 德沃金关于借助原则的权衡来实现价值的权衡的观点在大陆法系国家也得到了认可。例如，阿列克西就认为，原则冲突和价值冲突本质上是同一的，只不过前者以道义逻辑为表象，后者则以价值论为外表。[2]

既然法律领域的价值权衡实际上指的就是对法律原则的适用，那么，在我国法理学界普遍视"穷尽法律规则，方得适用法律原则"为通说的情况下，[3] 涉及价值权衡的案件和不涉及价值权衡的案件可以以是否涉及法律原则的适用为标准得到区分。那些只需要适用法律规则就可以得到妥善解决的案件，是不涉及价值权衡的案件；相反，在法律规则之外还需要适用法律原则的案件，就是涉及价值权衡的案件。

由以上分析可见，在我们视涉及价值权衡的案件为需要适用法律原则的案件的情况下，"司法人工智能不能处理价值权衡问题"命题的含义或者说真值条件[4]就是，司法人工智能只能处理那些仅适用规则就可解决的案件，而不能处理那些需要适用原则的案件；换而言之，前述命题为真，需要以法律规则和法律原则的二分在人工智能辅助司法的语境下仍然成立且具有重要性为前提。

二　原则与规则：被算法"抛弃"的二分法

那么，法律规则与法律原则的二分对于司法人工智能而言具有前述重要性吗？为了回答这个问题，我们有必要对司法人工智能的工作模式展开分析。

在认知问题上，当代的人工智能研究中主要存在符号主义和连接主义

---

[1]　参见陈坤《法律推理中的价值权衡及其客观化》，《法制与社会发展》2022 年第 5 期。

[2]　〔德〕罗伯特·阿列克西：《法律规则与法律原则》，张青波译，载郑永流主编《法哲学与法社会学论丛》（2008 年第 1 期·总第 13 期），北京大学出版社，2008，第 14 页。

[3]　舒国滢：《法律原则适用中的难题何在》，《苏州大学学报》（哲学社会科学版）2004 年第 6 期。

[4]　关于命题的含义为何等于其真值条件，参见 William G. Lycan, *Philosophy of Language: A Contemporary Introduction*, Routledge, 2018, pp. 109-125。

两种彼此竞争同时又被期待能够相互融合的模型。① 符号主义者认为，"符号是智能行为的根源"②。符号主义进路下的法律人工智能主要是通过逻辑推理的方式来实现智能裁判的，其代表性成果是 20 世纪 70~80 年代所涌现出来的一系列法律专家系统。符号主义司法人工智能的特征是，其高度依赖法律专家的知识，需要在法律专家的参与下预先输入法律文本、判例法、专家知识、元知识等信息。典型的法律专家系统包括基于规则的法律推理模型、基于先例的法律推理模型以及结合了二者的法律推理模型。③ 与需要人类手动输入知识并人为设定规则的符号主义人工智能不同，连接主义的司法人工智能利用人工神经网络来模拟人的智能行为，其主要是通过机器学习等算法实现对预测模型的训练的。得益于自然语言处理技术（NLP）和深度学习的发展，法律人工智能能够通过对法律文本中的要素的抽取和分析来实现对判决结果的预测。此种预测就其本质而言建立在归纳逻辑的运用之上，即在对训练样本的学习过程中以从判决中抽取的要素为自变量、以判决结果为因变量，尽可能拟合出一套映射关系，再在输入新的事实时运用这套映射关系输出新的结果。需要注意的是，连接主义人工智能在机器学习的过程中产生的中间数据是高维的，无法用人类的自然语言表示，因此产生了可解释性难题。不过，高维数据也有其优势。相较于人类预先设定的推理图式，高维数据往往能更准确地反映出判决中的事实与判决结果之间的关系，因此在对判决预测的准确度方面有更出色的表现；并且，机器学习机制使人工智能可以处理更为多元的案件，不会受制于输入知识的有限性，因此应用范围会更广。

　　由此可见，对比符号主义和连接主义的司法人工智能，符号主义的优势在于其可解释性强，更符合司法对于算法可解释性的需求，④ 其劣势则是需要手动添加知识，应用范围较窄，且在预测的准确性方面较弱；而连接主义的优势在于其无须预先设定推理图示和知识，应用范围较广，且预测的准确性较强，其劣势则是存在"算法黑箱"问题。出于对预测结果准

---

① 〔美〕罗素、诺维格：《人工智能：一种现代的方法》（第 3 版），殷建平、祝恩、刘越等译，清华大学出版社，2013，第 24 页。

② Allen Newell and Herbert A. Simon, *Computer Science as Empirical Inquiry: Symbols and Search*, Communications of the ACM, 1976, p. 114.

③ 参见魏斌《法律人工智能：科学内涵、演化逻辑与趋势前瞻》，《浙江大学学报》（人文社会科学版）2022 年第 7 期。

④ Ashley Deeks, "The Judicial Demand for Explainable Artificial Intelligence," *Columbia Law Review*, vol. 119, no. 7, 2019, pp. 1829–1850.

确性以及应用便利性的追求，当代的司法人工智能主要采取了连接主义进路。从公开披露的报告来看，上海刑事审判辅助系统——"206"、浙江全流程智能审判系统——"小智"、四川法院要素式智能审判系统都是以机器学习为主要技术手段的，[①] 而符号主义的方案则在实质上得到了放弃。在可预见的未来，司法人工智能的前进方向应当是发展更具可解释性的连接主义预测模型，而非重拾符号主义进路。

既然司法人工智能主要是连接主义的、以机器学习为依托的，那么，法律规则与法律原则的二分对于人工智能而言，显然就是不重要的。如前文所述，连接主义的人工智能本质上是运用归纳逻辑，将新输入的待决案件与训练样本进行拟合，从而输出与训练样本具有一致性的判决结果；这一过程中无须事先输入任何法律法规，而是只要直接输入案例即可。事实上，按照浙江"小智"系统研发团队的测试，相比于不预先输入法律条文训练的模型，预先用法律条文训练过的模型仅仅提高了1%的预测准确度。[②] 由此可见，对于司法人工智能而言，连对法律规定的输入都是不重要的，更何况是更为细化的法律规则与法律原则的二分。司法人工智能以高维的过程性数据来表达案件事实中的诸元素与判决结果之间的关系，这在根本上超越了人类自然语言的表达限度，也超过了人类大脑所能直观的极限。先考察案件的事实，再尝试适用法律规则来解决案件，进而在发现适用法律规则可能导致极端不正义的结果后，适用原则以对结果作出修正，这是典型的人类法官实践推理的模式；但对于司法人工智能而言，由于其是直接用算法拟合来完成工作的，因此，它根本不需要经过从事实到法律规则再到法律原则的实践推理步骤。由此可见，法律规则和法律原则的二分在人工智能的语境下已经失去了意义，甚至很难再成立。在这种情况下，将是否需要适用法律原则作为能否将案件交由人工智能处理的标准，是缺乏充分的理由的。

综上所述，由对人工智能，特别是连接主义的人工智能的运行原理的考察可见，法律规则和法律原则的二分对于司法人工智能而言是不重要甚至不能成立的；我们没有理由认为人工智能只能处理仅需适用法律规则的

---

① 参见崔亚东《人工智能与司法现代化——"以审判为中心的诉讼制度改革：上海刑事案件智能辅助办案系统"的实践与思考》，上海人民出版社，2019；Bin Wei et al.，"A Full-process Intelligent Trial System for Smart Court,"*Frontiers of Information Technology & Electronic Engineering*，vol. 23，no. 2，2022，pp. 186–206。

② Bin Wei et al.，"A Full-process Intelligent Trial System for Smart Court,"*Frontiers of Information Technology & Electronic Engineering*，vol. 23，no. 2，2022，p. 203。

案件，而不能处理需要适用法律原则的案件。鉴于在前一部分中，我们已经论证了"涉及价值权衡的案件"与"需要适用法律原则的案件"的同一性，可以说，"司法人工智能不能处理价值权衡问题"命题已经被成功证伪了。

三　特殊个案的普遍之维：重思"个案正义"

尽管我们从法律规则和法律原则的二分的角度证伪了"司法人工智能不能处理价值权衡问题"这一命题，但需要强调的是，这一论证只能说明人工智能不必然不能处理涉及价值权衡的案件，但并不能证明人工智能一定能处理涉及价值权衡的案件。倘若能找到在涉及价值权衡的案件中拒斥人工智能参与的理由，那么，人们依然可以合乎逻辑地认为司法人工智能不能处理价值权衡问题。

事实上，那些批评人工智能不能处理价值权衡问题的学者们也确实给出了实质的理由。他们指出，需要适用原则、做价值权衡的案件往往是那些需要法官超越法律规则的规定实现"个案正义"的案件，[①] 而以个案正义形式出现的实质正义又往往不能被一般化和规则化处理，而是需要面对个案个别地作出处理，[②] 这就与司法人工智能所遵循的归纳逻辑产生了冲突。司法人工智能无法如人类一般"理解"价值，也不具备人类的常识常情。因此，当面对需要作出价值权衡的案件时，司法人工智能实际上不能对如何化解价值冲突作出"判断"，而是只能将之与训练集中的样本进行拟合。例如，在面对类似"电车难题"的案件时，人工智能所能做的只是先归纳、总结人们在不同情境下的做法，再在对情境作出判断后作出尽可能符合多数人看法的决策。[③] 在批评者们看来，这种决策方式不可能实现"个案正义"，因为一方面，其无法应对在处理结果上有不确定性的具体特殊个案；另一方面，此种运用归纳逻辑解决道德难题的做法实际上是对道德判断重要性的贬低，可能导致驱逐道德判断并挑战人的道德主体地位的严重后果。[④]

---

① "法律原则不得径行适用，除非旨在实现个案正义"，见舒国滢《法律原则适用中的难题何在》，《苏州大学学报》（哲学社会科学版）2004 年第 6 期。

② 参见雷磊《司法人工智能能否实现司法公正？》，《政法论丛》2022 年第 4 期。

③ S. Matthew Liao, "Morality and Neuroscience: Past and Future," in *Moral Brains: The Neuroscience of Morality*, Oxford University Press, 2016.

④ 陈景辉：《人工智能的法律挑战：应该从哪里开始？》，《比较法研究》2018 年第 5 期。

但是，在笔者看来，此种观点是站不住脚的。一方面，它夸大了"个案正义"中"个案"的特殊性；另一方面，它为正义的实现或者说价值问题的解决设定了过于严苛的方法论限制。

就"个案性"的有限性而言，有两点值得关注。首先，从内容上看，大部分的"个案"都有类案。事实上，人们往往是基于一些具有普遍性的事实而将某些案件视为特殊个案的。例如，人们之所以认为"泸州遗赠案"是一个需要适用原则以实现个案正义的案件，是因为这一案件包含了"将遗产留给婚姻的第三者"这一事实；然而，把遗产留给第三者并非一件特殊到没有类似情况的事。甚至，一旦联想到德沃金在《认真对待权利》中提及过的"里格斯诉帕尔默案"[①]，我们就会发现这同样是一个因遗产继承人身份而需要突破规则、适用原则的案例。[②] 因此，尽管法官确实会遇见一些尚未出现过类案的全新案件，但是至少对于许多特殊个案而言，通过与类案进行拟合从而实现智能化裁判是十分可能的；而即便真的遇到特殊到前所未有的案件，由于司法人工智能始终只是居于辅助地位，法官完全可以亲自审核并调整智能模型生成的裁判结果，从而使案件得到妥当处置。其次，从结构上看，"特殊个案"之间也存在共性。对于民事案件而言，突破规则、适用原则往往意味着基于某些事实而设立、消灭或变更某些权利或责任。例如，"泸州遗赠案"的处理结果是遗嘱被认定为无效，原告依遗嘱获得遗产的请求被驳回；[③] "里格斯诉帕尔默案"的判决结果是，法官依"任何人不得根据自己的不义行为主张任何权利"的原则认定凶手不能继承被害人的遗产。[④] 而对于刑事案件而言，涉及"个案正义"的案件所共享的结构就更为明显——这些案件都是基于某个或某些事实而增加、减少或免去被告的刑期。例如，"许霆案"中，再审法院就根据案件具有偶然性、被告人主观恶性低而将刑期由无期徒刑调整为五年有期徒刑；[⑤] "于欢案"中，二审法院认定被告人于欢存在防卫过当情节，因此将一审的无期徒刑改判为五年有期徒刑。[⑥] 由此可见，"个案正义"的典型实现模式是，法官基于某些作为事实的理由，而对法律后果作出更改，从而突破对法律规则的机械适用。

① *Riggs v. Palmer*, 115 N. Y. 506, 22 N. E. 188 (1889).
② Ronald Dworkin, *Taking Rights Seriouly*, Harvard University Press, 1977, p. 23.
③ (2001) 泸民一终字第 621 号判决书。
④ *Riggs v. Palmer*, 115 N. Y. 506, 22 N. E. 188 (1889).
⑤ (2008) 穗中法刑二重字第 2 号判决书。
⑥ 最高人民法院指导性案例 93 号，2018 年 6 月 27 日发布。

除了"个案正义"中的"个案性"是需要重思的，"正义"的探寻方式也是值得反思的。虽然价值进路的研究者们确实通常会认为道德判断是关乎论辩的，在价值讨论中比较看重论辩者为价值判断提供的辩护理由，并因此质疑归纳法是否能够解决价值难题；但事实上，对归纳法的运用可能恰恰符合亚里士多德在首创伦理学时所倡导的研究方法。在《尼各马可伦理学》第一卷中，亚里士多德指出，伦理学研究者应当先广泛搜集 endoxa（得到认可的意见/有声望的人的意见），再在构建理论的时候尽可能多地容纳这些 endoxa。[①] 另外，在当代法哲学和伦理学研究中，也有学者提出类似主张。例如，夏皮罗就认为，法哲学研究者应向律师、法官、立法者、法学教授等对法律有良好认识的人搜集在他们看来为真的关于法律的自明之理（truism），并将之视为通达好的理论的线索，再以容纳更多自明之理为目标构建关于法律的身份和含义的理论。[②] 由此可见，认为对归纳法的运用会消解价值讨论的严肃性的看法，是过于独断而狭隘的。

四　类型化：人工智能价值权衡困境的"破局之道"

由以上论证可见，从"个案正义"的角度反驳人工智能解决价值权衡问题的可能性和正当性的看法，是站不住脚的。既然特殊个案无论是在内容上，还是在结构上，都通常具有某些普遍性要素，那么，这就为人工智能运用归纳逻辑解决价值权衡问题留下了空间。

笔者认为，人们完全可以通过对案件进行类型化的方式，来对人工智能进行训练，从而使其能够处理涉及价值权衡的案件。具体而言，以刑事案件为例，样本处理者可以先将那些突破了规则、适用了原则的案件挑选出，然后将之分为增加刑期的案件、减少刑期的案件和免去刑罚的案件三类，并分别打上个别化标签。如此一来，一旦人工智能在拟合的过程中判定某一待决案件可能属于需要加刑、减刑或者免刑的情况，其就可以将这一案件与打上了特殊标记的样本集进行拟合，而不与包含了所有训练样本的总样本集拟合，从而实现对案件的差异化处理，达到和人类法官突破规则、适用原则一样的效果。当然，将案件分为加刑、减刑和免刑的分类方式是一种极其粗糙的类型化方式，可能导致人工智能输出的结果离我们的预期较远。如果样本处理者能够作出更细化的类型化，并打上更多个别化

[①]　T. H. Irwin, *Nicomachean Ethics*, Hackett Publishing, 2019, pp. 3-4.

[②]　Scott Shapiro, *Legality*, Harvard University Press, 2002, pp. 13-16.

标签，那么，待决案件就可以更精确地与特定的特殊样本集拟合，从而输出更精确的差异化处理结果。通过这种方式，尽管人工智能还是不可能和人一样以实践推理的方式做价值权衡，也不可能处理所有涉及价值权衡的案件，特别是那些类案数过少的案件或者全新的案件，但其至少不是对涉及价值权衡的案件完全无力的。

另外，相较于直接由人类法官作出判决，在涉及价值权衡的案件中引入司法人工智能至少还能带来两个实践上的好处。

首先，人工智能在运算过程中产生的高维数据使它可以"发现"一些人类不能发现或表述的规律。如前文所述，连接主义的司法人工智能是通过数据的拟合原理工作的，其会反复调整人工神经网络中的输出值，使其尽可能符合训练样本所提供的预期输出值。在这一过程中，人工智能其实具有比人类更强、更精确的归纳和提炼规律的能力，因为人工智能可以做高维运算。这就意味着，一些在人类看来是"例外"的案件，在人工智能那里可能不是例外。由此可见，司法人工智能的运用不仅能够增强裁判的一致性，还能从根本上减少"特殊个案"的总数。

其次，虽然人工智能永远无法取代法官、不能代替法官作出裁判，而是需要法官把关最后的裁判结果，但是，在涉及价值权衡的案件中运用人工智能至少能够增强司法裁判客观性的外观，减少判决被视为法官个人价值观的独白的嫌疑。鉴于人们在道德问题上存在着广泛的分歧，法官在涉及价值权衡的案件中所做的裁判往往是充满争议的；例如，一些人在"泸州遗赠案"二审作出了维持原判的决定后，仍然认为其是一个侵犯了遗嘱自由的错误判决。[①] 甚至，连案件是不是需要适用原则的涉及价值权衡的案件，其实都是一件充满争议的事。包括前文有所提及的"许霆案""于欢案"在内的许多案件都是在机械适用法律规则得出的原始判决引发了舆论的强烈不满后，才在二审或再审程序中得到改判的。由此可见，对于法官而言，涉及价值权衡的案件是一块"烫手山芋"。相比于具有情感、持有特定价值观的法官作出的具有一定主观任意性的判决，司法人工智能对案件的裁判会显得更加"客观"。人工智能辅助审判系统是在最高人民法院的支持下引入的，且具有科学性的外观和内核，可以说得到了政治权威和科学原理的双重背书，因而会被人们视为一种有利于强化法律统一适

---

① 参见田士永《法律行为违背善良风俗中意思要素的分析——从泸州遗赠案开始》，载郑永流主编《法哲学与法社会学论丛》（2007 年第 1 期·总第 11 期），北京大学出版社，2007；邓子滨《不道德者的权利》，《南方周末》2001 年 11 月 15 日。

用、减少法官自由裁量的可信赖的审判工具。倘若在一个争议案件中，法官作出的主观判断与人工智能自动生成的裁判结果具有一致性，那么，这一事实无疑是有利于增强司法裁判的说服力的。司法人工智能的恰当运用能够提升公众对于法院判决的信服程度，从而达到强化司法权威的效果。

由此可见，司法人工智能处理涉及价值权衡的案件不仅是可能的，而且是可欲的。尽管在技术上可能还存在一些需要解决的难题，但是从逻辑和原理上来看，司法人工智能可以通过案件类型化的方式，在不"理解"价值的情况下，对涉及价值权衡的案件作出处理，并达到促进法律的统一适用、提升判决的说服力的效果。

结　语

综上所述，本文先是通过对"涉及价值权衡的案件"的内涵的澄清以及对于司法人工智能运行原理的分析，从逻辑上驳斥了认为司法人工智能必然不能处理价值权衡问题的观点；之后，又借助对"个案性"和"正义"的分析，反驳了"个案正义"进路对人工智能处理价值问题的反对意见。在笔者看来，"司法人工智能不能处理涉及价值权衡的案件"这个命题忽视了人工智能的算法拟合与人类的实践推理之间的差异，同时为价值问题的解决设定了过于严苛的方法论限制。通过选取适当的样本并将之类型化、打上特殊标记的方式，司法人工智能虽然依然既不可能"理解"价值，又不可能在价值权衡方面完全替代法官，也不可能处理所有涉及价值权衡的案件——特别是那些类案样本过少的案件或者情节过于新颖的案件，但其至少能协助法官处理部分涉及价值权衡的案件，从而更好发挥人工智能在审判中的辅助作用。

刑事法治专题

David Dolinko 论报应主义三大谬误[*]

〔美〕大卫·多林克 著^{**} 金翼翔 李 何 译^{***}

人们广泛地认为，报应主义尽管一度被认为是黑暗时代非理性的残迹，^① 但是近年来却经历了蓬勃的复兴，时至今日已经成为刑事惩罚体制中首屈一指的正当化根据。^② 本次研讨会的举办和本文的写作，就是为了

---

* 本文译自 David Dolinko："Three Mistakes of Retributivism", in *UCLA Law Review*, 1991, vol. 39, pp. 1623-1658。（除本文外，美国学者 Jeffrie G. Murphy 也有一篇文章与本文名称相近，为 "Three Mistakes About Retributivism"，为避免混淆，本文译者特在中文标题中加入作者人名，以示区别。）本文作者于 2020 年 12 月 30 日去世，享年 72 岁，译者谨以此文表示纪念。

** 大卫·多林克，美国加州大学洛杉矶分校（UCLA）教授，1969 年于哥伦比亚大学获学士学位，1980 年于加州大学洛杉矶分校获法律博士学位（JD），1982 年获博士学位（PhD）。参加法律与哲学研讨小组的成员对本文草稿进行了审阅、提出了意见，我（Dolinko）向他们表示感谢。同时也向墨菲教授表示歉意，因为他此前有同名论文发表。

*** 金翼翔，西北政法大学学士、硕士，北京师范大学刑事法律科学研究院博士，曾于上海政法学院任教，现任成都大学法学院讲师；李何，成都大学 2022 级本科生。

① 五十年前，一名报应主义的辩护者认为"除了心理学上的趋利避害以外，报应主义观念可能是唯一道德的理论，而前者已经被批判彻底摧毁"，而这是一种被普遍接受的信念。（J. D. Mabbott："Punishment", in *Mind*, 1939, vol. 48, issue. 190, pp. 152-167. This paper is later collected in H. B. Acton eds. , *The Philosophy of Punishment*: *A Collection of Papers*, Macmillan, 1969, pp. 39-54. ）

十年之后，布莱克法官（Judge Black）在威廉案（William v. New York 337 U. S. 241, 248 [1948]）中代表法庭写道："报应不再是刑法的主导目标。"

1966 年美国矫正协会（The American Correctional Association）出版的《矫正标准手册》（Manual of Correctional Standards）直白地宣布："将惩罚作为报应的刑罚观念是陈旧的，终将为历史所唾弃。"（该段文字转引自 Carlson, The Future of Prisons, Trial, Mar. 1976, pp. 27, 29。）

一本著名的刑法学教科书在初版中将 20 世纪 70 年代早期的观念总结为："报应主义乃是刑罚最古老的理论，也是当前最不为学界所采纳的理论。"（W. LaFave & A. Scott, Handbook on Criminal Law, 1972. ）

② 报应突然之间被所有进行政治游说的思想家认为可能是最为坚实的基础，整个刑罚体制都需要以此为根基。

而上述著名刑法教科书的第二版中就删除了注 1 引用的那段话。（W. LaFave & A. Scott, Criminal Law 2nd ed., 1986. ）另可参见 R. Satter, Doing Justice: A Trial Judge at Work 170-171（1990）；J. Wilson & R. Herrnstein, Crime and Human Nature 496-497（1985）；Sedgwick: Reason, Anger, and Retribution, in Issues in Criminal Justice 41, 41（F. Baumann & K. Jensen eds. , *Crime and Punishment*: *Issues in Criminal Justice*, 1989）。

证明报应主义理论的崛起。但是笔者依然不禁思考，因为报应主义近期看来似乎已经被遗弃，如果它从来没有从虚无中再次浮现，是不是更好？刑罚的实施要在道义上得到正当化论证，甚至可能是必须得到论证，那么其原因是且只能是某人所应得的，这种观点在我看来乃是一种典型的"基于本能的信念而找到的错误理由"③。更重要的是，它削弱了刑事司法的公众参与。根据报应论者的阐述，无论是要求刑罚更加严厉，还是要求扩张死刑，支持者们都会一股脑儿全盘接受，而对于他们所钟爱的政策是否会无功而返甚至弊大于利则在所不问。④ 因为那些只不过是功利主义者们的多愁善感，对于正义的信徒而言是微不足道的，一项政策只要被认为是在"实现正义"或者"让人们罪有应得"，就并不一定需要产出"有用"的结果。⑤

　　无疑会有人指责我歪曲了报应论，没有准确描述报应论的立场。而且也确实有一部分报应论者愿意承认功利论结果考量的地位。例如安德鲁·冯·赫希（Andrew von Hirsch）的著作引领了当前精准量刑时代的到来，⑥

---

③　这是布拉德雷（F. H. Bradley）关于形而上学（metaphysics）的自谦之语——尽管他马上补充道："而对这些依据的探寻也不外乎是一种本能。"F. H. Bradley, Appearance and Reality xiv (2nd ed. 1897).

④　所以，1985 年的一项盖洛普民调显示，尽管新的研究显示死刑并不能够降低谋杀率，但依然有 71% 的被调查者表示支持死刑。上述研究参见 Bohm, Robert M. "American Death Penalty Attitudes." *Criminal Justice and Behavior* 14 (1987): 380-396。早先一项研究显示 273 名被试者支持死刑并且相信死刑能够抑制潜在犯罪人，即使在被告知研究显示死刑的威慑力并不比终身监禁更高时，依然有 66% 的被试者选择支持死刑，甚至在死刑引发的谋杀与防止的谋杀数量相等时，依然有 48% 的被试者选择支持死刑。上述研究参见 Ellsworth, Phoebe C. and Lee D. Ross. "Public Opinion and Capital Punishment: A Close Examination of the Views of Abolitionists and Retentionists." *Crime & Delinquency* 29 (1983): 116-169。而范登哈格（Ernest Van den Haag）作为学术界的死刑支持者曾表示，"他支持死刑仅仅是基于正义，即使死刑没有威慑效果"，上述研究参见 Ernest Van den Haag, *The Death Penalty Once More*, 18 U. C. Davis Law Review, 957, 965 (1985)。

⑤　"只要我们科处刑罚能够做到让人们罪有应得，那我们做的就是对的，群体都会得到巩固，不管科处刑罚的举动是否能够保护群体不受犯罪侵害。"J. Braithwaite & P. Pettit, Not Just Deserts: A Republican Theory of Criminal Justice 6 (1990).

⑥　安德鲁·冯·赫希的著作《实现正义》（Andrew von Hirsch: *Doing Justice*, New York: Hill and Wang, 1976）"引领了量刑理论由康复朝着报应转型"，促使这一转变朝着确定量刑的方向发展。参见 Samuel & Moulds, The Effect of Crime Severity on Perceptions of Fair Punishment: A California Case Study, 77 Journal of Criminal Justice & Criminology 931, 932 (1986)。

而他就在自己的理论中为报应论和功利论都找到了一席之地⑦——尽管其论述相当混乱⑧。但是相当一部分报应论者的论述在我看来都存在污点，因为他们表现出一种道德上的自命清高、一种自我满足的信念，仿佛在说我们不仅可以拥有自己的道德蛋糕，还能吃掉它，言下之意就是我们可以对犯罪人施加痛苦的制裁，即使这种必要的恶并没有产生积极的善（这点就与功利主义的威慑论者不同），但是依然自我感觉良好：这是尊重他人，这是实现正义，一般都会上升到康德主义伦理要求的崇高地位。

还是需要表明的是，本文并非要对报应论及其对立观点进行对比，并对优劣进行细致的权衡分析。相比之下，本文的目的是辩论性的——笔者认为部分报应论立场的缺陷没有得到充分认识，应当予以阐明；而报应论者的文字显示出自命清高，让人心生厌恶，其背后隐藏的若干谬误也需要揭露。笔者的辩论首先需要明确，面对"报应主义"这一变化多端的概念⑨，究竟如何界定。

报应主义，根据笔者的目的，乃是一种哲学理论，其目的是为惩罚犯罪人的实践提供道德上的正当化根据。刑罚包含对于确定实施犯罪者有意施加恶害，包含通常被人们认为侵犯人权的处遇方式（如监禁或处决）。如果在绝大多数情况下这些做法在道德上都是被禁止的，那么为什么对犯

---

⑦ 在《已然之罪还是未然之罪》一书中，赫希认为刑罚作为对于犯罪人的严厉处遇，表达社会对他的批判或道德谴责具有两大特点（51~55 页），首先，就是为了实现功利论的犯罪预防目标而存在的："如果刑罚没有预防价值，那么它所施加的痛苦就没有必要。"（54 页）其次，其中的谴责部分，即使没有功利论的基础也具有正当性，而这一观点与传统的报应论十分接近，这种观点认为："对人们事实的错误行为进行谴责是道德的一部分，这一道德要求人们对自己的行为负责（50 页），而这也是国家需要持续进行的（也有可能不是通过严厉处遇），即使刑罚丝毫没有威慑效果（53 页）。"参见 In Past or Future Crimes（1985）。（本书中文译本参见〔美〕安德鲁·冯·赫希《已然之罪还是未然之罪》，邱兴隆、胡云腾译，中国检察出版社，2001。——译者注）

⑧ 赫希认为对犯罪人施加刑罚应当与犯罪人实施犯罪行为的严重程度相适应，因为刑罚自身的性质就意味着非难。"刑罚比例原则的要求直接来源于刑事制裁本身的非难意味。人们一旦建立一项制度旨在通过刑罚来表达谴责，正义就要求对于犯罪人的惩罚必须依据他所实施行为的可谴责性。"但赫希后面又提出刑罚制度服务于两项相互区分且相互独立的目的——谴责和威慑。那么为什么只有第一项与量刑有关？
赫希的可能回答是，因为谴责对于刑罚的数量具有统治意义，因为它不仅是刑罚的目的，更是刑罚这一概念所固有的——刑罚就其性质而言必须表达谴责，因此也必须依据行为人行为的可归责性程度来进行分配。例如交通事故中侵权责任的认定就会依照疏忽大意的程度来进行分配，这显然就是一种怪罪和谴责。但是损失数额则需要根据原告所受伤害来进行认定，而这就与被告的可归责性没有必然关系。所以认为谴责的表达一定要与可归责性成比例的观点是不成立的。

⑨ 比如某篇文章将报应主义分为九种类型，参见 John Cottingham："Varieties of Retribution", The Philosophical Quarterly, Vol. 29, No. 116（Jul., 1979), pp. 238-246。

罪人如此处置在道德上是被允许的?

对于这一问题的一种传统回答是威慑理论:惩罚犯罪人在道德上被允许是因为刑罚既可以威慑被处罚的犯罪人不再实施犯罪(特殊威慑),也可以威慑其他人不实施犯罪(普遍威慑)(特殊威慑也称特殊预防,普遍威慑也称一般预防——译者注)。另一种在20世纪颇有影响力的回答是康复理论:刑罚有益于犯罪人自身,通过改造其性格,他们将不会再次参与犯罪。威慑理论和康复理论都属于刑罚功利论:它们认为刑罚在道德上的恰当是因为刑罚能够产生善的或者人们追求的效果。报应论则恰好相反,它是一种非结果主义的刑罚正当化根据,它主张刑罚的实施乃是因为犯罪人应当受到惩罚,而对施加刑罚是否会产生有益的结果在所不问。[10]

笔者认为关于报应主义盛行的诸多表述和辩护都因为一系列的错误而失去意义,这些错误主要包括以下三个方面:

(1)刑罚乃是犯罪人所应得就足以为刑罚实践提供道德上的正当化根据。

(2)威慑理论(而非报应主义)存在对人的不当"使用"。

(3)报应主义是对受到惩罚的犯罪人之"人格"(personhood)表示尊重。

下文将会对上述观点逐一进行讨论。

一 报应是否能够为刑罚提供正当化根据?

刑罚乃是犯罪人所应得,古往今来众多版本的报应主义理论都认为仅此一项就足以为刑罚提供正当化根据。康德的伦理教义对当代报应主义者产生了深远影响,他认为:"法院的惩罚绝对不能仅仅作为促进另一种善的手段,不论是对犯罪者本人还是对公民社会。惩罚在任何情况下,必须只是由于一个人已经犯了一种罪行才加刑于他。因为一个人绝对不应该仅仅作为一种手段去达到他人的目的,也不能与物权的对象(指把人当作法律客体或物权的本体。有一英译本把这一词译为'物权的对象',这恰当

---

[10] 结果主义者主张刑罚必须通过未来结果才能够得到正当化,报应主义者主张刑罚必须通过受罚之人的该当报应才能够得到正当化。参见 Alexander, The Doomsday Machine: Proportionality, Punishment and Prevention, 63 Monist 199, 199(1980)。报应主义乃是一种非常直白的刑罚理论:"我们认为刑罚是正当的,因为犯罪人应当受到惩罚。"参见 Moore, The Moral Worth of Retribution, in Responsibility, Character and the Emotions 179, 181(F. Schoeman ed. 1987)。

些。——译者注）混淆。"⑪ 甚至假定有一个市民社会，经过它所有成员的同意，决定解散这个社会，并假定这些人是住在一个海岛上，决定彼此分开散居到世界各地，可是，如果监狱里还有最后一个谋杀犯，那么应该处死他以后，⑫ 再执行他们解散的决定。犯罪人即使同意在其身上进行具有生命危险的实验也不能减刑。⑬ 对于康德的解读指出他相信犯罪人应当受到刑罚惩罚足以实现刑罚的道德正当化论证。⑭

那些让报应主义在 20 世纪初得以苟延残喘的哲学家经常支持这种观点，就是报应足以为刑罚提供正当化根据。曼多（C. W. K. Mundle）在1954 年的论文中主张报应主义的第一规则就是："某人实施了道德上的犯罪这一事实就足以成为他承受苦难的理由。"⑮ 十年之后，麦克洛斯基（H. J. McCloskey）尽管承认报应对于刑罚必然性的要求并非一成不变，⑯但依然认为报应总是能为刑罚在道德上得到允许提供支持："如果应得惩罚得以施加，要论证其正当性所要做的只有一件事，就是指出所实施的犯罪应当受到惩罚。"⑰ 这种观念时至今日依然为许多报应论者所推崇。比如摩尔（Michael Moore）就将报应主义定义为："一种观念，认为刑罚的

---

⑪ I. KANT, THE METAPHYSICAL ELEMENTS OF JUSTICE 100（J. Ladd trans. 1965）.

⑫ I. KANT, THE METAPHYSICAL ELEMENTS OF JUSTICE 100（J. Ladd trans. 1965）. at 102.

⑬ I. KANT, THE METAPHYSICAL ELEMENTS OF JUSTICE 100（J. Ladd trans. 1965）. at 100-101.

⑭ 参见 R. Brandt, Ethcial Theory 497-498（1959）；H. Gross, A Theory of Criminal Law 488（1979）；J. Murphy, Kant's Theory of Criminal Punishment, in Retribution, Justice, and Therapy 82（1979）；Goldinger, Punishment, Justice, and the Separation of Issues, 49 Monist 458, 462-464（1965）.
并非所有人都同意这一观点。伯德（B. Sharon Byrd）就否认康德认为的给予罪犯所应得就足以为惩罚他们提供正当化根据。因为 "普遍威慑如果作为刑法中刑罚的正当化根据会反过来威胁到刑罚自身，而报应主义则不然，它是国家刑罚权的一种限制"。参见Byrd, *Kant's Theory of Punishment: Deterrence in Its Threat, Retribution in Its Execution*, 8 L. & PHIL. 151, 152-153（1989）。而墨菲过去曾是一名传统观念的拥护者，最近却对康德作为报应论者的典范不断提出质疑，他认为康德的若干评论并没有为理论的统一作出什么贡献。参见 Murphy, Does Kant Have a Theory of Punishment?, 87 COLUM. L. Rev. 509（1987）。

⑮ C. W. K. Mundle："Punishment and Desert", The Philosophical Quarterly, Vol. 4, No. 16（Jul., 1954）, pp. 216-228. This paper is latterly collected in H. B. Acton eds., *The Philosophy of Punishment: A Collection of Papers*, Macmillan, 1969, pp. 65-80.

⑯ McCloskey, H. J.（1965）. A non-utilitarian approach to punishment. Inquiry: An Interdisciplinary Journal of Philosophy 8（1-4）: 249-263.

⑰ McCloskey, H. J.（1965）. A non-utilitarian approach to punishment. Inquiry: An Interdisciplinary Journal of Philosophy 8（1-4）: 249-263.

正当化根据在于其承受者的道德责任。"⑱ 并且坚持认为:"报应主义的区分特点就在于其认为犯罪人的道义该当就是惩罚他或她的充分理由。"⑲ 普里莫拉茨(Igor Primoratz)承认要将"报应为刑罚正名"这一命题安放在更为广阔的正义议题上困难重重,但随后叛逆地否认这种安放有任何必要性:

> 　　刑罚迄今为止在道德上都是正当的,它之所以是正当的是因为刑罚本身就是关于正义的道德考量,是一项根本性的道德原则,这是报应主义的根本信条,没有什么方法论上的未尽之处。刑罚只要是该当的就是正当的,而该当是因为实施了犯罪。犯罪的实施乃是国家进行惩罚的权利和义务的唯一根据……要在这些事项中实现正义就要根据犯罪人的该当性来对其进行处置,给予他们应得的惩罚,不能多,也不能少。⑳

　　惩罚犯罪人的正当化根据就是犯罪人应当受到惩罚,尽管这一观点在报应论的思想中十分显著且十分持久,但它终归太过简单。要记住刑罚对于人的处置包含了日常会被认为侵犯人权的形式。认为侵犯他人权利的处遇会因为犯罪人应当受到刑罚而自动获得许可的想法显然是错误的。㉑

　　尤其是如芬格莱特(Herbert Fingarette)所解释的:"报应论的目的是让人们感到痛苦,既不是为了忍受,也不是为了某种目的而作为方法使用(如果能够合理使用的话)。"㉒ 所以报应论者的"该当为刑罚提供正当化根据"的观点是,如果某人应当遭受痛苦,那么让他承受痛苦在道德上就可以被允许。而在诸多语境下,这一观点是错误的。人们可能会同意某人因为某

---

⑱　Moore, The Moral Worth of Retribution, in Responsibility, Character and the Emotions 179, 181 (F. Schoeman ed. 1987). at 179. 认为"道德有罪"是"该当性"的同义词, Moore, The Moral Worth of Retribution, in Responsibility, Character and the Emotions 179, 181 (F. Schoeman ed. 1987). at 181。

⑲　Moore, The Moral Worth of Retribution, in Responsibility, Character and the Emotions 179, 181 (F. Schoeman ed. 1987). at 180. 事实上摩尔和康德一样,都认为:"对犯罪人的道德责任进行惩罚乃是社会的义务。"Moore, The Moral Worth of Retribution, in Responsibility, Character and the Emotions 179, 181 (F. Schoeman ed. 1987). at 182.

⑳　Igor Primoratz: Justifying Legal Punishment, Atlantic Highlands: Humanities Press International, 1989, pp. 147–148.

㉑　David Dolinko: "Some Thoughts About Retributivism", Ethics, Vol. 101, No. 3 (Apr., 1991), pp. 537–559.

㉒　Herbert Fingarette, *Punishment and Suffering*, 50 PROC. AM. PHIL. A. 499, 500 (1977).

种原因应当以某种形式承受痛苦，而不用去考虑对某人施加痛苦在道德上是否可行。试想，如果某人为富不仁，认为穷人的贫困是因为他们自身懒惰，人们肯定认为这个人就该当一贫如洗，让他亲身感受下贫穷的滋味以及脱离贫困有何等艰难——但是人们不会认为通过盗窃或者没收来实现这一目的在道德上是可行的。再试想某个因暴政而知名的护教者，我们可能想让他亲身感受下他所宽恕的行径，但这并不意味着对他施以酷刑在道德上是可行的。

　　总而言之，认为"某人该当如何"只是一种感觉，无论这种感觉多么合适或者恰如其分，以其为向导来判断"能否给予某人他所该当"都是错的。例如反民主的意识形态应当被剥夺言论自由，这叫活该，但我们并不为此采取措施，我们也不认为道德上允许我们采取措施。法学院的学生如果不认真学习，老是缺课，也不读书，仅仅依靠划重点，那么他在我的课上表现不会太好——但是如果他在考试中拿到高分，我也不能对此有所隐瞒而给他不及格。韦特海默（Roger Wertheimer）认为任何拥有正义感的人都会同意"如果那个中彩票的人是一个诚实、善良、正直的人而不是一个游手好闲的饭桶，那么世界将因此变得更加美好有序"[23] ——但是我们并不认为工作人员据此来操作彩票获奖是被允许的。谢尔（George Sher）在他对于该当性概念的漫长研究中提炼出了这一问题的核心所在："当我们谈论某人应得某事之时，我们基本上是在回答他们此时如何才好；而当我们讨论权利时，我们基本上是在回答别人应当如何才好。"[24] 所以完全有可能出现一种情况，那就是某人应当受到某种待遇，即使这种待遇会侵犯他的权利，但没有人拥有道德上的权限将这种待遇强加于他。[25]

　　奇怪的是，尽管谢尔本人区分了该当性和权利，但他还是认为不义者受到惩罚的主张意味着"至少是可以允许合适的人来处罚他们的"[26]。此外，他还认为，即使是将应得惩罚的主张归类于那些该当性的主张，关注

[23]　Wertheimer, *Understanding Retribution*, CRIM. JUST. ETHICS, Summer/Fall, 1983, at 19, 23.

[24]　G. SHER, DESERT 201 (1987).

[25]　报应论者可能会声称报应恰当、合适、应得并非指犯罪人接受惩罚、承受痛苦，而恰恰是指将刑罚施加到犯罪人身上这一举动。而恰恰就是这种观点使得报应主义作为论证刑罚正当化的理论看起来似乎什么也没论证，仅仅是断言："因为就是如此！"报应主义的批判者早已发现这种毫无启发的断言所存在的谬误——参见 Benn, *Punishment*, in THE ENCYCLOPEDIA OF PHILOSOPHY (1967) ——并指出让这一理论从空洞无物中得到拯救的恰恰就是这种论断，它主张具有内在价值的乃是有罪者应当承受痛苦，而不是我们对他们施加痛苦。参见 Davis, *They Deserve to Suffer*, 32 ANALYSIS 136, 136-137 (1972)。

[26]　G. SHER, DESERT 201 (1987), at 3.

的也是人们拥有什么会是有益的，而不是任何人都必须给予的。㉗ 很显然，基于他自己对于该当性的分析，包括应当承受的刑罚的主张和这些主张的准则，他认为该当性刑罚确实使刑罚在道德上是被允许的，并且凌驾于权利主张。我曾在其他地方辩称，他的分析以及其他最近的努力，未能证明从"X 应该受到惩罚"到"惩罚 X 在道德上是被允许的"的推论。㉘ 在更成功地说明应得刑罚主张的基础依据之前，报应主义者至少只能做到承认"罪犯理应遭受刑罚"根本不是我们在道德上被允许给他们施加这种痛苦的一个充分解释。

二　报应主义是否存在对人的"利用"

报应主义者经常主张他们的理论要高于威慑理论，因为与后者相比，前者避免了在道德上对人的不当"利用"。㉙ 这一观点始于康德，并被墨菲（Jeffrie Murphy）概括为：

> 报应论者所追求的主要目标并非具有社会效用的刑罚，而是正当刑罚，这种惩罚乃是犯罪人（基于其罪错）所应得或匹配的，社会有权施加这种惩罚，犯罪人也有权利获得这种惩罚。通常的观点认为，只有基于这些价值的刑罚理论才会表达对人作为具有特殊价值的个体的尊重。而一旦我们觉得可以随意对人进行利用，那么这种尊重就被破坏了。而功利主义的威慑理论显然就倾向于利用他们。㉚

尽管这一理论十分流行，但是它的观点并不十分清晰。究竟什么是对

㉗　G. SHER, DESERT 201 (1987), at 197-198.

㉘　David Dolinko："Some Thoughts About Retributivism", Ethics, Vol. 101, No. 3 (Apr., 1991), pp. 537-559.

㉙　R. Brandt, Ethcial Theory 497-498 (1959)，描述康德观点；Igor Primoratz：Justifying Legal Punishment, Atlantic Highlands：Humanities Press International, 1989, pp. 64-65。W. Sadursky, Giving Desert Its Due 253 (1985)；Andrew von Hirsch：*Doing Justice*, New York：Hill and Wang, 1976. Jeffrie G. Murphy："Marxism and Retribution", *Philosophy & Public Affairs*, Vol. 2, No. 3 (Spring, 1973), pp. 217-243.（Also in Thom Brooks eds., Retribution, Routledge, 2016, pp. 1-07-137.）（中译文参见〔美〕墨菲《马克思主义与报应刑论》，姚远译，载《当代国外马克思主义评论》总第 27 辑，上海三联书店，2023，第 64~89 页。——译者注）

㉚　Jeffrie G. Murphy, Retributivism and the State's Interest in Punishment, in NOMOS XXⅦ：Criminal Justice 156, 158-159,（J. Pennock & J. Chapman eds. 1985）.

人的"利用"？利用又为什么是错的？康德的论述是这一思想的主要来源，他认为对人进行利用或者将人作为手段（康德对此非常谨慎地表示㉛是仅仅作为手段）是不道德的。这一观点的解释非常简单，而康德有关对人进行利用的论述也肯定没有例外。尽管对人进行利用在今天的论述中已经得到了广泛的认同，但这种基于常识的提法其实非常复杂而且很难界定。㉜这一思想在刑罚的语境下似乎表达了以下观点：威慑论者在描述对犯罪人的惩罚时认为，刑罚对其他人实施犯罪进行威慑，尽管犯罪人需要承受痛苦，但这会避免更多潜在犯罪所产生的被害人痛苦，社会因此获得净收益，刑罚因此获得道德根据。在此意义上，我们就是在利用我们所惩罚的犯罪人，将其作为装置来实现我们对于其他人行为的期待，或者将其作为工具来保护未来潜在犯罪的被害人的福祉。㉝

威慑论者会提出两种回应。一种是否认自身主张包含对人的"违法"利用。他们会做如下论证：康德禁止的乃是将人"仅仅"作为手段。威慑论者一般会主张刑罚是正当的，因为它不仅威慑其他人实施犯罪（普遍威慑），也威慑犯罪人自己未来再次实施犯罪（特别威慑）。而特别威慑就不存在将犯罪人仅仅作为手段来影响其他人的行为或福祉之问题。所以如果我们惩罚犯罪人的过程中实现了特别威慑，我们是否已经有效地反驳了有关威慑论将人仅仅作为手段的批判？

可能并没有。特别威慑并不能够成为威慑论者所希望得到的适用于所有刑罚场景的正当化根据——例如某人受到极端挑衅后杀人，他本人追悔莫及，事后也没有再犯的可能，惩罚他就没有特别威慑的效果。更重要的是，特别威慑本身假设我们所惩罚的犯罪人并不愿意成为守法公民。我们对他施加痛苦是为了使其按照我们的意愿而不是他本人的意愿进行改造。所以这样来看，特别威慑也是一种为了实现目的的手段，而犯罪人本身并

㉛ "Now, I say, man and, in general, every rational being exists as an end in himself and not merely as a means to be arbitrarily used by this or that will." Again: "The practical imperative, therefore, is the following: Act so that you treat humanity, whether in your own person or in that of another, always as an end and never as a means only." I. KANT, FOUNDATIONS OF THE METAPHYSICS OF MORALS 428, 429 (L. Beck trans. 1959) (Prussian Academy pagination) (emphasis added); see H. L. A. HART, PUNISHMENT AND RESPONSIBILITY 244 (1968).

㉜ 参考 Davis, Using Persons and Common Sense, 94 Ethics 387 (1984)。

㉝ 霍姆斯的回应令人惊讶，他认为人们应当欣然接受这种利用，他对康德"反对将人作为手段"的回应是："如果一个人生活在社会中，他就有责任承受如此对待。没有社会能够宣称不会为了个人生存而牺牲个人福祉。"Davis, Using Persons and Common Sense, 94 Ethics 387 (1984), at 37.

不是目的，只是手段。

威慑论者还有另一种更有效的理由可以用来反驳关于对人进行利用的指责。这里我更感兴趣的要点并不在于如何为威慑进行辩护，而在于如何揭露报应论的自身缺陷，所以更吸引我的回答是：你也一样。意思就是，褪去其康德主义式所谓对人表达尊重的伪装，报应论自身也会被指责为"对人进行利用"。而这一观点可以通过两种途径进行论证：一是冤假错案的不可避免，二是我们并不能够确定究竟什么才是犯罪人所应得。

因为所有现实中的刑事司法体制都不可避免存在疏漏，所以它们也就不可避免会对无辜者处以刑罚，而这些刑罚显然不是无辜者们所应得的。除非报应论者对所有实施法定刑罚的体制表示反对，否则他就必须认同其中一种体制，而这种体制同样不可避免存在对无辜者的处刑。假设，他认为不正当的刑罚是不可避免的，因为只有如此才可以避免产生有罪之人逍遥法外这样的更大的不义。但是如果这样的话，报应论者不就是在对那些冤假错案的无辜者进行"利用"了吗？而且他肯定忽略了那些不幸的无辜者的确切身份。以下事件看似无关：洛克比空难中的恐怖分子"利用"了机上不幸的乘客来达到某个政治目的，而他们并不知道这些乘客的身份。报应论者"愿意用冤假错案中无辜受刑者的福祉来换取惩罚有罪之人所获得的更大利益"[34]，如果这样看，报应论者似乎也就犯了牺牲他人福祉来换取社会效益的毛病。

有关"对人进行利用"批判的反驳也许可以帮助报应论者避免上述结论。他可以主张，"对人进行利用"包含了牺牲特定人选的利益（即使利用者并不知晓该特定人选的身份）。报应论者对刑事司法体制的支持不尽相同——它给所有人都施加了遭受不公惩罚的风险，却没有点明由谁来承担这一牺牲。报应论者并不打算为了第三方明知并且有意去牺牲某个已知个体的利益（例如在普遍威慑当中）或者违背个体意志对其进行改造（例如在特别威慑当中）。[35]

---

[34]　Schedler, George (1980). Can Retributivists Support Legal Punishment? The Monist 63 (2)：185-198.

[35]　支持一个必要但是有缺陷的刑事司法体制等于支持冤假错案和无辜受刑，这种说法相当于在说一个支持这一体制的人希望无辜者受到惩罚。这一观点也被用来证明报应论者不能支持死刑。Lempert, Desert and Deterrence：An Assessment of the Moral Bases of the Case for Capital Punishment, 79 MICH. L. REV. 1177 (1981). Schedle, George (1980). Can Retributivists Support Legal Punishment? The Monist 63 (2)：185-198，提出了一个更普遍、更复杂的相同形式的论点，旨在确定报应论者无法支持任何形式的刑罚。对朗佩尔（Lempert）论点的批评，和文本中对使用错误定罪论点的批评出现在 Alexander, Retributivism and the Inadvertent Punishment of the Innocent, 2 LAW & PHIL. 233 (1983), and Dolinko, How to Criticize the Death Penalty, 77 J. CRIM. L. & CRIMINOLOGY 546, 592-594 (1986)。

更有甚者，报应论者主张双重功效理论（Doctrine of Double Effect）[36] 这一从托马斯·阿奎那[37]起就受到诸多道德哲学家拥护的理论。这一理论的大致意思就是：虽然某人知道自己的行为会产生坏的结果，但如果某人并不希望这一结果产生，也并不将其作为达成某种目的的手段，那么即使有意制造上述坏的结果是不被允许的，实施这一行为也是可以被允许的。报应论者可以指出，尽管其明知某种体制不可避免地惩罚无辜而依然选择支持这一体制，但这种不良后果既不是他的目标（他的目标是实现正义），也不是手段，而只是一种可以预见（但并不追求）的副作用。与此相比，"利用"被定罪的犯罪人则是威慑论者有意为之。

最后这一论点虽然有趣但存在问题。双重功效理论通常用来解释在两种情况中，两种情况都会导致伤害，但其中一种是有意导致伤害，另一种只是预见到伤害可能发生，所以前者在道德上是不当的，而后者不是。但将该理论用于此处结论并不十分清晰，因为报应论者对于存在缺陷的司法体制的支持与威慑论者对有罪之人进行利用的情况并不完全对应上述危害相同、意愿不同的情况。[38] 此外，这一理论还受到非常严厉的批判。批评意见指出这一理论本质上存在谬误，[39] 因为表面上该部分事项存在其他道德原则，[40] 而这些原则的表述甚至无法并存。[41] 需要明白，尽管双重功效理论久负盛名，但时至今日，其最为渊博的代表人物奎因（Warren Quinn）似乎也无法提供令人满意的理论公式。[42]

097

---

[36] 这一可能性是由 Gary Gleb 提出的，他是《加州大学洛杉矶分校法律评论》第 39 卷的主编。

[37] Summa Theologiae Ⅱ-Ⅱ, Question 64, Seventh Article, reprinted in Saint Thomas Aquinas on Law, Morality and Politics 225-227 (W. Baumgarth & R. Regan eds. 1988).

[38] 在回应上文注 35 中描述的 Lempert 和 Schedler 的论点时，双重功效理论似乎更直接相关。

[39] Thomson, Self-Defense, 20 Phil. & Public Affairs, 283, 292-296 (1991).

[40] P. Foot, The Problem of Abortion, and the Doctrine of the Double Effect, in Virtues and Vices and Other Essays in Moral Philosophy 19 (1978).

[41] Davis, The Doctrine of Double Effect: Problems of Interpretation, 65 Pac. Phil. Q. 107 (1984).

[42] 奎因在表述双重功效理论的时候试图小心翼翼地避开反对意见，其表述未能有效统帅哪些被用来展示其消极作用的众多甚至绝大多数选择。参见 Quinn, Actions, Intentions, and Consequences: The Doctrine of Double Effect, 18 Philosophy & Public Affairs, 334, 335 (1989). 他对这一理论的表述是："要区分两种作用，一种是被害人会受到的伤害，起码是部分伤害，这是因为某人有意为之，他在实现自身目的时所采用的方法中就包含了这种伤害，尽管其本人对于这些伤害是持反对意愿的。还有一种是某人本身是有害的，但其行为并不是有意的，或者他有意实施的行为并未造成伤害。我们可以把第一种人所造成的伤害称为直接伤害，把第二种人造成的伤害称为间接伤害。根据这一理论的表述，保持其他条件不变，我们需要的不是为直接故意伤害提供正当化根据，而是要为间接相等伤害提供正当化依据。"（转下页注）

愿意接受一个存在缺陷的刑罚体制意味着愿意对冤假错案进行利用，即使报应论者可以躲避这一指控，有关"没有对人进行利用"的主张依然会受到抨击。因为这一主张以给予犯罪人的惩罚是其自身所应得为前提。因为刑罚乃是给予犯罪人自身所应得，所以报应论者才主张他将犯罪人视为一个完整的人、一个道德主体，而不是仅仅用来威慑他人或化解社会复仇渴望的工具：

> 事实上，如果某人实施了道德上的犯罪，那么他就为自己受到惩罚提供了正当根据。惩罚对其而言不仅应该而且恰当，这就叫作该当（desert）。除此以外的其他论证无异于否认某人的道德主体地位，否认其自身的权利。[43]

报应论主张应得惩罚并不存在对人进行利用，这一主张要想获得信誉，那么报应就不仅在于科处的刑罚是犯罪人所应得的，而且科处刑罚的数量或者程度也正好是他所应得的。[44]例如，顺手牵羊式的商店盗窃愈演愈烈，威慑论者可能会建议对其处以终身监禁以保证问题得到控制，但即使这种行为应当受到惩罚，报应论者也不会支持这一建议，恰恰相反，报应论者会认为这一建议就是典型的威慑论者在"对人进行利用"，以远超犯罪人所应得的惩罚来实现犯罪控制。[45]相类似的是，报应论者也会思考对再犯进行加重处罚的依据是不是前科改变了犯罪人此次犯罪的应得惩罚。[46]

（接上页注[42]）双重功效理论的这一表述似乎未能捕捉到所要表达的关键区分。例如，有人瞒着母亲为她举办了一场惊喜生日派对，但其母却因为受到惊吓心脏病病发而亡。双重功效理论的支持者肯定不会认为其母亲意外身亡是某人的目的或是实现目的的手段。但死亡作为伤害结果确实发生了，而且也确实是某人有意制造的——惊喜生日派对，所以这一事件就应当属于奎因所描述的直接伤害，而奎因其实是希望采用直接伤害来描述双重功效理论所称的故意制造伤害。

[43] Kleinig, J. (1973), Punishment and Desert. Springer, 1973（最近2012）；还可参见 Jeffrie G. Murphy, *Retribution, Justice, and Therapy: Essays in the Philosophy of Law*, D. Reidel Publishing, 1979。

[44] "如果该当乃是刑罚的条件之一，那么刑罚像水闸那样的操作就缺乏信誉；因为我们都知道痛苦可大可小，但是并没有人来解释如果痛苦是该当的，为什么它是不可分的。"

[45] 参见 I. Primoratz: Justifying Legal Punishment, Atlantic Highlands: Humanities Press International, 1989, pp. 147-148. at 37-38. W. Sadurski, Giving Desert Its Due 253 (1985).

[46] 参见 Davis, Michael (1985). Just deserts for recidivists. Criminal Justice Ethics 4 (2): 29-50.; Fletcher (1982), The Recidivist Premium, Criminal Justice Ethics 54; Von Hirsch, Desert and Previous Convictions in Sentencing, 65 Minnnisota Law Review, 1981, p. 591. at 253。

简而言之，对犯罪人科处刑罚的数量必须符合其应得，对于报应论者主张的不能将人仅仅作为手段的观点至关重要。

而对于报应论的一项反对意见就是没有可行的方法来确定究竟什么样的刑罚才是犯罪人所应得的。[47] 报应论者通常会将我们导向比例原则即刑罚应当与犯罪成比例，严重的犯罪应当受到严厉的惩罚，而轻微的犯罪应当受到轻微的惩罚。[48] 可惜的是这一表述自身并不能够告诉我们什么样的犯罪应当得到什么样的刑罚，即使我们可以将所有犯罪从轻到重排成一列也不行。因为这样的表述只是告诉我们随着犯罪在序列中上升，我们所施加的刑罚也越发严厉，但是它并没有告诉我们刑罚的起点在哪里（最轻犯罪的刑罚），也没有告诉我们犯罪每上升一级，应该增加多少刑罚。[49]

比例原则缺乏实用性，因为对于一个已经实施的犯罪，其刑罚应如何确定总要有个说法，曾有报应论者试图越过所谓"比例原则"来明确这一点，但是都失败了。克雷尼格（John Kleinig）简单描绘了一种计算应得惩罚的方法，他认为我们不能仅把犯罪从轻到重排成一列，还应当对其相近性进行判断，所谓相近性就是指不同犯罪之间的距离的大小，例如商店小偷小摸和公共场合醉酒的严重性差距不会比它们之中任何一个与强奸或者谋杀之间的差距更大。克雷尼格指出我们还可以将刑罚从轻到重排成一列，然后对刑罚的相似性进行判断。[50] 在构建犯罪与刑罚的两大序列时，我们就可以确定"界限，包括我们可能实施的犯罪和我们可以施加的刑罚，无非就是往上一点或者往下一点"[51]，然后根据我们对于罪刑相似的判断来进行排列："在将刑罚与犯罪进行关联时，我们肯定会将最轻的刑罚留给最轻的犯罪，将最重的刑罚留给最重的犯罪，而其他程度的犯罪与刑罚都会被安排在这二者中间。"[52]

但克雷尼格建议的程序无法确定对特定罪行的正当刑罚，即使根据原

---

[47]　参见 Hugo Adam Bedau："Retribution and the Theory of Punishment"，The Journal of Philosophy，Vol. 75，No. 11（Nov.，，1978），pp. 601-620；S. I. Benn：An Approach To The Problems Of Punishment，Philosophy / Volume 33 / Issue 127 / October 1958，pp 325-341；Gardiner，G.（1958），THE PURPOSES OF CRIMINAL PUNISHMENT. The Modern Law Review，21：117-129。

[48]　J. Braithwaite & P. Pettit，Not Just Deserts：A Republican Theory of Criminal Justice 6（1990）.

[49]　John Kleinig，*Punishment and Desert*. Springer，1973，pp. 117-119.

[50]　John Kleinig，*Punishment and Desert*. Springer，1973，pp. 115-117. 需要注意的是，克雷尼格并不认为需要对所有犯罪都进行这种相似性的判断，我们要有数量充足的判决，来支持我们对犯罪采用初步量化方法进行排序。

[51]　John Kleinig，*Punishment and Desert*. Springer，1973，pp. 123-124.

[52]　John Kleinig，*Punishment and Desert*. Springer，1973，pp. 124.

则粗略确定也不行。首先，正如布雷斯韦特（John Braithwaite）和佩蒂特（Philip Pettit）所观察到的那样，克雷尼格只是武断地假设，无论哪种罪行最终被自动列为最严重的，都"应该受到"最严厉的道德上可接受的惩罚（同样，最轻的罪行也应该受到最轻的惩罚）。然而，几乎不言自明的是，我们愿意接受的最严厉的刑罚，并非本质上不道德的，但可能不会超过犯下最严重罪行的应得惩罚。[53]

克雷尼格方案所表现出的武断还在于它对于特定犯罪应得惩罚的判断方法取决于该地区的法律究竟认定了多少其他犯罪。例如，联邦罪行与各州罪行存在重叠但又不完全相同，所以加州的罪名数量很可能与联邦的罪名数量并不相同。尽管加州规定的最轻和最重的刑罚在道德层面也可以被联邦所接受，但这种情况下，一项在加州和联邦都被认定的犯罪在加州和联邦的犯罪序列中所处的位置依然会有所不同，于是它们应得的刑罚也会存在差异，而这种差异仅仅取决于科处刑罚的主权不同——犯罪或者犯罪人本身的特点竟毫无差异。[54]

更重要的是，克雷尼格似乎认为我们对于"正当报应"的追问是从一组已经给定的犯罪场景开始的。但是如果我们严肃对待这一问题，为每一个行为确定一个真正应得的惩罚，我们就需要对每种犯罪进行界定，以明确究竟哪些犯罪行为合在一起属于一个罪名，又有哪些罪名会被判处同一刑罚。例如我们必须事先确定殴打儿童是否与殴打成人相互区别或者更加严重，如果是这样，而我们又只规定了一种殴打罪名，那么我们的刑罚计算就会出现偏差，因为按照克雷尼格的路径，每种犯罪都只对应一种应得的惩罚。又如我们必须事先确定基于真诚但非理性的想法而实施的杀人行

---

[53] J. Braithwaite & P. Pettit, Not Just Deserts: A Republican Theory of Criminal Justice 6 (1990): 50.

[54] 这种差异是客观存在的。有人袭击了一名联邦法官以阻止她对一个案件进行审理，因为对于这个案件联邦审理的刑期是加州审理的三倍。参见加利福尼亚州刑法（California Penal Code § 217.1 [a]，最高刑期 1 年）与美国联邦法典（18 U.S.C § § 111 [a]，1114，最高刑期 3 年）。对法官的袭击被认定为谋杀未遂，而这一罪行在加州量刑是 15 年以上直至终身监禁，而联邦的量刑则是最高 20 年监禁。参见加利福尼亚州刑法（California Penal Code § 217.1 [b]）与美国联邦法典（18 U.S.C § 1114）。这种差异还可以更夸张。根据联邦的"校园保护法"，在学校 1000 英尺（1 英尺约合 0.3 米。——译者注）内贩卖毒品会被加重处罚（21 U.S.C.A § 860），很多洛杉矶的毒贩被依照该法提起公诉，但近年来这些指控被质疑违反了"平等保护"原则，因为人们逐渐认识到："这些情况中，被告人在联邦法院要面临的刑期可能长达 20 年而在州法院却只需要 6 个月。"参见 Weinstein, Selective Prosecution Case Ends, L. A. Times, Oct. 12, 1991, at B1, col. 5。

为（假想防卫——译者注）是否比谋杀更轻。[55] 我们必须裁决杀害一名证人以阻止他作证是不是比普通谋杀更严重的罪行。[56] 又如我们必须事先确定强奸比殴打更加严重，尽管这一观点在美国各大司法区域都得到普遍认可，但戴维斯（Michael Davis）对此提出了质疑。[57] 这样的例子不胜枚举，我们在确定每个犯罪应得的惩罚之前该如何解决这些问题？克雷尼格并没有给出对于犯罪进行相互区分的方法。不同的行为是否应当受到相同处罚，笔者隐隐怀疑报应论者是否会这样追问到底，因为这种追问会让克雷尼格的路径陷入恶性循环。

所以我们可以看到，克雷尼格假设我们可以建立一种单一、线性的犯罪序列，从轻到重进行排列，但这一假设看起来毫不可信。例如，请对以下犯罪按照严重程度进行排序：入室盗窃未遂、内幕交易、交通肇事致人死亡、贿赂采矿安全监督员、非法持有一盎司（约 30 克——译者注）可卡因、在原本属于白人社区的新来黑人住户草坪上燃烧十字架。要将这些杂乱无章的行为按照严重性的单一维度进行排序无异于痴人说梦。[58]

和克雷尼格一样，戴维斯在解释如何确定特定犯罪的应得刑罚问题上作出了真诚的努力。[59] 与克雷尼格不同的是，戴维斯并不认为可以将所有犯罪按照严重程度排成一维的序列——同样，所有刑罚按照严厉性也无法

---

[55] 包括加州在内的部分州将这种"不当防卫"（imperfect self-defense）作为过失杀人的较轻情节。参见 People v. Flannel, 25 Cal. 3d 668, 679-80, 603 P.2d 1, 6-7, 160 Cal. Rptr. 84, 89-90（1980）。更多的州对此并不认同。参见 J. Dressler, Understanding Criminal Law, 199（1987）。

[56] 加州、密苏里州和宾夕法尼亚州都相信这一点，并将这种形式的谋杀（但不是一般的谋杀）定为潜在的死罪；亚利桑那州、佐治亚州和得克萨斯州不同意这一点。见 Dolinko, How to Criticize the Death Penalty, 77 *J. CRIM. L. & CRIMINOLOGY* 546, 592-594（1986）. at 600 n. 266。

[57] Davis, Setting Penalties. What Does Rape Deserve?, 3 LAW & PHIL. 61（1984）.

[58] 痴人说梦的措辞属于译者意译，对应原文是 To view this motley assortment along a single dimension of "seriousness" would seem no less difficult than to perceive the inner logic behind the apocryphal Chinese encyclopedist of Jorge Luis Borges's imagination. 这里原文中的 Jorge Luis Borges 是一位阿根廷作家，他在文章（ J. L. Borges, The Analytical Language of John Wilkins, in Other Inquisitions, 1937-1952 103 ［R. Sims Trans. 1964］） 中杜撰称，根据一本中国百科全书的记载，动物可以分为以下种类：（a）皇帝所有；（b）有香味的；（c）经驯服的；（d）乳猪；（e）美人鱼；（f）祥瑞之兽；（g）流浪狗；（h）纳入本项的动物；（i）疯狂颤抖的；（j）无法计数的；（k）精致驼毛刷画的；（l）其他；（m）刚打破花瓶的；（n）会从远处吸引苍蝇的。（可以看到，上述对于动物的分类杂乱无章，毫无规律可言，为避免直译引起读者误解，译者在正文中将其简化为痴人说梦，并将该部分原文转入脚注，和原文脚注合并，并加以说明。——译者注）

[59] Michael Davis, Setting Penalties: What Does Rape Deserve? 3 *Law & Philosophy*, 59（1984）.

排成一维的序列。他主张对犯罪根据"类型"进行分类，以类型为基础再对犯罪按照轻微到严重进行排序，然后对类罪进行排序。他对刑罚提出了类似的处理方法。他承认犯罪与刑罚的排序很可能要比单一、线性的序列更加复杂：刑罚的序列"可能呈现树状结构，每一分支代表一个刑种，又或者像藤蔓交织，每一支藤蔓代表一个刑种，又或者还有其他更加纷繁复杂的形态"[60]，而犯罪序列则"很像纽约的地铁线路"。[61]

不仅如此，戴维斯还认为"将罪刑两种序列进行关联或多或少都有点机械"[62]。和克雷尼格一样，戴维斯理所当然地认为"最轻的刑罚应该适用于最轻的犯罪；最重的刑罚则适用于最重的犯罪"[63]——这种假设特别奇怪，因为戴维斯的方法中并没有专门的路径来保证一定会有一个独一无二的"最重犯罪"或"最重刑罚"存在！[64] 和克雷尼格一样，他也没有对联邦与州双重司法体制所导致的管辖权重叠进行论述，没有告诉我们对诸多犯罪进行个别化的第一步该怎么做。[65] 因为戴维斯自己都承认无论是犯罪序列还是刑罚序列都很可能是纷繁复杂、纵横交错、枝节横生的，那么他还平静地认为将二者进行关联没有难度就让人心存忧虑。假设犯罪序列

---

[60] Michael Davis, Setting Penalties：What Does Rape Deserve? 3 *Law & Philosophy*, 59（1984）. at 738.

[61] Michael Davis, Setting Penalties：What Does Rape Deserve? 3 *Law & Philosophy*, 59（1984）. at 740.

[62] Michael Davis, Setting Penalties：What Does Rape Deserve? 3 *Law & Philosophy*, 59（1984）. at 741.

[63] Michael Davis, Setting Penalties：What Does Rape Deserve? 3 *Law & Philosophy*, 59（1984）. at 741.

[64] 戴维斯的部分提法确实是在表达：不同类型犯罪纷繁交错的序列也可以为我们提供对比任意两种罪名严重性的可能。参见 Michael Davis, Setting Penalties：What Does Rape Deserve? 3 *Law & Philosophy*, 59（1984）. at 740。但他并没有告诉我们具体如何进行，而他又在后续文章中彻底否认了这种跨类型犯罪的可行性。参见 Davis, Why Attempts Deserve Less Punishment Than Complete Crimes, 5 Law & Philosophy, 1, 28 n. 15（1986）。

[65] 他指出不同犯罪之间的差异不宜区分过细，而应当反映我们（作为理性人）所畏惧的重要差别。参见 Michael Davis, Setting Penalties：What Does Rape Deserve? 3 *Law & Philosophy*, 59（1984）. at 740。但是通过这种方法该如何回答是否要对殴打儿童与殴打成人进行区分？理性人更加害怕的是殴打儿童而非殴打成人？还是更加害怕自己的孩子受到殴打而不是成人受到殴打？如果被殴打的是他自己呢？又或者一个理性人对于作为一个儿童受到殴打要比作为一个成人受到殴打感到更加害怕？我们甚至不清楚该如何正确提出这一问题，更不用说回答了。再次强调一下，如果我们要论证谋杀证人比谋杀普通人更为严重，那么我们是否要问作为理性人的人对因为作证而被谋杀比单纯被谋杀更害怕？答案显然不是的。因为两种情况下的危害后果是相同的，而这里的谋杀要比其他特定种类谋杀的可能性更大。如果这样的话，我们最后就要否认任何一种加重谋杀都应当被作为一种单独的犯罪而不是谋杀本身。

最后分出了 17 个分支而刑罚序列分出了 9 个分支该怎么办？又或者前者有 189 个区分要点而后者有 137 个区分要点该怎么办？所以无论这种罪刑关联怎么进行都不可避免具有武断性，就好像前文所提到的讽刺那样，入室盗窃的量刑是 8 年而非 4 年，是因为他在这里（联邦）的应得惩罚是他在那里（州）应得惩罚的两倍。

所以克雷尼格和戴维斯都未能提供一种方法来确定特定犯罪或者犯罪人的刑罚数量。尽管如此，他们还是为此作出了努力。因为在现实世界中要如何才能明确施加给某人的刑罚乃是正当报应确实是一个棘手的问题，大部分报应论者在面对这一质疑的时候回答是："这个问题不重要。"赛德斯基（Wojciech Sadurski）坦承"我们永远无法确认某个特定的刑罚体制是绝对公正的"，不过他也指出："但这并不能妨碍我们向着公正系统的目标不断迈进。"[66] 很多报应论者都公开承认自己对于特定犯罪或犯罪人判决的精确性并不关注[67]——即使是克雷尼格也认为"不精确并不比其他诸如枯燥乏味、信念不强等的批判更令人担忧"[68]。尽管报应论者们坚持认为自身理论不存在"对人进行利用"，因为报应论所支持的刑罚乃是犯罪人真正应得的，但是他们显然不能同时欣然承认"当然，一个人究竟应该承担什么刑罚我们是没法知道的"！[69]

举个例子：1983 年加州提高了过失杀人罪的"上限"，如果存在加重情节，[70] 将会处以 6~11 年的刑罚[71]。根据现行法律被判刑的凶手究竟是得到了应有的惩罚还是得到了应有惩罚的两倍？多出的 5 年监禁是一个非常大的差

---

[66]　W. Sadursky, Giving Desert Its Due 253 (1985).

[67]　Morse, *Justice, Mercy, and Craziness* (Book Review), 36 STAN. L. REV. 1485, 1493–1494 (1984)；Pincoffs, *Are Questions of Desert Decidable?*, in JUSTICE AND PUNISHMENT 75, 86 (J. B. Cederblom & W. Blizek eds. 1977)；Pugsley, *Retributivism: A Just Basis for Criminal Sentences*, 7 HOFSTRA L. REV. 379, 401 (1979).

[68]　John Kleinig, *Punishment and Desert*. Springer, 1973, p. 114.

[69]　报应主义者也不能简单地断言，他的理论至少支持人们认为应该受到的刑罚，正如莫斯所做的那样，他声称我们可以"为每一项［罪行］分配一种当时社会认为与罪行严重程度成正比的惩罚"。Morse, *Justice, Mercy, and Craziness* (Book Review), 36 STAN. L. REV. 1485, 1493–1494 (1984). at 1494. 因为这仅仅意味着报应主义支持人们认为不"使用"罪犯的惩罚，而不是罪犯实际上没有被使用。

[70]　对于过失杀人以及其他多种犯罪，加州法律设定了三档监禁。法官量刑时一般会采取中间一档，除非发现加重或者减轻情节并记录在案，否则不能判处较重一档或者较轻一档的刑期。见 § 1170 (b)。

[71]　1983 Cal. Stat. 941.

异，不能认为这只是与评估量刑公正性无关的细节问题而不予考虑。[72] 或者说：对于非法持有一支大麻烟的初犯来讲"罪有应得"是什么？加州最多可处以 100 美元的罚款，无须服刑，[73] 而得克萨斯州则允许判处长达半年的监禁，外加 1500 美元的罚款。[74] 得克萨斯州是不是在"利用"大麻罪犯来满足公众日益增长的对于反毒品的狂热需求。一种理论如果无法回答上述问题，那么也就没有提供任何根据来主张被处罚的罪犯没有受到利用。[75]

三 报应主义尊重人吗？

上述主张认为报应主义不会对人进行"利用"，这种理论还有一个近亲，后者主张报应主义给人以尊重。事实上，二者乃是同一思想的两种表达，可以相互替换。然而，在所有批判康复作为刑罚正当化根据的理论中，"不尊重人"的观点是最为常见的一种批判，而"利用人"，正如我们所看到的，则是报应主义对威慑理论的一贯指责。康复理论将刑罚视为改造罪犯的一种手段，或者能从医疗角度上"治愈"罪犯的病因，而我们相信正是这些病因驱动了犯罪。报应主义者抨击这种做法是家长制的、有辱人格的，与他们自己以该当性为中心的学说恰好相反，他们认为自己的理论表达了对罪犯的尊重，将罪犯作为自由和负责的主体。报应式的刑罚，并不是医疗角度的"治疗"，后者是人们有资格得到的甚至可能是他们有权得到的。

这种论证模式至少可以追溯到黑格尔，他坚持认为："刑罚包含罪犯

---

[72] 对于这一问题，报应论者不能只是一笑而过，他们不能单纯地坚持说只有犯罪等级序列是重要的，而对较轻或者较重的犯罪科处的刑罚差异就不重要。因为 1983 年刑法修订给过失杀人带来的改变是，原有基准刑期是 2~4 年，而修改以后加重一档的刑期比原来高出 50%，而最高一档比原来高出 175%。

[73] CAL. HEALTH & SAFETY CODE § 11357（b）（West 1991）.

[74] TEXAS HEALTH & SAFETY CODE ANN. § 481. 121（b）（1）（Vernon 1992）；TEXAS PENAL CODE ANN. § 12. 22（Vernon Supp. 1992）.

[75] 质疑报应主义者不"使用"人的另一个理由可能来自 Avio, Retribution, Wealth Maximization, and Capital Punishment：A Law and Economics Approach, 19 STETSON L. REV. 373, 383–86（1990）。阿维奥（Avio）认为，所谓的"第三方效应"是报应主义的问题。他用两种场景来说明：一种是，道德真相是，死亡是不被允许的刑罚，使用它却可以挽救无辜的生命；另一种是，死刑在道德上对杀人犯来说是恰当的，但死刑具有"残忍化"效应，导致无辜被杀害的人数比其他情况下要多。阿维奥认为，在任何一种情况下，真正的报应主义者都必须忽视给予杀人者应有的惩罚对第三方的影响，但这样做违反了尊重人的原则。报应主义者就需要牺牲无辜受害者的利益，以便为有罪者伸张正义；他难道不是因此"利用"了无辜者吗？

的权利在内，因此接受惩罚，是对罪犯作为理性人的一种认可。"如果罪犯"被视为一种必须被消除危害的有害动物，或者带着威慑和改造的观念来对待他"，那么他"就不会得到应有的认可"[76]。40 年前，由于报应主义名声扫地，李维斯（C. S. Lewis）谴责当时所谓社会科学导向的"人道主义"的改造理念，认为这预示着人权和对人的尊重的大规模废除：

> 人道主义理论从刑罚中去除了报应的概念，但报应的概念是刑罚和正义之间的唯一联系，只有先确定应得或不应得才能确定判决公正或不公正……因此，当我们不再考虑什么是罪犯所应得，而只考虑什么能治愈他或威慑他人时，我们已经心照不宣地将他排除在正义的领域之外；罪犯不再是一个人、一个权利主体，而仅仅是一个客体、一个病人、一个"案例"……[77]

等候接受违背其个人意愿的治疗，而对于那些等候接受治疗的症状，我们并不认为属于疾病。这无异于对罪犯进行了降等，降到未达理性年龄或者永远不会达到理性年龄这一水准，将罪犯与婴儿、智力障碍者甚至家畜归为一类。但是受到惩罚，无论多么严厉，都是因为我们罪有应得，因为我们"悔不该当初"，受到惩罚应当将人视为人——根据神的形象所创造的人——来对待。[78]

当代的报应论者也附和了这些论点。如果一名杀人凶手在社会经济状况方面极其穷困，很多人不愿意认定其应当受到谴责并且承担全部责任，摩尔批评这些人具有一种"精英主义者居高临下的傲慢"，"感觉不是把凶手作为一个自由的主体，而是视他为一个客体"[79]，"远远没有表达同胞的感受，也不允许他人参与自己的道德生活，而是将他们作为低等的人来对待"[80]。

---

[76] G. HEGEL, THE PHILOSOPHY OF RIGHT § 100 (T. Knox trans. 1942).

[77] Lewis, The Humanitarian Theory of Punishment, in CONTEMPORARY PUNISHMENT: VIEWS, EXPLANATIONS, AND JUSTIFICATIONS 194 - 195 (R. Gerber & P. McAnany eds. 1972). Lewis 的论文最初发表于 1954 年。

[78] Lewis, The Humanitarian Theory of Punishment, in CONTEMPORARY PUNISHMENT: VIEWS, EXPLANATIONS, AND JUSTIFICATIONS 194 - 195 (R. Gerber & P. McAnany eds. 1972). at 197-198。

[79] Moore, The Moral Worth of Retribution, in Responsibility, Character and the Emotions 179, 181 (F. Schoeman ed. 1987). at 215.

[80] Moore, The Moral Worth of Retribution, in Responsibility, Character and the Emotions 179, 181 (F. Schoeman ed. 1987). at 216.

墨菲和黑格尔一样都主张康复理论违反了接受刑罚权利：

> 人们有权受到刑罚并被视为负责任的主体，虽然接受这种荣誉会感到痛苦，但至少会让他作为一个正直之人的状态不受玷污。如果是他应得的，他就有权得到，因为这是他通过选择给自己带来的。因此，惩罚和责任的实践与人类对于尊严的认同相适应，它表达了人类对于自身有权作出选择状态的珍视。一种替代方法是强制治疗。这里的人所得到的不是他应得的，而是他所需要的（家长制的意义上）——甚至可能是人格的彻底重塑。当一个人看到这是责任和惩罚的替代措施时，他很有可能会坚持自己有权受到惩罚——一个人受到严肃对待的权利。[81]

H. 莫里斯（Herbert Morris）撰写了一篇关于为了尊重恢复报应的文章，这篇文章影响巨大，他在文中提出一个观点，即刑罚系统对治疗系统而言具有优越性，如他所说，可以这样表述——"一个系统将人视为人，另一个则不然"：

> 因为我们仅仅把一个人当作动物或无生命的对象，我们对他的反应不是由他来选择，而是由我们来选择，对于他的选择完全不管不顾。当我们居高临下来审视一个人的时候，他并非一个完整的人，甚至不是一个人，所以我们认为这个人没有进行理性选择的能力。[82]

H. 莫里斯声称，迫使罪犯接受治疗，就是把他们当成非人来对待："我们在治疗系统中对一个人的反应并不取决于他选择了什么，而是取决于他已经清楚表现出或可能表现出的症状及其暗示的对该疾病的最佳治疗方法。"[83] 他提出的观点正如所建议的那样，"我们有权受到刑罚"[84] ——"不仅是拥有一个刑罚体制的权利，而且是为了一旦存在这样的制度，就有受到处罚的权利"的论据。[85]

---

[81] J. MURPHY, Moral Death: A Kantian Essay on Psychopathy, in RETRIBUTION, supra note 14, at 134-135.

[82] H. MORRIS, Persons and Punishment, in ON GUILT AND INNOCENCE 46 (1976).

[83] H. MORRIS, Persons and Punishment, in ON GUILT AND INNOCENCE 46 (1976). at 41.

[84] H. MORRIS, Persons and Punishment, in ON GUILT AND INNOCENCE 46 (1976). at 32.

[85] H. MORRIS, Persons and Punishment, in ON GUILT AND INNOCENCE 46 (1976). at 45.

人们可能会合理地怀疑，在其鼎盛时期，有多少康复理论倡导者认为，医疗性地"治愈"罪犯的异常、失调和各种疾病是刑罚的唯一目的或这种实践的一个充分理由。[86] 人们也可能会质疑，当前康复理论幻想的破灭是基于坚实的基础还是基于过于草率的"没用"结论。[87] 然而，我无意为报应刑论调本身进行辩护。相反，我感兴趣的是，报应主义者坚持的报应主义所拥有的美德——使他们的理论优于他人的美德，尤其是"尊重人"的美德——在多大程度上真正有利于报应主义。

令人惊讶的是，描述这些美德以及相对应的康复缺陷的报应论者往往作出相当可疑的断言。例如，我们已经看到了李维斯的主张，因为"知道好歹"受到惩罚乃是将人"视为人"，而不是婴儿或智力障碍者。[88] 然而，那些被刑法认为因年龄太小而不具有完全责任能力的儿童[89]等往往也会受到父母或教师的惩罚，他们会说出准确的惯用语句来解释和证明刑罚的合理性。那么，如何证明一个"知道好歹"的人受到刑罚意味着犯罪人受到了完整人类尊严的处置，而不是有辱人格的家长制待遇？

李维斯还断言，康复理论将罪犯从"一个人、一个权利主体"减等为"一个纯粹的客体、一个病人"[90]，然而病人肯定不仅仅是一个客体，但一

86　例如，门宁格（Karl Menninger）可以被认为是康复理论最彻底的支持者之一；墨菲让他成为康复观点攻击的目标。J. MURPHY, Criminal Punishment and Psychiatric Fallacies, in RETRIBUTION，第 147 页注 14。然而，我们发现他将自己理想中的刑事司法系统描述为这样一个系统："[i] ndeterminate sentence will be taken for granted, and preoccupation with punishment as the penalty of the law would have yielded to a concern for the best measures to insure public safety, with rehabilitation of the offender if possible, and as economically as possible." K. MENNINGER, THE CRIME OF PUNISHMENT 139 (1968) （修订版）。显然，康复并不是刑罚的唯一目标或理由，即使对门宁格来说也是如此。

87　结论是"没用"——康复计划实际上对防止再犯没有任何作用。例如 Martinson, What Works? —Questions and Answers About Prison Reform, PUB. INTEREST, 1974, p. 22。然而，五年后，马丁森（Martinson）根据进一步的证据撤回了这一否定结论，声称在某些条件下，对刑事罪犯的治疗方案是有益的。Martinson, New Findings, New Views: A Note of Caution Regarding Sentencing Reform, 7 HOFSTRA L. REV. 243, 252-257 (1979). 尽管如此，马丁森最初的研究在质疑康复方面发挥了强大的作用。参见 Pillsbury, Understanding Penal Reform: The Dynamic of Change, 80 J. CRIM. L. &CRIMINOLOGY 726, 758 (1989); Tonry & Morris, Sentencing Reform in America, in THE PURSUIT OF CRIMINAL JUSTICE 249, 252 (G. Hawkins & F. Zimring eds. 1984)。

88　见上文注 78。

89　习惯法最终认定 7 岁以下的儿童没有犯罪能力，而 7 岁至 14 岁的儿童则被推定为具有可辩驳的无犯罪能力。对实施犯罪行为的儿童的普遍现代对待方式是在单独的少年法庭体系中处理他们，该体系旨在康复而非惩罚。参见 W. LaFave & A. Scott, Criminal Law 2nd ed, 1986. at 398-403。

90　见上文注 77。

定是有权利的人吗？比如，难道我们不认为不当治疗会侵犯这些权利吗？以针对医疗事故起诉或辩护为生的律师，如果得知患者是没有权利的对象，会非常惊讶！

毫无疑问，人们的反应是，会使一个人沦为没有权利的地位是强制治疗。普通患者可以自由决定是否为自己的疾病寻求治疗，而从康复理论的角度来看，无论罪犯是否想要，也无论他们是否相信自己"生病"，他们都要接受"治疗"。因此，墨菲反对的是"强制治疗"⑨，而 H. 莫里斯告诉我们：

> 我们将一个人视为人的条件，首先是我们允许这个人作出会决定他发生一些事的抉择，其次我们对人的反应都是尊重人的选择的反应。当我们通过治疗疾病来应对一个人的疾病时，这已经不是将人作为一个人来治疗或不治疗的情况了。⑫

普通患者选择接受治疗，在治疗他时，我们尊重他的选择；而接受"康复"的罪犯却不受到这种尊重。

然而，精神病患者会认为对于他们的常规治疗是他们并不想要也不需要的。H. 莫里斯本人也很难得出结论认为这种"强制治疗"意味着他们没有被视为人或权利主体：事实上，他主张精神病患者有权得到治疗，这正是基于他们"被视为人的权利"。⑬ 精神病患者"有权获得帮助，使其恢复常人的功能"⑭。为什么我们不能主张罪犯同样拥有获得这一待遇的权利——这恰恰是基于对其人格的尊重，而不是缺乏这种尊重？⑮

事实上，我们并不十分清楚为什么 H. 莫里斯相信他所描绘的刑罚体

---

⑨　见上文注 81。

⑫　H. MORRIS, Persons and Punishment, in ON GUILT AND INNOCENCE 46 (1976). at 48-49.

⑬　H. MORRIS, Persons and Punishment, in ON GUILT AND INNOCENCE 46 (1976). at 57.

⑭　H. MORRIS, Persons and Punishment, in ON GUILT AND INNOCENCE 46 (1976). H. 莫里斯在其他地方所说的话，使他不太可能将这一权利限制在那些承认自己的病情并自愿寻求治疗的精神病患者身上，同时排除了对其他精神病患者进行违背其意愿的治疗的情况。见 H. MORRIS, Thomas Szasz and The Manufacture of Madness, in ON GUILT. at 64-73.

⑮　请注意，H. 莫里斯不能回答说，如果个人被迫接受"治疗"，就不存在任何权利。因为他认为，罪犯有权受到刑罚，无论是否愿意，罪犯都会受到刑罚！对于权利存在的一般性辩护，权利持有人没有自由裁量权，见 J. FEINBERG, Voluntary Euthanasia and the Inalienable Right to Life, in RIGHTS, JUSTICE, AND THE BOUNDS OF LIBERTY 232-238 (1980)。Deigh, On the Right to Be Punished: Some Doubts, 94 ETHICS 191 (1984) 对罪犯有"权利"受到刑罚这一具体说法进行了详细而仔细的评价。

系实际上满足了他"将人视为人"的第二项要求——"我们对人的反应是尊重他人选择的反应"[96]。受到刑罚的罪犯并没有选择,无论从任何意义上来理解"被惩罚"这一措辞都是这样;我们是为了我们的目的而不是犯罪人的目的才施加刑罚的。我们对罪犯的惩罚难道不是"不是他的选择,而是无视或者忽略他的选择的我们的选择所决定的"这样的吗?[97] H. 莫里斯坚持认为,在他的刑罚体系中一个人选择了他自己的刑罚,因为(a)他所处的制度对公平分配利益和义务的规则进行了强制实施;(b)遵守规则对所有人都有利;(c)"行为偏离了预期或规范的"是罪犯,而不是守法公民。[98] 但如果问题是罪犯是否选择了刑罚,那么(a)和(b)似乎并无关联。并且如果(c)被接受,那么海地军队也会因为同样的理由说它们屠杀的异见者自己选择了命运,因为恐吓服从就是法律!

报应主义者为支持他们"尊重人"[99] 的主张而作出的断言存在诸多诡异和缺陷,例子数不胜数。在没有比迄今为止收到更多解释和辩护的情况下,我们不应接受这一主张。也许更重要的是,我们应该警惕这种可疑说法的有害影响——这种说法可能会诱使我们狂妄自大和正义感爆棚,以至于要对我们的同胞施加严厉的处置。报应主义的拥护者可以将罪犯长期监禁,而且通常是在糟糕的条件下,甚至可以问心无愧地将他们处死,因为他们相信罪犯受到的非常严厉的对待证明了我们对他的人性的尊重。事实上,报应主义者的思维定式鼓励法律人抛弃良知而对罪犯是否存在经济、社会和心理背景的缺陷视而不见,这在某种程度上削弱了我们施加惩罚的

---

96 H. MORRIS, Persons and Punishment, in ON GUILT AND INNOCENCE 46 (1976). at 48-49.

97 H. MORRIS, Persons and Punishment, in ON GUILT AND INNOCENCE 46 (1976). at 46.

98 H. MORRIS, Persons and Punishment, in ON GUILT AND INNOCENCE 46 (1976). at 48.

99 考虑一下赛德斯基的说法:报应主义是唯一严肃对待以人的责任为理念的刑罚理论,因为它仅根据相关行为人控制的行为和情况来证明刑罚是正当的。只有那些被认为是自由人行为的事实才与评估犯罪和决定刑罚有关;而所有与罪犯无关的情况都被视为无关。W. Sadursky, Giving Desert Its Due 253 (1985); A. Von Hirsch. at 241. 这是否意味着一个报应主义者会拒绝惩罚一个疏忽大意的驾车者,而这个驾车者恰好会比一个没有造成死亡的人导致的问题更严重,因为他在错误的时间出现一种"独立于罪犯的情况",而这不在他的控制之下。这是否意味着报应主义者主张必须像惩罚已完成的犯罪一样严厉地惩罚未成功的犯罪企图? 如果伤害不是故意的,那么报应主义者是否必须拒绝适用加州法律?该法律规定对"对受害者造成严重身体伤害"的强奸犯判处 5 年监禁。见 CAL. PENAL CODE § 12022. 8 (West Supp. 1992), the analogous provision of the Federal Sentencing Guidelines, UNITED STATES SENTENCING COMM'N, GUIDELINES MANUAL § 2A3. 1 (b) (4) (1991), 然而,如果赛德斯基并不打算支持这些立场和与之类似的立场,那么他的主张是什么?

权利。因为如果承认这种担忧是对一个罪犯作为完全责任人的地位的质疑，那么要尊重罪犯的人格，我们就要打消这些疑虑，拒绝从轻量刑，以此来确认我们对罪犯的深刻尊重，无论其背景如何"贫困"。

例如摩尔对赫林（Richard Herrin）一案的讨论。赫林是一名来自东洛杉矶拉丁区的耶鲁学生，他谋杀了他的大学女友。赫林的残忍罪行似乎是出于嫉妒，这引起了耶鲁天主教社区许多人的意外同情，而对赫林的审判重点是凶手的所谓弱势背景和心理问题。[100] 摩尔对于上述论点都不接受，他表示我们如果对于让赫林承担全部罪责感到有一丝犹豫，那么我们其实"感觉自己比罪犯更高一等"——这是一种"应当抵制的诱惑"、一种"精英主义和居高临下"，拒绝"赋予他们与你自己相同的责任和该当"，这相当于"将一个自由意志的主体视为一个客体"。[101] 摩尔对那些主张减轻赫林罪责而对其进行贬低的人充满了义愤，但中间缺了一部分，那就是这些人主张减轻赫林罪责的要素以及这些要素为什么不能用来减轻罪责，摩尔对此没有给出任何解释。我们只是确信："赫林没有任何借口，我们其他人也无法为我们的选择找到各种理由［来从轻处罚——译者注］。"[102] 然而，显然不是所有人都有赫林的特殊背景，或者他特殊的心理过往病史和问题。难道一些所谓的"原因"不会减轻犯罪者的罪行吗——即使对其相关性的解释不仅仅是它们"导致"了行为？[103] 在赫林的案件中，也许没有任何法定从轻情节，但是，难道就没有其他罪犯曾经受到虐待、剥夺和困苦，以至于他们要比我们大多数人承担的责任要少一些，进而从轻处罚是合适的吗？

比如，哈里斯（Robert Alton Harris）的成长经历就是，他在 1978 年谋杀了圣地亚哥的两名青少年，目的是盗窃他们的汽车用于抢劫银行，他还在杀害被害人后 15 分钟内吃完了人家留下的汉堡。[104] 哈里斯的父母酗酒，他本人因为喝醉的父亲出于疯狂的嫉妒踢到怀孕的母亲而早产。他的父亲因为猥亵自己的女儿被两次定罪，殴打孩子更是家常便饭；他的母亲

---

[100] 赫林的案件是两本书的主题：W. GAYLIN, THE KILLING OF BONNIE GARLAND (1983), and P. MEYER, THE YALE MURDER (1982)。

[101] Moore, The Moral Worth of Retribution, in Responsibility, Character and the Emotions 179, 181 (F. Schoeman ed. 1987). at 215.

[102] Moore, The Moral Worth of Retribution, in Responsibility, Character and the Emotions 179, 181 (F. Schoeman ed. 1987). at 215.

[103] 见 Moore, Causation and the Excuses, 73 CALIF. L. REV. 1091 (1985)。

[104] 除非另有说明，本段信息来源于 Corwin, Icy Killer's Life Steeped in Violence, L. A. Times, 1982-5-16。

也是一个酒鬼，曾多次被捕，讨厌他并且虐待他；他有学习障碍、口吃，根据审判和死刑量刑中所提出的证据，[105] 他可能因胎儿酒精综合征而存在大脑损伤。我们怎么对他表示尊重？无视这一系列充满虐待的成长事迹，宣告他是一个全然负责的道德主体，然后用毒气庄严地将他杀死？

哈里斯近期在加州被处决，当地许多公民对此非常满意，[106] 这一案件正说明，报应论者"尊重人"的观念压制了人们对刑罚严厉性的反思以及对任何从轻情节的考量，无论是理论上还是实践中。报应主义越来越流行，这推动了目前对死刑的压倒性支持，例如安德森（Johnny Ray Anderson），他是一个杀人犯，但他是一个智力障碍者，从 5 岁起就开始吸毒，智商只有 70。又如普利真（Dalton Prejean），他被亲戚虐待，被父母遗弃，大脑受损，出现智力障碍状态。[107] 报应主义观点在最近轰动一时的达墨（Jeffrey Dahmer）连环杀人和食人案中起到了一定的作用。在这一案件中，陪审团在审判后对达墨精神错乱的辩护意见不予认可，"检方拿着每名受害者的照片，敦促陪审团记住他们的遭遇"——这一策略对达墨恶行的量刑是可以的，但在一开始认定他邪恶并且应当承担责任则并不妥当。[108] 威尔森（Jamie Wilson）就是一个特别引人注目的例子，他在没有明显动机的情况下于 1988 年持枪袭击了一所小学，造成 2 名儿童死亡、9 名儿童和成人受伤。[109] 威尔森的答辩意见是"认罪但是具有精神疾病"，这一辩护意见得到认可，这意味着根据南卡罗来纳州的法律，威尔森在犯罪时因患有精神疾病或缺陷，无法控制自己的行为。[110] 然而，南卡罗来纳州最高法院驳回了有关第八修正案的质疑，维持了对他的死刑判决，该法院宣布："这一判决量刑实现了刑罚目的中的报应，所以根据南卡罗来纳州法律，威尔森应为其罪行承担全部责任。"[111]

报应论者们毫无疑问会撇开这一不利证据，因为它会证明他们的理论

---

[105]　Parker, Doctors Insist Harris Should Not Die, L. A. Daily J. , 1992-4-2.

[106]　Skelton, Death Penalty Support Still Strong in State, L. A. Times, 1992-4-29.

[107]　见 Dionne, Capital Punishment Gaining Favor as Public Seeks Retribution, Wash. Post, 1990-5-17.

[108]　Johnson, Milwaukee Jury Says Dahmer Was Sane, N. Y. Times, 1992-2-16. 达墨谋杀并肢解了 15 名男子和男孩，吃掉了部分尸体，并与尸体发生了性关系。不出所料，他提出了精神错乱的辩护。令人惊讶的是，威斯康星州陪审团驳回了这一辩护，认为达墨的精神病并没有影响他理解和控制自己行为的能力，但实际上他根本没有精神病。

[109]　Newman, Shocked and Stunned, Greenwood Tries to Recover, UPI, 1988 年 10 月 1 日，可在 LEXIS, Nexis 图书馆，UPI 文件中获得。

[110]　S. C. CODE ANN. § 17-24-20（A）（Law. Co-op. 1976）.

[111]　State v. Wilson, 413 S. E. 2d 19（S. C. 1992）.

并不包含"尊重人"这一优点。他们最多只能辩称法庭和公民经常误用报应主义理论。而这一理论本身只是要求惩罚应得之人，惩罚不超过应得之量，所以对于任何潜在的从轻情节都应当进行审慎评估以确定是否为犯罪人所应得。而南卡罗来纳州最高法院关于威尔森案的观点显然是对报应主义整体理解的一种背叛，因为被告人无法控制自身行为，就不应当将其作为报应目的的完全责任人。就和其他理论一样，对于报应主义的评价也应当由对其理论最为审慎、最为精细的支持者来展开，而不是由某些哲学上的幼稚群体基于报应主义之名所犯下的错误来展开。

但是这种回应十分乏力，毕竟上述证据表明报应论所谓"尊重人"外衣之下的乃是对他人施加痛苦的欲望、对他人所处困境的明知、对他人能力欠缺的无视。需要注意，上述证据所包含的不仅是法官、检察官、陪审员的浅薄行径，还包括迈克尔·摩尔这样敏锐的哲学家。更重要的是，报应论的关键特点就是对愤怒和仇恨进行赞美和立法，而不顾犯罪人的应得惩罚，以及缺乏减轻或者免除责任条件的合理评价，这些都是报应论的关键特点，而我所强调的上述报应主义不当适用正是由此出发的。

这些特点中的第一个代表了今日绝大部分报应论者的心声。即使如迈克尔·摩尔、杰弗里·墨菲这样深思熟虑的报应论者也承认仇恨和憎恶如果不加约束将十分危险，主张这些感受既符合法律也符合情理是要付出惨痛代价的。摩尔指出，任何关心别人的人都会因为亲近的人受到侵犯而感到愤怒，而这种愤怒不应该被消除："对于他人遭受坏人侵害而感到同情，高尚吗？那么对于他人看到别人遭受完全不必要之侵害而感到义愤填膺呢？"[112] 墨菲将"报复性仇恨"（retributive hatred）定义为："被害人对于罪行非强制但可允许的反应。"[113] 他在后续文章中指出这种仇恨可以被法律制度所接纳——事实上，报复性仇恨所具有的力量和正当性恰恰解释了国家设立报应性的刑罚系统的旨趣所在。[114] 皮尔斯伯里（Samuel Pillsbury）是另外一名审慎的报应论者，他对仇恨的危险给予了极大关注，[115] 但他

---

[112] Moore, The Moral Worth of Retribution, in Responsibility, Character and the Emotions 179, 181（F. Schoeman ed. 1987）. at 215, 210.

[113] J. MURPHY & J. HAMPTON, FORGIVENESS AND MERCY 95（1988）. 这本书的第三章中出现了这段引语，是墨菲写的。

[114] Murphy, Getting Even: The Role of the Victim, in CRIME, CULPABILITY, AND REMEDY 209（E. Paul, F. Miller, Jr., & J. Paul eds. 1990）.

[115] 事实上，皮尔斯伯里呼吁明确告知死刑陪审团"必须共情罪犯也是一个人"，以此来遏制陪审员的愤怒情绪，这种情绪已超过了罪犯应受的程度。Pillsbury, Emotional Justice: Moralizing the Passions of Criminal Punishment, 74 CORNELL L. REV. 655, 657（1989）.

依然指出愤怒乃是对于犯罪的恰当反应——事实上，与报应之间无法分割[116]——它可以解释为这对于人之道德性的关注。[117] 威特海默（Roger Wertheimer）则强调："罪行给了我们愤怒的权利，并为仇恨、憎恶、暴怒的感受提供了证明。"[118]

而那些稍欠审慎与思考的学者则在强调仇恨和愤怒的合法性、合适性、中心性上走得更远。例如政治学家伯恩斯（Walter Berns）在其一篇经不起推敲但颇具煽动性的鼓吹死刑的短文中指出，报应必须在刑罚中扮演重要角色，[119] 并把愤怒拔高到——"这种认同并且关注正义的激情"[120] ——对于报应而言具有核心地位。通过将尊重他人的命题融入对于愤怒的彰显，伯恩斯提出愤怒乃是：

113

> 将人性作为其目标：让人们为自己的所作所为承担责任。世上还有责任存在，愤怒就是这一灵魂要素的表达；而在保证特定之人承担责任方面，它给予该人以人之为人的尊重。愤怒乃是对于只有人类才有能力成为道德存在的认可，而只有这么做才是对于人类尊严的认可。[121]

如果一种理论将愤怒与仇恨视为合法，将其视为对于犯罪的恰当反应和刑罚的适当基础，而施加刑罚本身就具有某种美德（尊重他人），那么这种理论既上头又危险，尤其是在一个对于犯罪充满恐惧和憎恶的时代。除非进行审慎规范，否则这种理论只会让公众和法律制度抛开道德上的质

---

[116] Pillsbury, Emotional Justice: Moralizing the Passions of Criminal Punishment, 74 CORNELL L. REV. 655, 657 (1989). at 671-672.

[117] Pillsbury, Emotional Justice: Moralizing the Passions of Criminal Punishment, 74 CORNELL L. REV. 655, 657 (1989). at 689.

[118] Wertheimer, *Understanding Retribution*, CRIM. JUST. ETHICS, Summer/Fall, 1983, at 19, 23; G. SHER, DESERT 201 (1987).

[119] 伯恩斯认为："仅仅为了阻止他人犯罪而设计的惩罚制度……分散了我们对犯罪的注意力，而且……让我们很容易对罪犯产生同情。""刑事司法系统要回答的问题必须是公正的问题……特别刑罚是否会威慑或特别对待是否会矫正过错的问题不是公正的问题。"W. BERNS, FOR CAPITAL PUNISHMENT: CRIME AND THE MORALITY OF THE DEATH PENALTY 144 (1979).

[120] W. BERNS, FOR CAPITAL PUNISHMENT: CRIME AND THE MORALITY OF THE DEATH PENALTY 144 (1979). at 152.

[121] W. BERNS, FOR CAPITAL PUNISHMENT: CRIME AND THE MORALITY OF THE DEATH PENALTY 144 (1979). at 154.

疑而沉浸于复仇的狂欢。如果不能合理计算犯罪人应受多少刑罚，这种理论只会引诱我们的刑罚不断加重，以此来迎合公众对于严刑峻法日益增长的迷信。如果不能合理计算应得惩罚中减轻或者消除责任的情节，这种理论只会引诱我们对犯罪人的处刑火力全开，而完全不顾其所处困境如何衰败，抑或其心智如何残缺不全。所以报应主义丝毫没有提供方法来明确该如何计算刑罚数量和从轻情节。

由此可见，报应主义并不能够提供关于特定犯罪应得何种数量刑罚的有效分析。[122] 缺乏这种分析，报应主义在实践中的操作只能依据莫斯（Stephen Morse）所主张的那样：

> 任何一个社会都可以做到将犯罪根据严重程度排序，并为其设定一种彼时彼刻该社会认为与其严重程度相适应的刑罚。这就是彼时彼刻的应得惩罚。[123]

换言之，如果什么时候多数公民想要提高特定犯罪的刑罚，那么该犯罪"应得"的刑罚就加重了。毋庸置疑，与报应主义蓬勃发展相伴而生的便是刑罚严厉性不可避免增强。[124] 看守所和监狱已达临界点，[125] 法官的裁

---

[122] 见上文注 47~75 和随附文本。

[123] Morse, *Justice*, *Mercy*, *and Craziness*（Book Review），36 STAN. L. REV. 1485，1493-1494（1984）. at 1493-1494.

[124] 根据联邦司法统计局的数据，自 1980 年以来，美国的监狱人口增加了一倍多。CRIM. JUST. NEWSL. 1991-5-15，p. 7. 美国每 10 万居民中就有 426 名监禁或监狱囚犯，美国现在关押的人口比世界上任何其他国家都多。美国是世界上监禁率最高的国家。N. Y. Times，1991-1-7. 在纽约州，最低刑期超过 30 个月的囚犯比例从 1970 年的 4%上升到 1980 年的 31%。E. CURRIE，CONFRONTING CRIME 33（1985）. 在新泽西州，法官于 1979 年判处 10 年以上刑期的有 51 例，而在 1985 年则判处了 1645 例。Alschuler，The Failure of Sentencing Guidelines：A Plea for Less Aggregation，58 U. CHI. L. REV. 901，931（1991）. 在加州，监禁率从 1980 年到 1990 年增加超过三倍。Alschuler，The Failure of Sentencing Guidelines：A Plea for Less Aggregation，58 U. CHI. L. REV. 901，931（1991）. at 934-935.

[125] 1989 年，当地监狱的容纳能力从 1978 年的 65%提高到 108%。Dillingham & Greenfeld，An Overview of National Corrections Statistics，FED. PROBATION，June 1991，at 29. 在全国范围内，监狱的容纳人数超过了其容量的 10%至 29%。Dillingham & Greenfeld，An Overview of National Corrections Statistics，FED. PROBATION，June 1991，at 30. 司法局最近的一份统计报告显示，34 个州的监狱人口达到或超过了最高报告容量。Adwell，A Case for Single-Cell Occupancy in America's Prisons，FED. PROBATION，June 1991，at 64. 美国国家司法研究所计算，美国每周需要增加 400 张新的监狱床位和 800 张看守所床位，才能满足囚犯人口的预计增长。Prison Overcrowding in the United States：Judicial and Legislative Remedies，16 NEW ENG. J. CRIM. & CIV. CONFINEMENT 67 n. 1（1990）.

量权限被量刑指南和法定最低刑牢牢捆绑， 受到蛊惑的民众则依然呼唤更重的刑罚。

报应主义也没有为从轻情节和免责情节提供有效分析。阿雷内拉 (Peter Arenella) 对报应论者的批判很有说服力，他认为报应论者和其威慑论对手一样，"道德主体" 解释是十分单薄的。因为他们忽略了一些至关重要的问题，那就是如果要将人视为完全责任道德主体，能够作出理性选择来遵守或者违反法律， 那么此人是否能够认识到刑法中所嵌入的道德规范？这种认识是否深刻？他是否能够依据这些规范来选择

⑫㊅ 1984 年《量刑改革法案》出台后，联邦系统提供了最清晰的例证，Pub. L. No. 98-473, 98 Stat. 1987（1984）（codified at 18 U. S. C. § § 3551-3586），以及 1987 年 11 月 1 日生效的根据该法案通过的量刑指南。Alschuler, supra note 124, at 902 n. 3. "联邦法官宝贵的量刑自由裁量权已被大幅削减，在许多领域被指导准则完全淘汰。"Becker, Flexibility and Discretion Available to the Sentencing Judge Under the Guidelines Regime, FED. PROBA-TION, 1991-12, p. 10. 近年来，国会制定了大量强制性最低刑期法规，进一步限制了这种自由裁量权。25 个例子被列举在 Heaney, The Reality of Guidelines Sentencing: No End to Disparity, 28 AM. CRIM. L. REV. 161, 187-88 n. 62, including 18 U. S. C. § 924 (e)（如果是持有枪支的重罪犯，且有 3 次暴力重罪或毒品犯罪前科，最低刑罚为 15 年监禁，不得缓刑或假释）；《美国法典》第 18 篇第 2381 节（叛国罪的最低刑罚为 5 年监禁）；以及《美国法典》第 21 篇第 841 (b) (1) (B) 节（持有、制造、分销 100 克海洛因、500 克可卡因、5 克可卡因碱等的最低刑罚为 5 年监禁；如果事先定罪，则为 10 年；如果导致死亡，则为 20 年）。

量刑指南的僵化及对司法自由裁量权的剥夺已经导致一名联邦法官（加州南区的 J. Lawrence Irving）退出了法官席。Abrahamson, United States Judge Quit: Cites Sentencing Guidelines, L. A. Times, Sept. 27, 1990, at A3, col. 1. 美国司法会议、特别联邦法院研究委员会和 12 个联邦巡回法院呼吁结束强制性最低刑期。Mandatory Minimum Sentences Hit, A. B. A. J. , Dec. 1991, at 36. 至少有一名心怀不满的联邦法官断然拒绝使用一项强制性适用法规，该法规要求对"越境运毒者"（一种初级的毒品运输者）判处 5 年监禁，因为有证据表明，检察官在决定提出何种指控和接受何种辩诉时采取了武断和歧视性的行为。United States v. Redondo-Lemos, 754 F. Supp. 1401（D. Ariz. 1990），rev'd and remanded, 955 F. 2d 1296（9th Cir. 1992）.

⑫㊆ 20 世纪 80 年代，随着美国监狱人口数量增加了一倍多，表示刑事判决"不够严苛"的美国人的比例从 79% 增加到 85%。Alschuler, The Failure of Sentencing Guidelines: A Plea for Less Aggregation, 58 U. CHI. L. REV. 901, 931（1991）. at 929.

⑫㊇ Arenella, Character, Choice and Moral Agency: The Relevance of Character to Our Moral Culpability Judgments, in CRIME, CULPABILITY, AND REMEDY. Murphy, Getting Even: The Role of the Victim, in CRIME, CULPABILITY, AND REMEDY 209（E. Paul, F. Miller, Jr. , & J. Paul eds 1990）. at 59; see also Arenella, Punishing the Blameless? A Critical Reappraisal of the Relationship Between Legal and Moral Blame, 39 UCLA L. REV. (1992).

⑫㊈ Arenella, Character, Choice and Moral Agency: The Relevance of Character to Our Moral Culpability Judgments, in CRIME, CULPABILITY, AND REMEDY. at 60.

自己的行为作为回应?⑬ 而事实上，报应论者恰好就是这么建议的。

所以极端贫困、种族主义、缺乏教育都可能用来进行辩护，而莫斯对此的回应则坚持贫困的社会经济状态并不会剥夺人们的选择自由："尽管遵纪守法对于某些人而言比其他人要难一些，但违法犯罪依然是行为人自己的选择，所以他该当受到惩罚。"⑬ "事实上认定行为人承担责任对于行为人而言既是道德的也是尊重的。"⑫ 在这一主题上走得更远的是 N. 莫里斯（Norval Morris），他在刑罚正当性问题上主张报应论，⑬ 他甚至认为应当废除精神疾病这一辩护理由，因为精神疾病一般不会消除患者选择是否进行犯罪的能力，⑭ 所以 "要求精神病患者为其犯罪侵害担责，不是对他们的贬低而是尊重，因为对于他们心理状态的认定会使他们和没有精神疾病的罪犯获得同等待遇"⑮。而德雷斯勒（Joshua Dressler）虽然表面上赞成改善监狱条件和制定监禁替代措施，⑯ 却将主要精力用来表达对过度同情的警惕和对处决不应受罚者的决心。⑰ 当谈到犯罪人会体会到愧疚情感时，根据德雷斯勒的观点，这对于所有案件而言在心理学上是追求的，在道德上是正确的，所以 "当我们构建的体制包含太多借口而过于宽容时，我们对犯罪人其实帮了倒忙"⑱。对于美国刑法和刑案量刑的当前趋势而

---

⑬ Arenella, Character, Choice and Moral Agency: The Relevance of Character to Our Moral Culpability Judgments, in CRIME, CULPABILITY, AND REMEDY. at 65.

⑬ Morse, The Twilight of Welfare Criminology: A Reply to Judge Bazelon, 49 S. CAL. L. REV. 1247, 1253 (1976).

⑫ Morse, The Twilight of Welfare Criminology: A Reply to Judge Bazelon, 49 S. CAL. L. REV. 1247, 1253 (1976). at 1253-1254.

⑬ "该当性证明并限制了惩罚的资格；该当性和实用性结合起来分配惩罚。" N. MORRIS, MADNESS and THE CRIMINAL LAW 149 (1982).

⑭ N. MORRIS, MADNESS and THE CRIMINAL LAW 149 (1982). at 61-64.

⑮ N. MORRIS, MADNESS and THE CRIMINAL LAW 149 (1982). at 146. 有趣的是，N. 莫里斯呼吁废除精神错乱辩护引起了莫斯的反应，这一反应非常清楚地说明了报应论者在分析免责条件方面的困难。莫斯反驳 N. 莫里斯的观点，宣称："必须保留精神错乱辩护，因为除非是行为人应得的惩罚，否则惩罚他们是不公平的。"Morse, Justice, Mercy, and Craziness (Book Review), 36 STAN. L. REV. 1485, 1493-1494 (1984). at 1491. 然而，他同时表示："人们可以强有力地认为，即使是最疯狂的人也应该为自己的行为负责，因为其仍然有足够的能力来控制自己的疯狂和其他与之相关的行为。"莫斯如何协调这些立场是个谜。

⑯ Dressler, Reflections on Excusing Wrongdoers: Moral Theory, New Excuses and the Model Penal Code, 19 RUTGERS L. J. 671, 684 (1988).

⑰ Dressler, Reflections on Excusing Wrongdoers: Moral Theory, New Excuses and the Model Penal Code, 19 RUTGERS L. J. 671, 684 (1988). at 682-689.

⑱ Dressler, Reflections on Excusing Wrongdoers: Moral Theory, New Excuses and the Model Penal Code, 19 RUTGERS L. J. 671, 684 (1988). at 689.

言，这是一句逆耳忠言。⑬

即使深思熟虑如莫斯、N. 莫里斯、德雷斯勒这样的报应论者也拒绝因为经济、社会、文化、心理缺陷而免除或者减轻犯罪人的罪责，这种轻率的做法表明前文所述的法律人与公众追求严刑峻法的态度⑭并不是对于报应主义的曲解，而恰恰是其逻辑的必然结果。由于报应主义无法对犯罪人应得刑罚的具体数量进行确定，⑪ 又强调仇恨和愤怒的核心地位，⑫ 二者相结合进一步印证了上述判断。笔者在前文就已指出"该当"（desert）对于刑罚的正当化证明有限，⑬ 而报应主义没有"利用"他人的观点也存在深刻的问题。⑭ 而报应主义给予他人人之为人的尊重的观点在笔者看来更是有害无益，因为它在实践中只是令社会的复仇情绪和让犯罪人受苦的欲望披上一层圣光，至于那些塑造犯罪人的扭曲压力，即使不对其进行反思也不会使人感到不安。

笔者希望本文能够去除报应主义理论的些许道德光泽。我们应当少花一点时间来为自己对犯罪人表达了尊重而感到沾沾自喜，多花一点时间来改进社会体制从而减少人们实施犯罪的动力。我们也应当坦承，刑罚乃是一种恶害，只是两害相权取其轻，是一种充满悲哀的必要性而已，刑罚不是什么高尚或令人振奋的事业，不会让我们道德品质更加丰富或者更加深刻。事实上，笔者认为威慑论者的功利主义观念才是对犯罪人真的尊重，因为他们承认对犯罪人施加痛苦本身是一种恶害，只在能够实现更好结果时才是必要的。⑮

在 30 年前论述有关刑罚的康复观点时，艾伦（Francis Allen）指出：

> 一种理念被宣传推广到现实生活中后会经历改变。这种理念的真实效果会在时间中不断演化，和最初接受并给予这种理念支持的人的

---

⑬ 见上文注 124~127 和随附文本。

⑭ 见上文注 104~111 和随附文本。

⑪ 见上文注 47~75 和随附文本。

⑫ 见上文注 112~121 和随附文本。

⑬ 见上文注 11~28 和随附文本。

⑭ 见上文注 29~75 和随附文本。

⑮ 也有观点认为威慑论者对潜在犯罪人表达了尊重，将他们视为能够对行为结果作出预判而进行选择和决定的理性存在。"这也是边沁认为成文法优于普通法的地方。他认为普通法将人视为动物，对人的惩罚是因为已经发生的行为；而成文法则对他们提前进行警示，保证人们可以调整自己的行为来避免麻烦。"参见 Ross Harrison, Punishment No Crime, 62 Aristotelian Society, Supp. Vol. 143（1988）。

初衷完全不同[146]

讽刺的是他的话用到报应论身上更为合适,而正是报应论批判并且取代了康复理论。当代报应论的复兴要归功于一批天真地认为报应主义会促使刑罚不那么严厉抑或不那么漫长的学者。[147] 他们的希望破灭了。现在正是时机来反思一下,这种希望所遭遇的挫折是否反映了根植于报应论的缺陷。本文旨在对这些问题予以呈现。

---

[146] Allen, Criminal Justice, Legal Values and the Rehabilitative Ideal, 50 J. CRIM. L. , CRIMI-NOLOGY & POLICE Sci. 226, 229 (1959).

[147] A. VON HIRSCH, In PAST OR FUTURE CRIMES (1985). at 11; Pillsbury, Understanding Penal Reform: The Dynamic of Change, 80 J. CRIM. L. &CRIMINOLOGY 726, 758 (1989). at 756.

法治建设专题

我国数字金融的监管困境及其结构重塑

——以"国家调节说"为中心展开[*]

宣　顿　黄维晨[**]

摘　要： 数字化潮流下，金融领域数字化转型进程加快，数字金融以其去中心化、虚拟化及普惠性的特性，形成了时代性新型风险。风险既给我国数字金融监管带来了新的困境和挑战，其本身的价值也为新监管体系的构建提供了方向。在国家调节说的指导下，不难发现数字金融监管释放出了市场机制与政府机制双重失灵的危险信号，这折射出当前我国数字金融经济基础与上层建筑之间仍存在摩擦与失调，为终止金融市场从危机到繁荣再到危机的"钟摆运动"，理应统合风险防控和风险利用，结合闭环思维对现有监管结构进行重塑，通过建立由基础金融数据系统、实时动态监测系统和风险处置反馈系统组成的闭环式监管系统，为数字金融监管注入新活力。

关键词： 数字金融；金融监管；国家调节说

我国数字金融发端于 2004 年支付宝账户体系的上线，早期的数字金融借助互联网技术传递信息、提供服务，发展至今已可以提供数字化、科技化的金融服务模式。伴随数字金融的广泛应用，市场中的新型金融风险已初见端倪，2015 年 7 月，央行等十部委发布的《关于促进互联网金融健康发展的指导意见》拉开了数字金融监管的帷幕。然而，市场内生性失调与政府调节失效的双重失灵，使数字金融监管受阻。基于此，在新的形势下，有必要针对数字金融安全监管进行深入研究，不断挖掘数字金融监管的潜能，在国家调节说的指导下重塑我国数字金融监管体系，以应对金融数字化和监管科技发展的浪潮。

---

[*] 本文系江苏省研究生科研与实践创新计划项目（项目号：KYCX24-3265）的阶段性研究成果。

[**] 宣顿，常州大学史良法学院副教授、硕士生导师，上海交通大学凯原法学院博士后；黄维晨，常州大学史良法学院硕士研究生。

一　双重失灵：数字金融的新型风险与监管困境

（一）数字金融的界定与流变

从全球视野来看，金融与技术的相互交织和演进，最早可以追溯到 19 世纪后期电报与电缆在金融全球化中的应用，1967 年 ATM 的引入被认为是现代金融科技的开端。[①] 1972 年汉诺威信托银行的副总裁亚伯拉罕（Leon Bettinger）首次提出金融科技（Financial Technology，FinTech）的概念，他指出金融科技是银行专业知识、现代管理科学和计算机技术结合的产物。[②] 这一时期的金融科技发展主要由传统金融引导，利用计算机技术推进流程电子化，因而也有"电子金融"（E-Finance）的提法，艾伦（Allen）等学者则给电子金融下定义，称其在金融市场中应用电子通信技术和计算机技术提供金融产品及金融服务。[③] 2008 年金融危机爆发后，金融监管的变革与数字技术的进步共同推动学界对数字金融的研究，2017 年刚贝（Gomber）比较了金融科技、数字金融与较早期电子金融之间的异同，从金融业务功能、相关的技术以及技术的概念三个维度来定义数字金融，运用数字金融立方体概念对数字金融的内涵进行了全方位解读。[④]

从中国视野来看，20 世纪 80 年代数字技术开始应用于我国金融业，在 2008 年之前中国的数字金融尚处于觉醒与初步发展时期，这一时期的里程碑事件是 2004 年阿里巴巴旗下支付宝的上线，这成功开启了中国的移动支付时代。[⑤] 直到 2010 年中国数字金融才迎来真正的发展高潮，伴随互联网革命的开展，金融行业与各类技术行业创新速度增快，2012 年谢平和邹传伟等在我国首次将互联网概念与金融概念糅合，引申出互联网金融的新提法，将其定义为支付方式更便捷、信息处理成本更低、资源配置

[①] 陈胤默、王喆、张明：《数字金融研究国际比较与展望》，《经济社会体制比较》2021 年第 1 期。

[②] Patrick Schueffel, "Taming the Beast：A Scientific Definition of Fintech," *Electronic Journal*, December 2016.

[③] F. Allen, J. Mcandrews and P. Strahan, "E-Finance：An Introduction," *Journal of Financial Services Research*, vol. 22, no. 1-2, 2002, pp. 5-27.

[④] P. Gomber, J. A. Koch and M. Siering, "Digital Finance and Fintech：Current Research and Future Research Directions," *Journal of Business Economics*, vol. 87, no. 5, 2017, pp. 537-580.

[⑤] 姜睿：《我国金融科技演进逻辑、阶段特征与提升路径》，《经济体制改革》2020 年第 6 期。

更高效的综合性金融模式。① 学者黄益平随后将数字金融界定为互联网科技企业和传统金融中介等多元主体，借助科技和数据双轴驱动来提供投融资等金融服务的新型商业形态。②

自 2008 年金融危机爆发以来，中国数字金融组织、产品井喷式发展，给传统金融监管模式带来了挑战，就本质而言，金融监管的核心是防范金融风险以促进金融发展。然而在实践中，由于对数字金融的界定不明晰，可能出现对部分数字金融机构监管不到位甚至监管空白的情况，为了更大限度地将市场上的金融主体囊括到监管范围内，笔者认为对"数字金融"这一概念应进行广义的界定。从学理上讲，广义概念是大视野，是战略思考，狭义概念则是小视野，是战术思考。③ 战略如果脱离了战术会变成空论，因此，应将"数字金融"聚焦在"互联网金融""金融科技"的小视野上，使大视野思维变得更加立体全面。再者，通过对以往学者的研究成果进行分析，可以发现数字金融、互联网金融和金融科技这几个概念大同小异。从直观上理解，互联网金融更多指互联网企业应用互联网技术从事金融业务，而金融科技更多强调其技术特性，指在提供金融服务及产品的过程中使用各种科技手段。相比较而言，数字金融这个概念更加中性，所涵盖的面也更广一些，是传统金融与数字技术和金融科技的融合。

基于上述分析，可依据形式逻辑的要求，从内涵和外延两个方面对数字金融作出简要、明确的界定，即数字金融泛指利用大数据、互联网平台、云计算、区块链和人工智能等科技手段，对金融产品、金融服务和商业模式进行的创新。

（二）数字金融的新型风险类型与市场内生调节失效

金融产品是风险与收益的组合，金融市场是交易风险的场所。④ 作为"金融"下位概念的数字金融不可避免也与"风险"挂钩，而由于数字金融展现出来的新特性，单凭"市场之手"从内部调和、化解数字金融风险的可能性已大大降低。

---

① 谢平、邹传伟、刘海二：《互联网金融模式研究》，《新金融评论》2012 年第 1 期。
② 黄益平：《中国数字金融能否持续领先?》，《清华金融评论》2018 年第 11 期。
③ 刘建军：《试论理论研究中的"广义—狭义"分析法》，《中共杭州市委党校学报》2014 年第 5 期。
④ 刘志洋：《金融科技的主要功能、风险特征与规范监管》，《南方金融》2021 年第 10 期。

首先，数字金融与数据安全的天然矛盾极易滋生市场障碍。其一，数字金融的金融生产力主要来自大数据等技术，这导致数字金融不可避免地与信息失灵连接起来。一方面，网络是大数据最重要的来源之一，就其本身所固有的虚拟性来看，信息的失真难以避免，这导致很多情况下金融数据并不准确；另一方面，当出现数据造假的情况时，风控模型、信用评估等的测算结果就会受到影响，随之而来的，就是信息不对称对数字金融市场的发展造成阻碍。其二，数据泄露带来的风险也会给市场发展带来阻碍，数字金融机构需要收集金融用户的信息，一旦机构保管不当或遭黑客攻击，就会产生数据泄露，这种数据脆弱性使实体经济遭受损失的风险增大，不利于维护数字金融市场的稳定性。其三，数字金融机构利用其数据优势极易形成市场主导地位，后期极可能发展为市场垄断，加之数字金融的规模效应，将带来监管措施失灵。

其次，数字金融的内生特质是引发系统性风险共振的重要节点。数字金融本身具有提高金融市场效率和诱发风险的双重性，[①] 数字金融在提高市场效率的同时，已编织了一张细密庞大的"金融风险网"，可能被诱发的风险已暗藏在网下。市场上的数字金融业务交叉以及相关联的借贷行为，都增大了这张网的密度，使其变得更复杂和巨大，当这张网的某一部分出现"振动"时，由于数字金融行业存在明显的行业集聚效应，局部的市场风险就会通过金融风险网引发风险共振，造成系统性金融风险，这就是由数据和金融融合而成的"太多关联而不能倒"风险。同时，数字金融的发展也会对银行的资产端和负债端产生影响，银行经营本身具有顺周期性的特点，其放贷行为经由顺周期因素扩大，进而又会加剧系统性金融风险。比如，银行为弥补负债端的亏损，会选择高收益、高风险的资产，这在一定程度上加剧了银行的风险承担；此外，为了适应数字金融的发展，银行资产结构改变，如前所述，贷款标准降低、风险敞口增多，这些最终都会导致系统性金融风险的产生。

最后，数字金融基础设施建设不足导致其普惠性功能难以发挥。相较于传统金融，数字金融的发展具有独特的普惠效应，这一功能的发挥依托于"金融基础设施—金融消费者—数字金融机构"框架的运行。根据央行等六部门发布的《统筹监管金融基础设施工作方案》中对"金融

---

① 梁洪、李树、王雨：《数字金融、货币政策与系统性金融风险——基于 TVP-VAR-SV 模型的实证研究》，《统计研究》2023 年第 11 期。

基础设施"① 概念的界定，可以发现金融基础设施展现出强烈的公共物品属性，作为框架基底其理应覆盖更广泛的市场主体、涉及更多样的服务产品。然而在市场经济条件下，基础设施的建设已进入瓶颈期：一方面，许多部门的数据散落在公共部门中，金融机构获取数据成本极高，在逐利性驱使下，其对于建设金融基础设施的意愿不强；另一方面，市场交易数据的共享机制尚未建立，极易形成"数据孤岛"，金融基础设施不能推进普惠金融的发展。诸多原因加持，数字金融在发展过程中会自发产生和扩大数字鸿沟，这将使原本作为数字金融目标客群的用户无法获得应有的金融服务，信息获取能力强的群体更易在数字金融市场获利，而获取能力差的被排斥在外，形成"富者越富、穷者越穷"的局面，加剧社会贫富分化。

显然，数字金融在改变金融服务方式的同时，必然对金融稳定和金融安全产生影响。数字金融内在的隐蔽性、局部风险失控性以及基础设施不足等问题诱发、传导了新型风险，这些新型风险也预示着，市场自身的构成要素存在失灵与失衡，效率与公平的缺失将导致数字金融行为的不确定性增强，故而市场所倚靠的信用体系也可能被撼动。由此引发的数字金融新型风险通过各种途径传导，将会给数字金融市场的稳定带来危险。数字金融监管正是源起于这种市场处于非理性状态的时刻，可是当前我国在面对应如何监管新型风险这一问题时，多是针对个案展开讨论，并没有对现行监管体制本身存在的缺陷进行统一回应，因此中国式数字金融监管的框架该如何建构、具体措施该如何采取，仍是亟待解决的问题。

（三）我国数字金融监管的政策梳理与现实困境

数字金融行业在数字技术创新和监管宽松的背景下快速发展，毕马威《金融科技动向 2021 年下半年》统计显示，2021 年金融科技投资交易较2018 年创下的 532 亿美元纪录再创新高，总投资额达到 2100 亿美元。② 毕马威发布的 2019 年金融科技 100 强榜单中有 10 家中国金融科技企业，

---

① 《人民银行、发展改革委等六部门联合印发〈统筹监管金融基础设施工作方案〉》，载中国政府网，https://www.gov.cn/xinwen/2020-03/06/content_5487618.htm，最后访问日期：2023 年 10 月 17 日。金融基础设施是指为各类金融活动提供基础性公共服务的系统及制度安排，在金融市场运行中居于枢纽地位，是金融市场稳健高效运行的基础性保障。

② KPMG：《金融科技动向 2021 年下半年》，https://kpmg.com/cn/zh/home/insights/2022/03/pulse-of-fintech-h2-21.html，最后访问日期：2023 年 10 月 17 日。

占比达 10%。① CB Insights 发布的 2022 年全球 Fintech 250 强榜单中，总部位于中国的企业共有 4 家。② 可见，我国数字金融发展势头良好，然而自 2015 年开始，我国互联网金融风险事件频发，P2P 平台涉嫌非法融资和自融的爆雷事件不断涌现，为增强科技赋能金融的能力，我国陆续出台一系列重要政策文件（如表 1、表 2 所示）。

表 1　中央数字金融监管相关政策

发布时间	发布部门	政策名称	重点内容
2015/07/14	中国人民银行等十部委	《关于促进互联网金融健康发展的指导意见》	**首次定义了互联网金融的概念**并**正式将互联网金融纳入监管**框架，是**数字金融监管的法治开端**
2015/08/31	国务院	《促进大数据发展行动纲要》	提出要加强顶层设计和统筹协调，大力推动政府信息系统和公共数据互联开放共享，加快政府信息平台整合，**消除信息孤岛**
2016/04/12	国务院办公厅	《互联网金融风险专项整治工作实施方案》	提出要**规范各类互联网金融业态**，优化市场竞争环境，**建立和完善适应互联网金融发展特点的监管长效机制**，促进互联网金融健康可持续发展
2018/03/23	工业和信息化部	《2018 年信息化和软件服务业标准化工作要点》	提出推动组建全国信息化和工业化融合管理标准化技术委员会、**全国区块链和分布式记账技术标准化委员会**
2019/01/10	国家互联网信息办公室	《区块链信息服务管理规定》	规范了我国区块链行业发展所发布的备案依据。此次"管理规定"的出台意味着我国对于**区块链信息服务的"监管时代"正式来临**
2019/08/22	中国人民银行	《金融科技（FinTech）发展规划（2019—2021年）》	作为**金融科技的顶层设计方案与规划**，对增强金融科技应用能力、金融风险防范能力进行指导

① 《毕马威 2019 全球金融科技百强榜：中国 10 家上榜，财富、保险成主流》，载搜狐网，https://www.sohu.com/a/352214707_632083，最后访问日期：2023 年 10 月 17 日。
② 《CB Insights 发布 2022 年全球 Fintech 250 企业榜单，4 家中国企业入选》，载网易网，https://www.163.com/dy/article/HKFPB7T705119734.html，最后访问日期：2023 年 10 月 17 日。

发布时间	发布部门	政策名称	重点内容
2020/02/05	中国人民银行	《金融分布式账本技术安全规范》	规定了**金融分布式账本技术的安全体系**，包括基础硬件、基础软件、密码算法、节点通信、账本数据、共识协议、智能合约、身份管理、隐私保护、监管支撑等方面，提出要提升分布式账本技术的信息安全保障能力
2021/03/11	全国人民代表大会	《中华人民共和国国民经济和社会发展第十四个五年规划和2035年远景目标纲要》	提出要充分发挥海量数据和丰富应用场景优势，**促进数字技术与实体经济深度融合**，赋能传统产业转型升级，催生新产业新业态新模式，壮大经济发展新引擎
2021/04/09	中国银保监会办公厅	《关于2021年进一步推动小微企业金融服务高质量发展的通知》	提出要在依法合规、风险可控基础上，**充分运用大数据、区块链、人工智能等金融科技**，在各重点领域搭建供应链产业链金融平台，提供方便快捷的线上融资服务
2021/04/20	科技部、中国农业银行	《关于加强现代农业科技金融服务创新支撑乡村振兴战略实施的意见》	提出要充分发挥科技系统和农行系统优势，打通"科技—产业—金融"的合作通道，**发挥"科技+金融"双轮驱动效能**
2021/12/12	国务院	《"十四五"数字经济发展规划》	提出要**优化升级数字基础设施**，充分发挥**数据要素**作用，**健全完善数字经济治理体系**，着力强化数字经济**安全体系**
2021/12/29	中国保险行业协会	《保险科技"十四五"发展规划》	到2025年，我国保险科技发展体制机制进一步完善，**保险与科技深度融合、协调发展**，保险科技应用成效显著，保险科技水平大幅跃升
2022/01/10	中国银保监会办公厅	《关于银行业保险业数字化转型的指导意见》	强调银行保险机构要加强顶层设计和统筹规划，科学制定数字化转型战略。要从健全数据治理体系、增强数据管理能力、加强数据质量控制、提高数据应用能力等四个方面**提升数据治理与应用能力**

发布时间	发布部门	政策名称	重点内容
2022/01/13	最高人民法院	《关于充分发挥司法职能作用助力中小微企业发展的指导意见》	提出要依法推动**供应链金融更好服务实体经济**发展，针对供应链金融交易中产生的费用，根据费用类型探索形成必要性和适当性原则，合理限制交易费用，切实降低中小微企业融资成本
2022/01/21	中国人民银行	《金融科技（FinTech）发展规划（2022—2025年)》	该轮规划重在解决金融科技发展不平衡不充分等问题，建立健全金融科技治理体系，**完善数字基础设施**，促进金融与科技更深度融合、更持续发展，更好地满足数字经济时代提出的新要求、新任务
2022/01/23	中国人民银行、市场监管总局、银保监会、证监会	《金融标准化"十四五"发展规划》	提出要标准化引领金融业数字生态建设，稳步推进金融科技标准建设，**系统完善金融数据要素标准**，健全金融信息基础设施标准
2022/01/30	中国银保监会办公厅	《银行业金融机构监管数据标准化规范（2021版)》	EAST 5.0制度，具备防范金融风险、促进银行数据治理和合规发展的**核心监管科技能力**，能提升银保监会监管科技能力，完善监管数据标准化规范
2022/05/19	中国人民银行	《关于推动建立金融服务小微企业敢贷愿贷能贷会贷长效机制的通知》	提出要**强化金融科技手段运用**。加大金融科技投入，加强组织人员保障，有序推进数字化转型。充分发挥金融科技创新监管工具作用，创新风险评估方式，提高贷款审批效率，拓宽小微客户覆盖面
2022/06/01	中国银保监会	《关于印发〈银行业保险业绿色金融指引〉的通知》	建立相关制度，加强绿色金融理念宣传教育，规范经营行为，**积极发展金融科技**，提高信息化、集约化管理和服务水平
2022/10/09	中国人民银行	《金融领域科技伦理指引》	为**数字鸿沟、算法歧视、数据泄露**等问题提供了政策指导。适用于指导金融领域从业机构开展科技伦理治理工作，预防和化解金融科技活动伦理风险

表 2　地方数字金融监管相关政策

发布时间	发布部门	政策名称	重点内容
2020/10/08	江苏省人民政府办公厅	《江苏省人民政府办公厅关于深入推进数字经济发展的意见》	提出要加强数字经济发展顶层设计，建立由省领导担任召集人的**江苏省数字经济发展工作联席会议制度**，统筹协调全省数字经济发展工作
2020/12/25	深圳市人民政府办公厅	《深圳市数字经济产业创新发展实施方案（2021—2023年）》	**提出要大力培育数字经济产业新技术新业态新模式**，强化创新驱动，培育应用市场，优化空间布局，发展数字生产力，着力提升数字经济产业发展能级
2021/01/15	甘孜藏族自治州人民政府办公室	《甘孜州州级工业集中区评定办法（试行）》	提出关于**"数字经济产业"**的指南和规划
2021/02/19	江苏省人民政府	《江苏省国民经济和社会发展第十四个五年规划和二〇三五年远景目标纲要》	提出要加快地方金融改革创新；支持金融基础设施建设；支持苏州开展央行数字货币试点和**金融科技创新监管试点**
2021/07/30	广东省人民代表大会常务委员会	《广东省数字经济促进条例》	提出要**推动发展数字金融**，优化移动支付应用，推进数字金融与产业链、供应链融合；探索数字人民币的应用和国际合作
2021/08/10	江苏省人民政府办公厅	《江苏省"十四五"数字经济发展规划》	提出要围绕数字经济发展重点领域、关键环节，着力提升核心技术研发能力，**系统布局高水平创新载体**，完善创新成果转化机制，建设具有世界影响力的数字技术创新高地
2021/08/31	江苏省人民政府办公厅	《江苏省"十四五"金融发展规划》	提出要**加快完善科技金融体制机制**。探索完善科技金融特色机构资质认定和评价激励机制，鼓励各类科技金融组织服务人才创新创业资金需求
2021/09/01	广东省人民政府	《广东省深入推进资本要素市场化配置改革行动方案》	提出要建立政府**数据**与金融机构的**共享互通机制**
2021/10/24	上海市人民政府办公厅	《上海市全面推进城市数字化转型"十四五"规划》	提出要**以数字化推动金融业效率提升**，增强机构服务能级，提升金融服务的便利性和普惠性

续表

发布时间	发布部门	政策名称	重点内容
2021/10/25	济南市人民政府办公厅	《济南市"十四五"金融业发展规划》	提出要**深化金融科技开发应用，赋能金融机构数字化转型**；加强金融科技合理布局与应用，完善金融科技产业链，加快建设金融科技平台载体，优化金融科技生态圈
2021/11/10	北京市发展和改革委员会	《北京市"十四五"时期现代服务业发展规划》	提出要聚焦**科技金融、数字金融发展**，构建全球领先的科技金融服务体系，高水平建设北京证券交易所；打造全球数字金融创新中心，建设数字金融基础设施
2022/04/25	江苏省委省政府	《关于全面提升江苏数字经济发展水平的指导意见》	指出要**全面推进江苏经济社会数字化转型**，着力打造数字经济新引擎，激发数字时代新动能，培育数字经济新优势
2022/05/18	北京市金融服务工作领导小组	《北京市"十四五"时期金融业发展规划》	提出要大力培育数字金融产业主体，加强数字金融技术研发创新，拓展数字金融场景应用体验，科技助力金融基础设施建设，**构筑完善数字金融监管体系**，优化数字金融产业布局
2022/09/05	深圳市人民代表大会常务委员会	《深圳经济特区数字经济产业促进条例》	提出一要促进相关领域**数字经济产业向集群化发展升级**，二要统筹规划建设数字经济产业**特色园区**，三要鼓励数字经济产业生态主导型企业**搭建生态孵化平台**

结合各项政策可知，我国数字金融监管的发展日渐明晰，并从萌芽期向发展期迈进。相应地，随着金融数字化转型的深层推进，新型金融风险带来的对传统金融监管工具的挑战，引起了国家顶层设计方案的改变，《国务院垄断委员会关于平台经济领域的反垄断指南》《网络安全法》《数据安全法》《个人信息保护法》《中国人民银行金融消费者权益保护实施办法》等一系列重要法规政策相继出台与改进，数字金融监管的列车驶上了快速发展的道路，但与发达国家相比，我国数字金融监管起步仍然较晚，在如何平衡市场安全稳定和数字金融创新的问题上仍面临许多难题。

首先，监管机构不健全，监管主体职能定位模糊。在"监管初始端—监管进行端—监管反馈端"整个环节中，我国并没有合理且明晰的机构设置，尤其是近年来数字金融业态发展迅速，其所呈现的复杂性、多样性，对于监管机构的设置来说也是一大难题。现实中我国数字金融监管主体出现多样且不统一的情况，例如在《北京市"十四五"时期金融业发展规划》中，虽然提到了"科技助力金融基础设施建设""构筑完善数字金融监管体系"等措施，但有关监管主体却没有得到明确。一方面，这使监管主体变得多元化，监管职能定位变得越发模糊；另一方面，这会使监管机构之间无法有效协调，存在监管合力不足的问题。故而若是无法建立健全数字金融监管机构并明确机构职能，不仅会影响监管效率，还可能滋生金融风险。

其次，数字金融数据未得到充分收集，数据处理技术也无法与新的监管需求相匹配。其一，当前我国数据驱动型的监管科技体系未能完全建立，对风险的监管存在明显的数据局限。我国的数字金融风险监管执行主要通过审查各大型金融机构、金融科技公司的财务会计报告，检查金融基础设施的 PFMI 信息披露报告，来判断其风险控制是否满足要求。[①] 但金融数据具有形态集中化、应用虚拟化、交互频繁化的特点，加之其可以跨区域、跨机构和跨业务流通，[②] 一方面，存在于数字金融市场的信息复杂多变，从而使得对信息的充分收集成为难题；另一方面，数字金融风险信息的准确性、完整性存疑，这意味着风险监管可能存在疏漏。其二，数字金融系统性风险生成、传导、爆发、扩散的复杂性决定了其风险监管的巨大资源需求，不断趋向严格的监管催生出海量的合规数据，而我国当前的风险监管方法、数据处理技术无法与新的监管需求相匹配，特别是需要综合分析整个市场的各类数据、整体评估数字金融的系统性风险时，这种资源压力将更为明显。

最后，机构监管和分业监管难以因应呈超级混业经营形态的数字金融监管格局。现代数字金融体系创新发展最明显的特征就是融金融与科技公司、金融业态与非金融业态为一体的超级混业经营，银行、证券和保险等各类业务相互嵌套、关联程度加深，同一金融产品或服务有多种类型机构的参与，行业间分业经营的界限不断模糊。一方面，行业主管部门会根据机构的法律性质或者业务类别实施监管，有时为了满足部门利益，在受到

---

① 袁康、唐峰：《金融科技背景下金融基础设施的系统性风险及其监管因应》，《财经法学》2021 年第 6 期。

② 石光乾：《金融科技驱动数智化金融监管转型：逻辑理路与规则体系》，《金融与经济》2023 年第 9 期。

"谁家的孩子谁抱走"观念影响时，可能会出现"铁路警察，各管一段"的情况，这不仅会导致体制内金融压抑，也会导致体制外风险失控，使得数字金融创新在当下的监管模式中游走于监管体制的空白地带。另一方面，在混业经营模式下，数字金融跨业务、跨市场的特性越发明显，不同机构具有相似产品，却分属不同部门监管，这可能导致监管套利的情形。例如，影子银行业务横跨银行业金融机构和非银行业机构以及不同金融市场，就存在被用于监管套利的可能。

二　数字金融监管困境的国家调节与结构重塑

（一）理论评述："国家调节说"的内在理路与建构意义

"国家调节说"由漆多俊先生提出，是我国经济法学界的主流学说，"国家调节说"在其产生、发展和成熟中表现出自己的一致性、系统性、普遍性、实证性、开放性和原创性，这些特点足以说明"国家调节说"为什么能够持续发展到现在。[①]

其基本框架与思路如下。第一，市场存有"三缺陷"：一是市场障碍，即总存在一些阻碍市场机制发挥作用的因素，使得市场机制不能进入某些经济领域施展其作用；二是市场机制具有唯利性，因而有些经济领域民间投资不愿进入，市场机制也不能发挥调节作用；三是市场调节具有被动性和滞后性，这种调节往往在造成资源严重浪费和经济社会动荡衰退之后才缓慢恢复正常。[②] 第二，针对三缺陷，国家采取"三方式"：一是国家以强制力反对垄断和限制竞争，以排除市场障碍；二是国家以拥有和可支配的资产直接参与投资经营，借此调节社会经济的结构及其运行；三是国家掌握全社会经济数据和信息，提供必要的基础设施和条件，引导或约束社会投资和其他经济活动，对市场进行宏观调控。[③] 第三，由于三种调节方式都需要制定法律，因此关于国家调节的法律相对应地呈现"三构成"：一是市场规制法，二是国家投资经营法，三是国家宏观调控法。[④] 就"三三理论"而言，笔者认为，其最核心的洞见可归纳为以下两个方面。

---

① 陈雄根：《论经济法学中"国家调节说"的理论特点》，《湖南第一师范学报》2008年第1期。
② 漆多俊：《经济法基础理论》（第五版），法律出版社，2017，第14~17页。
③ 漆多俊：《经济法基础理论》（第五版），法律出版社，2017，第24~25页。
④ 漆多俊：《经济法基础理论》（第五版），法律出版社，2017，第31页。

其一，紧密结合了法律的应然性与实然性以强调国家干预与经济自由的辩证统一。相较于由"大经济法"理论修正而来的其他理论，国家调节说为国家调节权力划定了合理边界，对经济法的调整范围作出了严格限定，具有更加严密的逻辑自洽性。漆多俊先生在古典的思想中加入了现代的理解，重申了市场的优先性及国家的有限性，强调了国家调节必须被控制在合理范围内。他将法律的应然性与实然性紧密结合，强调了法应包含普遍正义与客观规律，同时也看到了法律的实际效用，真正把握住了经济法的根本内涵，为部门经济法治的发展提供了指引。

其二，基于对市场与政府"双重失灵"的规制提出了经济法的积极消极两种角色转换。对国家调节说理论的理解并不局限在单向的"市场三缺陷→市场失灵→国家调节→政府失灵→经济法三构成"路线上，实则还有一条双向路线，即经济法对市场与政府双重失灵的规制，这是国家调节说的严谨之处。漆多俊先生强调，在这种"双重失灵"的情况下，法律所承担的角色是不一样的：当面对"市场失灵"时，经济法应是积极的，国家机构应具有经济调节的积极权力；当面对"政府失灵"时，经济法则转变为消极的角色，要约束和规范国家调节的权力，避免其滥用权力。

基于对"国家调节说"内在理路的分析可以明晰，这一理论不仅廓清了有关经济法的混乱思维，还构造出了具有意义的建构框架。通过对经济法产生的社会根源进行系统挖掘，再到对经济法本质的准确把握，该理论形成了行云流水的推理逻辑，一以贯之，框架结构浑然一体，在理论和实践上都具有相当的建构意义，将发挥巨大的实际效用。

以数字金融市场为例，在理论层面，国家调节说对其具有宏观的指导意义。国家调节说是基于对西方国家经济产生和发展一般规律的研究以及对中国和原苏东国家经济法情况的分析而产生的,[①] 是对普遍现象进行的解答，是基于社会物质关系而产生的理论，故而国家调节说能够建立在人类经济社会发展之上，对普遍发生的事件进行有效分析。此外，国家调节说具有开放性特点。一方面，该理论划清了经济法与其他部门法的界限，为我国经济法研究开辟了一条新的道路；另一方面，该理论又紧扣时代发展脉络，把握了时代的前进方向。数字金融市场作为经济市场的一个分支，理所应当得到国家调节说的助力，正是因为该理论将目光投向了社会的经济发展情况，立足于东西方经济发展的历史，构造出了自身的理论结

---

① 漆多俊：《经济法基础理论》（第五版），法律出版社，2017，第 17 页。

构，它才富有生命力，对我国构建数字金融法律保障体系具有重大指导意义。

在实践层面，有关"国家与市场关系"的论述对我国数字金融风险监管的发展具有指导作用，数字金融监管的核心问题就是如何处理好"双重失灵"的关系：一方面，数字金融市场自身已无法发挥更大监管作用；另一方面，国家层面的监管手段又无法应对新型风险。按照国家调节说的观点，在面对市场失灵时应辅以国家手段进行调节，同时对干预者进行干预也不可或缺，在数字金融监管过程中，国家发挥作用是必不可少的，但也应当遵循市场自我调节的规则，引入"公私合作"等概念，对数字金融市场的新型风险进行防治。另外，在法治保障方面，根据国家调节说的指导，可以明确数字金融监管立法的方向为以下几点：一是平等保护市场主体，二是维护市场公平竞争，三是有效规制市场监管，四是完善经济调控。

（二）理论阐释："国家调节说"视野下数字金融新型风险的底层逻辑

数字金融风险具体如何界定，学界说法不一。有学者认为数字金融风险是数字金融在金融基础设施建设、信息分析处理、身份判断识别和具体操作方法等方面隐藏的技术风险。[1] 有学者认为数字金融对金融市场的结构和模式以及企业的决策都产生了影响，要防控风险需要从公共政策、投资者和消费者保护、金融安全、平等竞争四个方面进行改革。[2] 有学者认为数字金融市场中的金融服务及产品所涉及的风险更具隐蔽性，潜在的信用风险、市场风险、操作风险等存在高度传染性，应加强监管技术的建设以识别、防范风险。[3]

首先，数字金融风险事实上可归因于金融市场自身的缺陷。数字金融本身导致了竞争性垄断，与传统金融相比，数字金融企业的扩张外延更广阔，更易形成巨型、集团化的大型平台。根据企业边界理论和梅特卡夫法

[1] Ciborra C., "Imbrication of Representations: Risk and Digital Technologies," *Journal of Management Studies*, vol. 6, 2006, pp. 1339–1356.

[2] Classers S., Thomas G. and Daniela K, "Electronic Finance: Reshaping the Financial Landscape Around the World," *Journal of Financial Services Research*, no. 1–2, 2002, pp. 29–61.

[3] 黄益平、陶坤玉：《中国的数字金融革命：发展、影响与监管启示》，《国际经济评论》2019年第6期。

则，最终同一市场只会存在一家企业、一类产品，这种情形是当代经济学界对于自然垄断的理解。① 但数字金融市场所表现的垄断又明显区别于自然垄断，是一种开放程度越高竞争越激烈的垄断，即数字金融企业技术革新越快，其垄断性就会越强，总的来讲，数字金融市场竞争的本质是技术的竞争，基于同一市场技术不相容原理，数字金融市场的这种竞争秩序必将导致市场走向垄断，有碍市场的健康发展。

其次，数字金融本质仍是金融，在其身上仍能见到金融唯利性的特性。金融"洼地效应"是指某一区域和其他区域相比拥有吸引力上的位势差，从而能吸引全国各地甚至国外的资金、技术、人才等流向此地，以促进当地经济和社会的繁荣和发展。② "洼地效应"是经济环境理论中的一个提法，对数字金融市场而言，其政策制度的"软环境"和基础设施的"硬环境"，同样可以用该效应进行解释。比如在基础设施不够完备的数字金融市场中，由于地区间、行业间发展程度不一，具有唯利性的资本天然具有了流动性，在市场机制作用下，资本要素会自发流向利润高的行业。这一运行过程，势必伴随效率和公平的矛盾，数字金融市场机制的不完善便体现在此处。

最后，数字金融市场对风险的反应具有时滞性。在宏观经济分析中，不难发现宏观经济数据是经济形势变动的"滞后"变量，比如当经济形势由繁荣转向衰退之初，宏观数据往往呈现一片大好之势；当经济形势触底反弹之初，宏观数据又表现得极其悲观。一方面，这是由于经济数据覆盖不全面，有时无法充分反映经济全貌；另一方面，在实际经济预测中，由于只能依靠过去的趋势外推将来的形势，预测结果往往会出现较大误差。数字金融市场作为经济市场中的一个细化部分，也具有同样的滞后反应。

（三）困境化解：基于"国家调节说"的数字金融监管结构重塑

就理论层面而言，国家调节说针对市场存在的三缺陷，提出了国家调节经济的三种基本方式，即国家以强制方式反垄断和反不正当竞争，国家对市场予以指导和宏观调控，国家直接参与投资经营。③ 就实践层面而言，国家调节说的"三方同步演变理论"对于我国数字金融领域的监管有着明显的指导作用。基于国家调节说，我国数字金融监管结构可以进行如下

---

① 戚聿东：《自然垄断管制的理论与实践》，《当代财经》2001年第12期。
② 夏飞、胡洪曙：《试论"洼地效应"》，《技术经济》2001年第11期。
③ 陈云良主编《国家调节说的理论与实践》，法律出版社，2008，第46页。

重塑。

首先，应以微观审慎监管和行为监管为边界排除数字金融市场的障碍。数字金融自身具有高技术性、数据要素的特点，若是市场主体间获取数据、处理数据能力差距过大，极易产生市场信息不对称的情况，对互联网平台而言，所面临的就是数据被集中掌握在部分平台，大型平台利用数据优势垄断数字金融市场；对互联网平台用户而言，则可能因为数据算法的推荐，遭受来自平台的"杀熟"，还可能遭受数据泄露的风险。依据国家调节说"市场规制"的方案，将数字金融市场的时代性及技术性与之结合，可以发现统筹微观审慎监管与行为监管成为更可行的方案。微观审慎监管旨在防范单个金融机构危机的爆发，通过资本、杠杆率等指标对数字金融市场主体进行监管，它监管的对象主要是金融机构；而行为监管是监管机构为了保护消费者的安全权、知悉权、选择权、公平交易权等各项合法权益，对金融机构保护消费者的总体情况进行监管。因此可以将微观审慎监管和行为监管相结合，排除数字金融市场的发展障碍，守住市场发展的高质高效净土。

其次，在应对数字金融系统性风险时应激发宏观审慎监管的活力。数字金融基于数字技术在金融行业的全面应用，不仅突破了传统金融模式下的时间空间的限制，而且数字技术具有传播快、传染性强的特点，对于风险事项具有更强的传播与放大效应。国家调节说在针对这类市场缺陷时，从社会经济的宏观和总体角度出发，运用计划、各项经济政策及调节手段，引导、约束社会经济活动，以实现国家预期的经济和社会发展目标。[1]在数字金融领域，宏观审慎监管是针对这类风险的强有力措施，也是对微观审慎监管的有效补充。宏观审慎监管关注时间维度和空间维度两个层次：在时间维度上，宏观审慎监管会警惕风险随时间推移演变的顺周期问题；在空间维度上，宏观审慎监管会顾及数字金融市场中不同机构间互相作用所产生的风险传染问题。在风险防控上，宏观审慎监管一方面能够对数字金融系统性风险进行事前预防，限制金融风险的累积；另一方面又能对已发生的风险进行事后补救，缓和市场所受到的负面冲击。因此，我国应完善宏观审慎监管的框架，通过加强跨市场、跨行业的全面监管防范系统性风险，维护数字金融体系的稳定。

最后，在矫正数字金融市场唯利性缺陷时要发挥公私合作的优势鼓励

---

[1]　漆多俊：《经济法基础理论》（第五版），法律出版社，2017，第299页。

市场主体。在数字时代，金融市场主体将目光投向眼前可实现的利益，对于无利可图甚至亏本的项目，行业投资意愿低，这导致我国数字金融基础设施建设进入瓶颈期，针对市场机制唯利性的情况，国家调节说提供的方案是以国家拥有和可支配的资产参与直接投资经营。基于对数字金融风险新特性的考虑，加上国家调节说自身具有的解释弹性，可以发现数字金融监管技术要求高、投资回报率不确定等特点使公私合作模式的存在具有价值。在数字金融监管方面，国家虽有宏观调控能力，但在微观效果判断、前沿科技感知上不及数字金融机构敏感，公私合作模式能在一定程度上弥补不足，具有重要价值，能给数字金融带来更多机遇。

三 结构之展开：我国数字金融监管的具体构造

在国家调节说的指导下，不难发现数字金融风险产生的根源在于市场自身的缺陷，而笔者发现闭环式监管系统可以对数字金融市场内生性以及扩散的系统性金融风险进行有规划、有落实、有检查、有反馈、有改进的闭合环式管控。所谓"闭环"就是凡事"有始有终有反馈"，闭环思维就是为达成工作目标，在工作过程中对计划和执行之间的差距不断反馈、转化、提高的控制思维方式。结合闭环思维，针对我国数字金融监管，笔者提出由基础金融数据系统、实时动态监测系统、风险处置反馈系统组成的闭环式监管系统（如图1所示）。

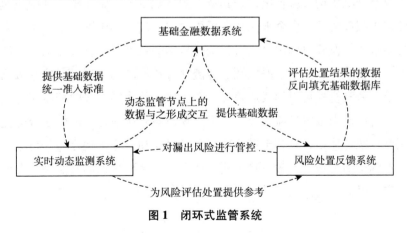

图1 闭环式监管系统

（一）基础金融数据系统：微观数据驱动型监管科技的体系构建

"监管科技"这一概念最早起源于英国金融行为监管局（Financial

Conduct Authority，FCA），是指通过大数据、合规报告生成等新型科技提升和优化监管规则实施的效率和结果。① 作为科技与金融监管深度融合的新事物，监管科技近年来引发了学界广泛讨论和关注，而我国目前对于数据驱动型监管科技的建构仍有不足，在数字金融风险数据的收集管理、识别监测能力方面尚有欠缺。况且对于数字金融数据的收集，不应局限于对机构的微观数据进行分析，还应对金融行为进行实证分析，对金融行为进行重点考察早已不是个例，日本《金融商品交易法》和韩国《资本市场统合法》都强调了对业务行为进行规范的重要意义，是基于保护金融消费者的理念提出的。因此，推动微观数据驱动型监管科技的体系构建不仅必要而且相当迫切，应基于对微观数据的收集和共享机制，由监管机构利用监管科技对所收集的金融微观数据进行综合性的分析，具体可从以下三方面进行构造。

第一，应提出微观审慎监管要求，确保数字金融机构全面覆盖监管科技体系。有效的数字金融监管是通过对微观数据的整合实现的，有的学者将微观数据划分为交易业务类数据、机构管理类数据、金融纠纷类数据、违法违规类数据。② 要实现对数字金融机构微观数据的集中收集，就应落实严格的持牌准入和业务监管要求：一方面，可以从市场起始端对机构数据进行监控，保证数据的完整性；另一方面，可以通过统一的业务监管要求，对数字金融市场的监管数据维度进行标准化界定，避免出现数据类型划分不一、收集分析存在重叠等低效行为，有利于数据整合工作的开展。对于数字金融机构，应提出符合其特点的微观审慎监管要求，其中应包括最低资本限度要求、资金来源去向报告要求、信贷集中度要求、关联交易管理要求等。监管机构通过接入各金融机构的数据系统，可以动态了解该机构的经营状况、授信情况以及资金流动等数据动态，通过对这些数据进行分析，监管机构可以形成风险传导图、风险热力图、风险警示图等。总之，通过提出微观审慎监管要求，可以规范建立协同统一的数字金融监管微观数据统计体系，有利于搭建数字金融机构和监管机构之间的桥梁，这不仅有利于防范数字金融风险，还能增强数字金融数据的真实性、全面性和数字金融监管的高效性。

① Financial Conduct Authority（FCA），"Call for Input：Supporting the Development and Adoption of RegTech，"https：//www.fca.org.uk/news/news-stories/call-input-supporting-development-and-adoption-regtech，最后访问日期：2023 年 10 月 17 日。

② 岳彩申、陈秋竹：《金融科技推动下的法律监管理论与实践——"互联网金融法治论坛"述评》，《经济法论坛》2019 年第 2 期。

第二，应建立行为监管体系，确保数字金融消费者一端数据的补充作用有效发挥。行为监管的零售端主要是保护消费者、投资者，批发端主要是打击操纵市场、内幕交易等行为。[①] 显然，目前我国对数字金融机构的行为监管的重视程度远不及审慎监管，这是金融市场乱象频发的根本原因之一。因此，应强化监管机构的行为监管能力，建立分级的行为监管模式，其中应重点强化对高风险数字金融机构、高市场占有率数字金融机构的监管。在消费者层面，有两方面的数据工作需要做好：一方面，要重视消费者的投诉数据，在数字金融监管中可以通过建设投诉数据库的方式，给予金融消费者适当的倾斜保护；另一方面，要重点保护金融消费者的个人信息数据，可以通过出台个人金融数据保护的专门法律制度，加强对数字金融消费者合法权益的保护。监管机构应加强数据共享和工作联动的能力，进一步完善个人金融信息保护领域的监管分工和统筹机制，以保护金融消费者合法权益和监督数字金融机构履行主体责任为切入点，以个人金融数据采集、处理机构为主要对象，运用人工智能、大数据、区块链等监管科技手段，动态开展个人金融信息保护的监管评估工作。

第三，应发展微观数据驱动型监管科技，在整合微观数据的基础上提高监管效率。监管科技的本质是人力监管经验的工程化，[②] 因此，通过上述两个步骤对数字金融市场的数据进行集中收集，已为监管科技奠定了坚实的数据基础，之后再辅以大数据技术、容器技术、API[③] 等技术，各类监管数据将得到更有效的整合及共享，这一过程实现了数据共享和流程互通，不仅丰富了数字金融监管的数据维度，还通过数据的流动形成了完整的监管链条。基于此，在面对海量的数字金融数据信息时，运用合适的监管科技产品就可以在短时间内实时完成初步的审查核验工作，并进一步捕捉到数据之间的关联性及规律，有效判断数字金融市场的交易情况，大大提高了风险监管的效率。

（二）实时动态监测系统：统筹监管下对风险动态管控体系的构建

数字金融系统性风险呈现出风险构成复杂、风险相关度高、风险集

---

① 孙天琦：《对数字金融/金融科技与金融稳定关系的几点思考》，《清华金融评论》2020年第12期。

② 李东荣：《监管科技在数字金融领域的应用》，《中国金融》2021年第4期。

③ 监管API（Rge API）是监管机构向金融机构提供各项"监管服务"的程序接口，方便金融机构对其内部流程和数据进行编程，并通过统一协议交换数据和生成报告。

中、风险辐射范围大的特征，金融监管的核心在于控制风险，从数字金融的风险特征出发，可以发现单凭微观数据驱动型监管科技体系并不足以应对数字金融市场中的新风险。上述微观审慎监管、行为监管侧重于对微观金融机构的管控，并且这种监管是以静态监管规则为基础的，在面对日新月异的数字金融行为时难免缺乏灵活性。因而应基于对微观数据的识别，在把握各节点微观风险因素的基础上，统筹监管各环节，实现系统化监管下对风险的动态管控。在构建这一体系的过程中，应把握以下两点。

第一，应提出防范数字金融系统性风险的宏观审慎监管要求。对于数字金融系统性风险的监管，不能仅依靠其微观控制报告等微观数据，单个机构的数据局限性要求监管者以超机构监管的方式对市场整体风险进行宏观审慎监管，这就需要监管面向事前、事中，做到全过程统筹监管。首先，应强化部门间的协作。《金融基础设施监督管理办法（征求意见稿）》第6条中就提出要"做好与国家宏观经济管理部门的沟通协调"。因此在发挥金融稳定委员会协调作用的同时，在数字金融监管机构、通信管理部门、数据保护机构间应形成紧密合作，基于与上述准入及数据基础系统的联动，加强系统之间的信息共享、政策协调和合作框架的建立。其次，强化宏观审慎监管不仅需要微观主体的配合，更需要基础设施的支持。故而应建设强大的数字金融基础设施，高速、安全、可靠的网络通信基础设施是数据信息传输的关键，数据中心和云计算平台是支撑实时动态监测系统运行的重点，因此，要加快数字金融基础设施的建设，为宏观审慎监管夯实基础。最后，在宏观审慎监管中也要注重对监管科技工具的采用，监管机构应积极跟进和监测数字金融的发展，利用监管科技提升自身监测和风险评估能力，及时调整监管政策和措施。

第二，应建立对数字金融风险进行实时性动态控制的机制。动态的实时监测可以在风险形成的早期介入监管，是数字金融时代防范化解金融风险的关键。[①] 数字金融风险本身的高传染性和强叠加性，本身就容易使微观局部风险多米诺骨牌式传播至整个金融行业，故而必须及时发现风险隐患，在监管中实现对风险的动态管控。这一监管过程的核心在于对数字金融机构进行实时、动态的监管，因此完善实时动态监测系统的子系统建设势在必行。首先，应根据监管需求划分出多个子系统。可以以不同监管对象、不同业务部门、不同营业区域为标准进行数据分类，形成互联相通的

---

① 陈星宇：《构建智能环路监管机制——基于数字金融监管的新挑战》，《法学杂志》2020年第2期。

多项子系统，每一个子系统都是整个风险监测系统的重要节点，将这些节点相互关联起来，节点上的数据进行交互，就可以及时发现超级混业经营形态下的违规行为，提前识别出风险隐患，可以压缩监管的套利空间，提升监管的效率。并且这种子系统的划分方法对于掌握局部性风险、地域性风险也有重要意义，在把握了这些风险数据后，系统性金融风险的预警数据库将得到填充，有利于监管机构对系统性金融风险进行监测。其次，在监测系统中还应开放不同的动态监管数据分支。根据内容和功能的不同，系统中的动态监管数据可以分别向监管机构、数字金融机构和金融消费者开放，从不同维度分析，这一行为将助力于系统性金融风险的管控。其一，从监管机构维度来看，监管机构可以通过系统中的数据提前识别到风险点，依据系统的提示和数据报告，甄别市场的不稳定因素，从而作出合理有效的监管决策。其二，从数字金融机构维度来看，当机构获取到系统中的业务或产品实时监测数据报告后，就可以将此作为参照，重新审视自己的业务或产品，对其进行调整和修正，这也将促进数字金融机构的自治监管。其三，从金融消费者维度来看，这是提升这类主体识别风险能力的绝佳契机，在获取了系统提供的数据后，他们能更准确、迅速地了解行业信息和风险动态，这使得消费者、投资者能够作出更理性的投资决策，从注重投资型主体转变为关注风险型主体。

（三）风险处置反馈系统：建构"金融机构—金融消费者—监管机构"的全面监管框架

风险处置反馈系统是对数字金融监管进行的兜底设计，当基础金融数据系统、实时动态监测系统都已发挥作用后，若仍存在漏出的风险则应通过最后的"防火墙"来进行管控。2016年G20杭州峰会通过的《G20数字普惠金融高级原则》指出："数字金融发展中，要建立公共部门和私人部门的良好的沟通机制和渠道。"因此，在建构这一系统时，应将数字金融机构、数字金融消费者和数字金融监管机构纳入监管框架中，通过多元主体的公私合作，实现全面监管框架的建构。一方面，这使得数字金融监管机构的角色变得更加灵活，其不仅可以作为监督者推动合作监管的展开，同时还可以以辅助者、受委托者的角色参与到公共治理中，对数字金融风险进行管控。另一方面，通过"上下联动"、不同主体之间协商合作共同达成的决策，更符合市场大多数参与者的心理预期，可以为风险处置的执行排除部分障碍。在实践中，对风险处置反馈系统的建构可以从以下几点出发。

第一，应构建"沙箱监管"。沙箱监管是一种试验性监管，具有实验性和"自下而上"合作治理的特性，[①] 其旨在为数字金融机构提供免除行政责任的环境，激励金融机构对金融科技应用进行创新性实践。在此过程中，监管机构可以采取"可预见、可参与和可集成的"管理方式，被监管者可以参与规则制定，整个监管过程呈现出动态全面的效果。[②] 一方面，这种实践可以建立公共部门和私人部门之间的协同合作；另一方面，它可以将创新实践的风险控制在一定范围内，寻求数字金融创新和数字金融市场稳定的平衡。在构建"沙箱监管"的过程中，应借鉴 FCA 提出的产业沙盒[③]理念进行改良，可以着重对正处于规范状态但政策预期不确定的助贷机构进行适度的创新规制，有效引导"良币驱逐劣币"。还可以通过设立惩罚与救济机制，同步构建数字金融创新风险的"防火墙"和"缓冲带"，确保风险处于可控的状态。

第二，应配置技术监管人员落实对风险的判断。在数字金融风险管控中，除了对数字金融机构的运行情况进行合规审查外，还需要对"表外因素"进行审查，所谓表外因素，是指那些可能影响金融稳健运行的包括风险策略、激励机制、经营文化在内的因素。[④] 数据库静态收集市场现存经营状态信息，对这些动态且具有"机构个性"的内容进行分析不仅需要监管机构工作人员具有相关的金融、法律背景，还需要其具有一定技术专业性。故而在风险处置反馈系统中，有必要配置相关技术监管人员，但在设置这一职务时，应放宽对其责任的追究；因为根据过往经验，若数字金融机构要求技术监管人员对风险确实存在的问题提出客观理由，将很大程度上降低其监管质量，因为技术监管人员可能会过度关注自己的合规义务履行情况，而忽略可能存在的风险隐患。

第三，应构建风险评估处置制度。该步骤是风险处置反馈系统的收尾工作，在数字金融市场，应对数字金融应用本身所涉及的技术方案进行定期的安全性、可靠性评估。评估主体上，囿于技术资源以及为避免监管俘

① 岳彩申、陈秋竹：《金融科技推动下的法律监管理论与实践——"互联网金融法治论坛"述评》，《经济法论坛》2019 年第 2 期。

② 杨东：《论金融领域的颠覆式创新与监管重构》，《人民论坛·学术前沿》2016 年第 11 期。

③ 产业沙盒，又称虚拟沙盒，指在没有真实消费者参与的前提下，参与测试的公司通过在一个模拟的市场环境中，对比行业数据，对自己的创新产品和服务进行测试。

④ 袁康、唐峰：《金融科技背景下金融基础设施的系统性风险及其监管因应》，《财经法学》2021 年第 6 期。

获，不宜由监管机构负责，而应尽量通过行业协会聘请技术专家团队，保证评估的独立性与客观性。① 在对风险进行处置时，要综合分析被处置机构的风险底数和资产负债情况，处置方案要坚持市场化、法治化原则，要公平保护各类市场主体的合法权益。在法治层面，应实现数字金融风险处置程序与司法程序的有效衔接：一方面，要明确风险处置措施的法律效力，若国务院金融管理部门已依照处置程序完成了资产核实、资产评估等任务，人民法院应认定其处置效力；另一方面，要加强风险处置的司法保障，最高人民法院根据国务院金融管理部门的申请，可以指定有关人民法院对以被处置金融机构为当事人的民事诉讼案件进行集中管辖。② 在此基础上，数字金融监管机构可以根据评估处置结果对数字金融机构进行重点监管，且结果数据又可以反馈到基础数据系统中，形成高效的闭环监管机制。

结　语

数字金融监管并非"数字金融"与"监管"的简单组合，而是在科技与金融融合、金融监管与监管科技协同过程中形成的监督与管控行为。因此，应结合新型风险的监管困境，通过技术、金融与法律的有效联动，构建适合我国国情的数字金融监管体系，引入更加高效、动态的全过程监管系统。通过实现微观数据驱动型监管科技体系的构建、在统筹监管过程中对风险进行动态管控、建构"金融机构—金融消费者—监管机构"的全面监管框架，可以高效统筹监管，提高数字金融市场全面及前瞻的监管能力。唯其如是，才能搭建起闭环式监管系统，探索数字金融风险治理与防范的新路径，为我国数字金融风险监管理论体系的构建提供新思路。

---

① 袁康、唐峰：《金融科技背景下金融基础设施的系统性风险及其监管因应》，《财经法学》2021 年第 6 期。

② 谢丹、黄珊珊：《强化金融风险处置工作机制》，《中国金融》2023 年第 3 期。

"化解行政争议主渠道"定位下地方行政复议规范化建设研究

尹晓青　高旭珺[*]

摘　要：发挥化解行政争议主渠道作用，不仅是新修订的《行政复议法》旨在实现的法定化功能，更是未来行政复议制度发展的价值方向。地方行政复议规范化建设应在"化解行政争议主渠道"定位下从行政复议的政治引领、基础保障、办理决定、监督执行等四个方面构建行政复议规范化，以期将改革成果、法律规范效果落至行政复议主渠道作用的发挥，切实推动行政复议规范化建设向纵深发展。

关键词：主渠道；行政复议；本土化构建；行政监督管理

2023年9月1日，《行政复议法》经审议正式通过。关于立法宗旨，此次全面修订进一步丰富完善了立法目的，"主渠道作用"已被明确为行政复议在化解行政争议过程中应承担的两大任务之一。这不仅意味着行政复议"主渠道作用"的功能定位正式法定化，也意味着新时代党和国家对于行政复议的功能和角色有着新的期盼，未来一定阶段内的行政复议制度改革将紧紧围绕这一定位展开。问题是：什么是"化解行政争议主渠道"中的"主渠道"作用？行政复议如何发挥"主渠道"作用？事实上，在《行政复议法》正式修订之前，行政复议体制改革已落地实施，从2020年开始，全国各省、自治区、直辖市以管辖权调整为突破点，分批次、逐步实现省市县三级相对集中的行政复议管辖体制，缓解行政复议资源过于碎片化、不够集中的困局，尽力实现"精简、集中行政复议的人力、物力、财力，优化了行政复议资源配置，解决了'案少人多''案多人少'的矛盾"[①]。如果说行政复议体制改革是从"体制"层面推动行政复议主渠道作用的发挥，属于宏观层面的制度变革，那么在"体制"改革已然定型的

---

　　[*]　尹晓青，常州市司法局党组成员、副局长，三级调研员；高旭珺，常州市司法局行政复议应诉二处四级主任科员。

　　[①]　马怀德：《行政复议体制改革与〈行政复议法〉修改》，《中国司法》2022年第2期。

当下，推动微观层面的制度改革，实现行政复议的规范化俨然成为一项新的使命，也是地方行政复议机关提升行政复议效能、推动行政纠纷实质化解决的重要出路。然而，尽管现阶段行政复议外部的体制机制建设日趋完善，但是理论层面的研究主要还是集中在外部的行政复议体制机制范围，[1]旨在通过理论研究推动行政复议体制机制改革。而对于实现行政复议功能的行政复议内部规范化标准化理论，研究成果较少涉及。十多年前国务院法制办已开展行政复议规范化建设工作，[2] 多地区已因地制宜地制定本地区行政复议规范化建设标准，[3] 行政复议规范化标准化理论研究已明显地落后于实践。因此，行政复议规范化研究具有理论和实践双重价值。基于此，本文将从"化解行政争议主渠道"切入，对其内在价值和理论体系进行初步探讨，并对常州市行政复议的现状以及其对规范化的需求进行分析，进一步探讨行政复议规范化建设现状，对行政复议规范化建设路径作一展望。

一 地方行政复议规范化建设的价值与内容

（一）"主渠道"作用的规范解释

要回答如何推进地方行政复议规范化建设，首先要回答什么是行政复议的主渠道作用。为此，我们就有必要简要梳理主渠道作用提出的历史脉

145

---

[1] 在北大法宝以"行政复议"为标题关键词搜索共得到 401 篇，绝大多数论著内容围绕行政复议体制机制展开。例如：张旭勇《论行政复议的"三位一体"功能及其实现的制度优势——兼论〈行政复议法（征求意见稿）〉之完善》，《苏州大学学报》（哲学社会科学版）2022 年第 3 期；曹鎏《行政复议制度革新的价值立场与核心问题》，《当代法学》2022 年第 2 期；马怀德《论我国行政复议管辖体制的完善——〈行政复议法（征求意见稿）〉第 30—34 条评介》，《法学》2021 年第 5 期；王万华《行政复议法的修改与完善研究——以实质性解决行政争议为视角》，中国政法大学出版社，2020；徐运凯《论新时代行政复议的功能定位及其评价体系》，《行政法学研究》2019 年第 6 期；方宜圣、陈枭窈《行政复议体制改革"义乌模式"思考》，《行政法学研究》2016 年第 5 期；等等。

[2] 例如，2011 年 11 月 19 日，国务院法制办印发《关于进一步加强行政复议工作规范化建设的实施意见》（国法复函〔2011〕628 号），提出了 25 项规范事项。

[3] 例如，北京市人民政府法制办于 2012 年印发《关于进一步加强本市行政复议工作规范化建设的意见》（京政办发〔2012〕52 号）；江苏省人民政府法制办于 2013 年印发《关于全面开展行政复议工作规范化建设的通知》（苏府法〔2013〕7 号），制定了江苏省行政复议工作规范化建设标准；广东省人民政府法制办于 2012 年印发《广东省加强行政复议工作规范化建设实施细则》；等等。

络，由此大致厘清党和国家对于行政复议的功能定位变迁的内在机理。

1990 年 11 月，国务院审议通过的《行政复议条例》第 1 条就规定行政复议有三项基本功能。① 1999 年制定的《行政复议法》第 1 条延续了三项基本功能的表述，只是对这些功能的表述顺序和部分语词进行了优化，进一步明确了行政复议的基础功能。② 2007 年国务院审议通过的《行政复议法实施条例》第 1 条对行政复议的功能又一次进行了调整和集中归纳，③ 第一次在法治功能外，强调了行政复议的政治功能。2017 年修订《行政复议法》时未对行政复议的功能作调整补充，仍然延续了 1999 年《行政复议法》的规定。2023 年修订《行政复议法》时，为行政复议赋予了第四项和第五项基本功能。④ 从功能配置看，《行政复议法》一直延续规定的三项功能是行政复议的直接功能，是在行政机关和行政相对人的关系意义上言的，而"主渠道作用"和"法治政府建设"则属于间接功能，表述的是行政复议在整个行政争议解决机制中的作用。具体而言，"主渠道作用"表述的关系模式有两个。

一是行政复议和多元化纠纷解决机制、非诉讼纠纷解决机制的关系。2014 年，构建包括行政复议在内的多元化纠纷解决机制正式写入党中央决定。⑤ 随后，在 2018 年 8 月和 2019 年 1 月，习近平总书记先后提出了"推动构建行政调解、行政裁决、行政复议、行政诉讼有机衔接的纠纷解决机制"⑥、"坚持把非诉讼纠纷解决机制挺在前面"⑦ 等新的要求。之所以要构建多元化纠纷解决机制，将非诉讼纠纷解决机制挺在前面，是因为我国行政争议的解决陷入一种"大信访、中诉讼、小复议"的争议化解困境。⑧ 这说明两方面问题。一方面，在诸多行政争议解决模式中，最受行政相对人信赖的是信访。随着信访工作全面纳入法治化渠道，信访逐渐建立了相对中立的处理机制和严格的处理程序，但是在价值取向上，信访仍

---

① 《行政复议条例》，国务院制定，1990 年 12 月 24 日公布，1991 年 1 月 1 日施行。
② 1999 年《行政复议法》，全国人大常委会制定，1999 年 4 月 29 日公布，1999 年 10 月 1 日施行。
③ 《行政复议法实施条例》，国务院制定，2007 年 5 月 29 日公布，2007 年 8 月 1 日施行。
④ 2023 年《行政复议法》，全国人大常委会制定，2023 年 9 月 1 日公布，2024 年 1 月 1 日施行。
⑤ 《中共中央关于全面推进依法治国若干重大问题的决定》，中国共产党中央委员会制定，2014 年 10 月 23 日公布施行。
⑥ 习近平：《论坚持全面依法治国》，中央文献出版社，2020，第 234 页。
⑦ 转引自张纵华《从实际出发推进多元化纠纷解决机制建设》，《人民法院报》2019 年 7 月 21 日，第 2 版。
⑧ 周佑勇：《行政复议的主渠道作用及其制度选择》，《法学》2021 年第 6 期。

然注重实体性权利的救济，"会对行政复议和行政诉讼的救济有一定的冲击"①。另一方面，由于一段时间内行政复议无法实质性地化解行政争议，② 行政复议不受青睐。这样的一种纠纷选择模式，无疑与"非诉讼纠纷解决机制挺在前面"的要求相冲突。所谓"挺在前面"，不仅要求党和国家建立和完善多元化的纠纷解决模式，而且要求行政复议制度能参酌人民调解的功能定位，在非诉讼纠纷解决模式中发挥主体性作用，实现行政争议解决中的"挺在前面"。

二是行政复议和行政诉讼的关系。③ 全国人大常委会早在 2013 年 12 月就对行政复议和行政诉讼二者的性质、关系等作出明确要求。④ 随后 2021 年中共中央的《法治中国建设规划（2020—2025 年）》又对行政复议工作作出进一步要求。以上均透露出一个强烈的信号，在行政复议和行政诉讼两个相互竞争的渠道之间，党和国家最终选择了行政复议，而不是行政诉讼，更不是信访等其他机制。学界的主流观点与这样的信号无疑相契合，因为相比行政诉讼，行政复议的主要优势在于效率，即高效解决行政争议，高效是行政复议区别于行政诉讼的重要特点，从时限上看一般都短于行政诉讼。另外，行政复议具有不收取申请人费用等便民措施，作为行政系统内部的自我监督制度，对行政行为适当性审查更为严格，⑤ 因此具有化解行政争议的"前哨站"和"隔离带"功能。鉴于行政复议具有专业性强、公正高效、便民为民、节约成本等制度优势，相反行政诉讼具有成本高、周期长的制度劣势，难以应对量大、复杂的行政争议案件。⑥ 故而，正是基于行政复议和行政诉讼之间的优劣势对比，行政复议被定位为化解行政争议的主渠道，未来势必扮演维护行政相对人合法权益的重要角色。

---

① 朱应平：《行政信访若干问题研究》，上海人民出版社，2007，第 117 页。

② 母光栋：《修改〈行政复议法〉在法治轨道上推进行政复议体制与时俱进》，《中国司法》2022 年第 2 期。

③ 于呐洋：《全国人大常委会委员审议关于检查行政复议法实施情况的报告时建议行政复议法修改应抓紧启动》，《法制日报》2013 年 12 月 27 日。

④ 《法治中国建设规划（2020—2025 年）》，中国共产党中央委员会制定，2021 年 1 月 10 日公布施行。

⑤ 曹鎏：《作为化解行政争议主渠道的行政复议：功能反思及路径优化》，《中国法学》2020 年第 2 期。

⑥ 周佑勇：《行政复议的主渠道作用及其制度选择》，《法学》2021 年第 6 期。

（二）行政复议规范化建设的价值导向

"化解行政争议主渠道"不仅是一种全新的功能定位，更是未来行政复议制度改革的价值方向。很显然，改革之前的行政复议体制机制难以适应主渠道作用的现实要求。为此，在启动修法的同时，《行政复议体制改革方案》落地实施，对行政复议体制改革进行实质性部署，要求整合地方行政复议职责、健全配套工作机制、加强对行政复议工作的保障和监督等。国家层面首次为行政复议外部的体制机制建设规划好方向和蓝图。目前全国有 30 个省、自治区、直辖市制定了地方的行政复议体制改革方案，国家行政复议体制改革的整体布局与地方改革创新共同推进了行政复议外部的体制机制建设。推行行政复议体制改革，使得行政复议权从"分散"走向"相对集中"，只是完成了行政复议规范化建设的第一步；第二步则是在"化解行政争议主渠道"定位下，修订《行政复议法》，实现行政复议主体制度架构的完善；而第三步也是最为基础的一步，就是深化行政复议工作规范化建设，包括巩固完善行政复议各项工作制度，创新行政复议工作机制，夯实受理、审理、决定等行政复议相关工作环节的基础，进而实现其特定的价值追求。

一是提升行政复议的办案质量和效率。行政复议体制改革前，江苏省有 995 名行政复议工作人员，其中市级司法局行政复议应诉工作人员 89 名，县级司法局行政复议应诉工作人员 209 名，省级部门专职从事行政复议工作人员 29 名，兼职 71 名。行政复议体制改革给地方行政复议机构带来的最直接影响是行政复议申请数量的大幅增长，市、县两级增幅明显大于省级。随之而来的是，行政复议工作人员不可避免不足，而从机构设置和人员配置上，省级机构设置和人员配置优于市、县两级，呈现出案件增量与机构人员设置"倒挂"，基于此，提高行政复议效率、加快案件流转势在必行。同时，通过行政复议规范化建设，更快了解与掌握行政复议工作中的要义，把握行政相对人的核心诉求，熟悉行政机关作出行政行为的流程和关键环节，找准行政纠纷争议突破点，实现效率、质量"两手抓，两手硬"。

二是提升行政复议在化解行政争议中的公信力。在现有法律规范以及行政复议体制改革的前提下，行政复议工作主要由行政复议机构即各级司法行政部门以及相关职能处室承担，在性质上缺乏一种中立性、超然性的法律地位。同时，较长一段时期内，行政复议办案人员区别于审理行政诉讼案件的法官，在入职前并不受法律职业资格的限制，且在行政复议体制改革前实践中多为行政部门中身兼多职的行政工作人员所担任，行政复议办案人员的专业知识亦受到质疑，难以令人信服，导致行政复议权威不高、公信力不足、解决纠纷能力较弱等问题。构建行政复议规范化，使行政相对人认识到行政复议办案人员具备专业的知识，行政复议机构具备处理解决纠纷的能力，从而认可行政复议结果，为行政纠纷化解在行政复议环节夯实基础。

（三）行政复议规范化的本土化构建

行政复议规范化的本土化构建，应以行政复议工作为核心，根据行政复议制度的定位，结合本地实际，围绕工作活动涉及的人、财、物等基本要素，构建规范高效的工作机制，建立公开、便民、畅通的工作流程，打造一支行政复议专门队伍，提升行政复议的公信力和权威性，切实发挥区别于行政诉讼的制度优势。为彰显行政复议的制度效能，我们认为应从以下四方面进行本土化构建。

一是突出政治引领。行政复议工作政治引领的构建，旨在为行政复议工作的顺利开展提供强有力的行政复议机关以及行政复议机构。在行政复议机关层面，主要负责人贯彻落实中央和省有关党政主要负责人履行推进法治建设第一责任人职责规定，将行政复议工作规范化建设列入重要议事日程，重要决策亲自研究，重大问题亲自过问，重点任务亲自督办，为行政复议工作规范化建设做好顶层设计。在行政复议机构层面，具体执行行政复议工作规范化建设，主要负责人研究解决行政复议工作中的实际问题，为行政复议工作规范化建设提供充分组织供给。

二是强化基础保障。行政复议配备保障的规范化，主要包括行政复议机构相应工作部门、行政复议人员、行政复议办案场所和经费保障、能力建设、信息化建设、文书及档案管理、行政复议宣传工作等多个方面内容。配齐人员数量与案件数量成适当比例、专业素质与工作要求相适应的行政复议人员，设置必要的办公场所与设施，配备办案专用设备，提供足额的行政复议经费，同时具备以上规范化要素才能够保障行政复议机构有效运转，确保行政复议工作有效开展。

三是优化办理流程。办理包括申请、受理、审理等环节。人民群众基于对行政复议机关公信力的认同，愿意选择行政复议作为法定救济渠道，以期依法维护合法权益，是申请程序的核心要义。规范申请渠道，方便申请人及时找到具有管辖权的行政复议机关及行政复议机构，是申请环节的主要目标；行政复议依当事人申请启动，在接收登记申请材料后，行政复议程序进入受理审查环节，受理作为整个程序的起点，只有决定受理才能开启后续审理、决定、执行等环节，因此是否依法受理立案将直接影响申请人合法权益的保障，故应以受理条件为中心，对照符合条件与否作出是否受理的决定。对于不予受理应履行充分说理之义务，而对于补正应一次性列举出所有的补正事项，如果暂且无法确定是否符合受理条件，则可以先行受理，待后续审理中进一步甄别。行政复议制度实施以来，行政复议普遍采取以书面审理为主、其他方式为辅的审理方式，而《行政复议法（修正草案）》将审理方式分为简易程序和普通程序，新旧法两相对比，行政复议的审理原则已然发生变化，通过吸收借鉴行政诉讼制度，对于简单案件应简易审理，发挥高效优势，快速处理完毕，而对于复杂案件原则上精细审理，通过充分听取各方意见，让行政相对人相信行政复议的公正性，让更多行政争议进入复议程序。行政复议决定是行政复议机关对行政行为进行审查后的法律结论，而行政复议决定的类型与行政复议申请人的请求类型直接相关，根据现行《行政复议法》及其实施条例，围绕被复议的行政行为的合法性、适当性开展审查活动并作出判断，合法适当就维持，违法不当就撤销，同时针对申请人的行政复议请求事项进行回应，最终作出对应匹配类型的行政复议决定。

四是强调监督执行。监督执行程序是实现行政复议活动闭环的枢纽。行政复议决定作出后，关键在于如何有效执行与监督，而不应成为一纸空文。行政复议监督执行规范化，既包括行政争议纠纷在决定作出后得到有效解决，也包括对发现的行政机关相关问题及机制运转漏洞加以整改，同时还涉及当事人合法权益得到保护，避免纠纷进入行政诉讼程序导致程序空转、司法资源浪费等，这些均是相关行政复议机关及行政复议机构需要落实监督指导的内容。

二　行政复议规范化建设的地方实践：
来自江苏常州的经验

如何推进地方行政复议规范化建设？可以说，近年来部分地区开展了积极的探索工作。各地以机构改革为契机，全面开展行政复议规范化建设，科学设置规范化目标任务、基本原则、方式方法，逐步实现了可期的规范化目标。那么，江苏省常州市在推进行政复议规范化建设方面又有何探索实践呢？

（一）常州市行政复议案件状况分析

基于常州市本地行政复议实际状况，通过分析 2020—2022 年常州市行政复议相关数据（具体见表 1—4），对原因趋势特点进行总结，将之作为行政复议规范化建设的依据。

表 1　2020—2022 年常州市行政复议案件申请受理数量及行政复议事项分布情况

单位：件

年份	申请数量	受理数量	行政处罚	行政强制	行政征收	行政许可	行政确权	行政确认	政府信息公开	举报投诉处理	行政不作为	其他
2020	561	503	183	30	10	5	5	80	62	83	36	9
2021	852	770	203	36	6	6	0	91	62	303	50	13
2022	1179	905	252	31	10	11	0	83	89	383	33	13

资料来源：根据常州市司法局提供的数据整理而成。下同。

表 2　2020—2022 年常州市行政复议案件审结情况

单位：件

年份	驳回	维持	确认违法	撤销	责令履行	终止（调解、和解）	其他	合计
2020	77	257	14	21	5	109	5	488
2021	193	256	20	26	3	171	0	669
2022	343	260	17	19	8	298	0	945

表 3　2022 年行政复议案件涉及的主要领域

单位：件，%

行政管理领域	受理数量	比例
市场监管	398	43.98
公安	214	23.65
自然资源	98	10.83
人力资源和社会保障	94	10.39
房屋征补	36	3.98
其他	65	7.18
合计	905	100.00

表4 2022年制发行政复议意见书、建议书涉及的主要领域

单位：件

行政管理领域	意见书数量	建议书数量	总数
公安	12	9	21
市场监管	3	12	15
自然资源	4	3	7
房屋征补	6	2	8
人力资源和社会保障	4	5	9
其他	7	3	10
合计	36	34	70

从行政复议申请数和行政复议申请事项看（见表1），2020年起行政复议数量逐年跃升，2022年为行政复议体制改革第二年，申请数已增至1179件，是2020年的2.1倍；举报投诉处理、行政处罚、政府信息公开、行政确认四类事项是申请行政复议的主要事项。其中，举报投诉处理类383件，占受理总量42.32%；行政处罚类252件，占27.85%；政府信息公开类89件，占9.83%；行政确认类83件，占9.17%。这四类申请事项共807件，占89.17%。

从行政复议审结情况来看（见表2），2020—2022年常州市行政复议综合纠错比例较为平稳，这三年作出直接纠错决定（包括确认违法、撤销、责令履行）的比例分别达8.20%、7.32%和4.66%，未因行政复议体制改革而大幅攀升。同时，行政复议保持较高的实质性化解（终止，包括调解、和解）比例，1/3左右（2020年占22.34%，2021年占25.56%，2022年占31.35%）的行政争议在行政复议程序中化解。

（二）常州市行政复议案件的特点

（1）行政复议案件总量逐年递增。从表1可以看出全市收到行政复议申请的数量呈现逐年大幅上涨的趋势。其实自2016年以来，常州市行政复议案件就持续高位运行，近五年案件申请数年均突破700件，长期位居全省前6位，行政复议案件总量与行政诉讼案件总量大体相当。特别是行政复议体制改革以来，案件量相较往年有较大幅度提升，常州市司法局整理2022年数据，全年两级行政复议机关共处理行政复议申请1179件，案件量较2021年增加300余件，如钟楼区共收到行政复议申请261件，较2021年增长210.71%；全市行政复议案件数首超行政诉讼案件数，全市审结行政复议申请事项较同期增长 41.26%。① 可以预见随着行政复议体制改革的深入推进，经修订的《行政复议法》落地实施，行政复议申请数、受理数将进一步增加。行政复议逐渐成为人民群众表达合理诉求的首选途径，这给行政复议规范化建设带来更大的压力与挑战，如何发挥行政复议化解行政争议"主渠道"作用，改变"大信访、中诉讼、小复议"的局面，成为一个亟待解决的问题。

（2）行政复议案件类型相对集中。从表 3 可以看出，市场监管、公安、自然资源、人力资源和社会保障等四个领域的案件占全市受理总量的88.84%。另外，从表 1 可见，举报投诉处理、行政处罚、政府信息公开、行政确认四类行政复议事项占比最高，2020 年占受理总量 81.11%，2021年占 85.58%，2022 年占 89.17%。由此可见，随着城市建设的发展、部门行政职能的集中强化，与人民群众生产、生活密切相关的领域仍是行政争议高发地带，如何依托行政复议规范化建设有效应对以上行政争议，是我们值得深入思考的问题。

（3）行政复议化解行政争议主渠道作用越发显著。表 2 中，2022 年审结的行政复议案件中，通过调解、和解等终止方式化解行政争议的案件，约占办结案件总数的 1/3，反映了全市两级行政复议机关在案件协调、行政机关自我纠正以及推动行政争议实质性化解等方面整体运行状况良好，进一步强化了行政复议矛盾化解的功能，在深入推进依法行政中取得了显著成效。

（4）行政复议监督、纠错功能进一步彰显。表 2 中，2020—2022 年全市作出驳回和维持决定之比例均已低于 70%；作出直接纠错决定的比例保持在较好水平。其中 2022 年直接纠错率 4.7%，低于全省平均水平，且近年长期位于合理平缓的低位区间，凸显全市行政机关文明合法、精细规范的良好形象。表 4 中，审结案件制发意见书、建议书涉及的行政管理类别，主要集中在公安、人力资源和社会保障、自然资源、房屋征补、市场监管。从上述数据可以看出，全市行政执法问题较多出现在公安、人力资源和社会保障、自然资源、房屋征补、市场监管等领域。

---

① 《常州市 2022 年度法治政府建设情况报告》，载常州市人民政府网，https://www. chang-zhou. gov. cn/gi_news/588167634530457，最后访问日期：2024 年 10 月 9 日。

（三）常州市行政复议规范化建设的举措及其效果

早在 2011 年，常州市行政复议工作规范化建设就已初步启动实施，[1]在 2013 年江苏省全面开展的行政复议工作规范化建设，[2]制定了包括《常州市行政复议听证程序规定》在内的 10 余项规定、工作规范，通过不断探索和努力，取得了积极成效。鉴于行政复议体制改革带来新要求、新变化，各项工作制度、机制需要进一步巩固和创新，机构改革重组造成的专业人员流失、基层办案力量匮乏和基础保障缺乏等问题亟待解决，为此，常州市对标江苏省出台的实施意见[3]，制定《常州市深化行政复议工作规范化建设三年行动方案》，提出了行政复议申请和受理、审理等 9 个类别47 项安排的行政复议工作规范化建设清单，对行政复议的受理、审理、决定、执行、指导监督和工作保障进行全流程全要素规范，建立了可量化可操作的建设体系并制定了考评细则。从 2021 年开始，通过 3 年左右的持续推进，全面提升行政复议工作水平，实现申请渠道更畅通、工作流程更科学、办案设施更完善、办案力量更专业、权威性和公信力明显提升等工作目标。具体而言，常州市在推进行政复议规范化方面主要采取了以下五个方面的核心措施。

第一，突出政治引领。全市两级复议机构始终坚持各级党委政府领导推动行政复议规范化建设，将行政复议工作纳入法治政府建设大局，在推动法治政府建设、推进市县域治理体系和治理能力现代化、维护社会和谐稳定等方面充分发挥作用，实行行政复议工作定期向所在党委报告制度，出台《常州市重大行政复议决定备案制度》，自觉接受党委监督。市、县各级政府每年听取一次行政复议工作报告，并专题研究行政复议工作。

第二，畅通申请渠道。市、县、乡三级司法行政部门畅通行政复议申请渠道，在各辖市（区）公共法律服务中心、乡镇街道司法所搭建行政复议便民服务网络，普遍建立"行政复议联系点"，提供复议咨询服务，将行政复议服务咨询功能拓展至基层末端。全面设置行政复议立案登记接待场所，公示行政复议受理范围、行政复议申请书格式文本。同时，率先推

---

① 《常州市政府关于加强全市行政复议工作的意见》（常政发〔2011〕89 号）。

② 江苏省人民政府法制办印发《关于全面开展行政复议工作规范化建设的通知》（苏府法〔2013〕7 号）。

③ 《江苏省全面推进依法行政工作领导小组办公室 江苏省司法厅关于深化行政复议工作规范化建设的意见》（苏依法办〔2020〕13 号）。

行行政复议容缺受理工作机制，出台《关于全面推行行政复议申请容缺受理的通知》，对申请人申请行政复议时提供材料有欠缺的，可以先予受理的情形及条件进行规范，以制度的形式对容缺受理的做法进行了规定。

第三，践行复议为民宗旨。全市两级复议机构把行政争议实质性化解放在工作首位，打造"复议安民"品牌，提升行政复议公信力。2021年以来，将复议安民列为全市司法行政服务为民十件实事之一，梳理涉及群众重大切身利益、长期未得到解决的行政争议。制定《常州市行政机关负责人参加行政复议案件审理制度》，落实行政机关负责人全流程参与化解机制，提倡行政复议机关主要负责人主持化解争议，推动行政争议实质性化解，将调解、和解贯穿"阳光复议"审理全过程，落实复议全过程"应调尽调"，如溧阳市成立了"老沈调解室"，司法局原局长退居二线后利用专业优势和个人特长参与复议案件的调解工作，已成功化解行政争议15件。2022年，全市行政复议调解后自愿撤回比例达31.5%，为历年最高。

第四，提升办案透明度。市级层面制定了《常州市行政复议听证程序规定》和《常州市人民政府法制办公室关于行政复议证据若干问题的规定（试行）》，出台了市政府行政复议委员会工作规则、市政府行政复议委员会案件审议会议议事规则，各辖市（区）均对行政复议委员会组成人员进行调整，对行政复议案件办理进行全流程、全要素规范。全市两级行政复议机构坚持开门办案，加大行政复议听证、实地调查力度，落实重大案件提请行政复议委员会审议制度，行政复议案件审理方式由"书面审理"向"听证审理""调查审理""委员案审"转变，为行政相对人和行政机关搭建平等沟通平台，切实保障行政相对人参与行政复议，确保行政复议决定公正、严谨。2022年，常州市及各辖市（区）行政复议机构开展听证审理72件，现场调查138次，1/3以上的案件通过非书面方式进行审理，提升了办案质效；充分运用专家中立地位和委员专业优势，2022年全市有27件案件经行政复议委员会审议，有15件案件经专家论证，充分发挥"智库外脑"积极作用，提高了行政复议权威和公信力。

第五，健全监督执行。全市两级行政复议机构普遍建立了行政复议风险提示工作机制，推动风险防范从事后救济向事前、事中预防转变，增强行政机关协调化解矛盾的自觉性和主动性，力争案结事了、定分止争。制定《常州市行政复议意见书和行政复议建议书制度规定》，在全市层面完善行政复议报告与意见建议抄告，强化对重大复杂案件的专项监督。全市两级行政复议机构通过府院联动、定期召开专家论证会等方式，相互通报行政诉讼和行政复议、应诉工作情况，做好信息传递和对接，研讨案件办理过程中存在的共性问题，连续 6 年联合印发《行政复议和行政诉讼典型案例汇编》，切实解决行政执法部门在执法过程中存在的问题难题，共同实质性地化解行政争议。

三　主渠道视角下的地方行政复议规范化建设的具体路径

行政复议化解行政争议主渠道应当通过两个途径来实现：一是行政复议途径具有占绝大多数的覆盖性，二是绝大多数的行政争议通过行政复议得到实质性解决。基于此，在主渠道视角下加强行政复议工作规范化建设，落实以人民为中心的发展理念，满足人民群众新期待，促进行政复议工作全面规范发展，提高行政复议办案质量和效率，提升政府依法行政水平和公信力，推动法治政府建设和全面依法治国，切实解决不依法受理行政复议申请，行政复议审理流程不公开不透明，行政复议实质性化解率不高，行政复议宣传、培训等基础工作相对薄弱，行政复议机构、人员等保障条件不足等问题，具有重要的实践价值和现实意义。为此，建议从以下三个方面构建行政复议工作规范化建设路径。

（一）行政复议基础建设规范化的构建

将行政复议送到群众身边，使行政复议成为群众身边更为便捷的救济渠道。因此，同步提升软硬件实力，是推进行政复议工作规范化建设的关键。

一是打造标准化的行政复议办案场所，实现办案与办公分离。设置立案登记接待室、调解室、听证室、审理室、阅卷室、档案资料室等功能区，各功能区之间根据设置原则可以相互整合优化，配备必要的硬件设施，如听证设施，听证室设置一定的旁听席位，配备必要的办案专用设备，以满足行政复议工作的基本需求。

二是加强信息化科技化支撑。各地根据实际情况配备证据展示台、远程视频系统、语音录入系统等先进办案设备，将"互联网+"应用融入行政复议中，目前司法部已统一建立了全国行政复议工作平台，在此基础上，建议司法部开放相应权限，各地可结合工作需求，在工作平台中嵌入个性化功能模块，如上传省市级相关典型案例、类案办案指引，实现各地区审理标准统一，做到同案同判；又如，对于听证、延长、中止和恢复等程序性告知事项，实现相关法律文书电子送达，当事人通过网络了解案件审理进展；再如，探索建立网上听证、调查、专家讨论等更为高效的办案模式，让数据多跑路，避免让群众"来回跑"。如常州市运用"云上复议"，打造"互联网+复议"智慧审理新模式，实现了线上举证质证不见面审理，线上审议决策专家讨论，线上调解、和解以化解行政争议，线上签字送达高效便捷等功能。

三是提升行政复议人员法治素养和业务水平。行政复议体制改革以来，多地行政复议案件数已超过人民法院一审行政诉讼案件，行政复议办案人员既当审理员，又当书记员，还当卷宗整理员，此类情况预计长期存在，需要建立初任行政复议人员培训机制，各地建立行政复议人员全员培训体系，加强工作人员能力建设；建立人才队伍后备梯队体系，将公职律师纳入队伍储备体系，补充队伍力量，为经修订的《行政复议法》实施做好储备。试点探索行政复议官制度，[①] 建立行政复议官任职资格、职务序列、晋升渠道、奖惩以及相应的权利义务规范等相关制度，增强行政复议人员的职业尊荣感，推进行政复议人员职业化改革，为行政复议人员专业化、职业化队伍建设提供可持续的发展空间。

（二）行政复议工作制度规范化的构建

加强顶层设计，夯实制度之基，发挥复议制度优势，实现行政争议全覆盖，推进行政复议工作规范化建设。

首先，要突出行政复议化解行政争议主渠道的作用。推动行政复议工作流程制度化、精细化，各地已对行政复议化解行政争议主渠道作用进行了有效探索，此次《行政复议法》修订时亦规定了行政复议调解的原则，建议只要与原则不相抵触，在实践中符合受理条件的行政行为均可纳入调解范围，之后再对行政复议调解相关规定进行细化，配以实施条例固定成效，为行政复议化解行政争议提质增效。

其次，要完善行政复议办理工作机制。经修订的《行政复议法》扩大了行政复议范围和复议前置范围，为加大对当事人合法权益的保护力度，仍应进一步扩大行政复议范围，积极探索行政复议申请容缺受理机制，将

---

① 梅献中：《试论我国行政复议官制度的创建》，《西南政法大学学报》2023 年第 1 期。

种类繁多的行政行为及时纳入审查范围。此外，完善行政复议在审查强度、审理依据、证据规则、行政规范性文件的附带审查等主要环节的办案指引，让行政复议活动有法可依、有章可循，确保行政复议工作始终在法治的轨道上运转，提升法治化水平。

最后，要完善行政复议与行政诉讼的衔接机制。行政复议制度的优势体现在上对下监督的单向裁判性，以及解决行政争议的快速、灵活性，如果行政复议在受案范围、程序等方面完全照搬司法程序的基本规则，则行政复议将成为行政诉讼的简单复制，行政复议解决行政争议的高效、便捷、监督优势将不再体现，行政复议的生命力也将成为"无本之木"，无法实现复议与诉讼在化解行政争议中的优势互补。如行政复议前置案件，后续仍可以提起行政诉讼，结果仅是单纯多了一道复议环节，并不能充分体现行政复议制度优势，可以对复议前置案件作复议终局处理，使其发挥兼顾效率和公平的功能，激发出行政复议体制机制的内生动力。

（三）行政复议监督考核规范化的构建

发挥"指挥棒"导向作用，不断推进行政复议化解行政争议主渠道功能的实现，渐进式建立完备的监督考核体系，保障行政复议工作规范化建设走深走实。

一是构建监督管理机制，紧盯行政复议关键环节。行政复议机构每年定期向本级党委政府、上一级行政复议机关报告年度行政复议工作情况，凡是有重大影响的案件都应当及时向本级政府主要领导报告，并及时报上一级行政复议机关备案；定期编发本地区行政复议与行政诉讼典型案例，为行政部门提供类案指导；针对土地资源、征收拆迁、违建整治等民生领域的案件，梳理行政复议矛盾纠纷，提示有关部门加强教育，落实风险防范；建立本地区各级人民政府与上级行政部门沟通协调机制，作出直接纠错决定，制发意见书、建议书，以及不履行行政复议决定或者不落实行政复议意见书、建议书的，抄告相关行政部门，便于相关行政部门有针对性地加强对下级部门工作的指导监督，督促对抄告文书中指出的问题进行研究、整改，依法追究相关责任。

二是深化公开，提升行政复议公信力。推动当事人深度参与行政复议活动，除不能听取当事人意见情形之外，行政复议机构应当听取当事人意见，作出直接纠错决定前也应当听取行政部门意见；案件审理方式由书面审理转变为听证审理、调查审理，探索听证全过程网络直播公开；通过政府网站、官方媒体等途径公布行政复议典型案例、公开行政复议决定，提高群众知晓度与认可度，打通行政复议活动公开"最后一公里"。

三是建立科学的考核评价体系。从近年来各地区工作实效来看，考核指标内容并不能完全反映出行政复议工作成效，以及行政复议在化解行政争议、提升行政复议公信力等方面的积极作用，考核指标与实际办案成效存在一定冲突。应综合考量各行政复议机构实际工作成效，从体制机制建设、办案质效、队伍建设等多方面进行综合评定，使行政复议各个环节有据可依，发挥出考核"指挥棒"的导向作用，让行政复议机构真正地把各项工作任务落到实处、干出成效，充分发挥行政复议公正高效、便民为民的制度优势和化解行政争议的主渠道作用。

结　语

《行政复议法》现已顺利通过审议，于 2024 年 1 月 1 日起正式施行，新法的实施将带来对各地行政复议化解行政争议主渠道作用效能的检验。与此同时，司法部在总结评估地方规范化建设成果的基础上，起草了《关于深化行政复议工作规范化建设的意见》，经征求意见，目前正对文件做进一步修改完善，该意见将为提升新时代行政复议工作水平、实现全国行政复议工作新发展注入新动能，推动行政复议规范化建设走深走实。

纠纷一次性有效解决的逻辑与进路

谢新竹　赵凌峰*

摘　要： 纠纷一次性有效解决作为一种司法理念，是"公正与效率"统一到司法实践中的具体体现，有着深刻的内在逻辑和鲜明的实践指向。实践中，囿于纠纷一次性有效解决的结构性、制度性等类型化困境，一个纠纷被程序性分裂为大量"案中案"，"一案结多案生"问题较为普遍。体系化治理为解决这一问题提供了新视角，即从整体观的视角跳出个案看纠纷，树立"一个纠纷一个案件"理念，在诉前、诉中、诉后等阶段，立案、审判、执行等环节全面性考量纠纷、全方位化解纠纷；以整体性方法处理每一起诉讼，从源头治理、原生案件治理、衍生案件治理等三个层面为实质性化解纠纷提供一套分层递进式的治理逻辑，并以主体、行为、制度、资源、评价为治理要素，为纠纷一次性有效解决提供体系支撑。在个案解构层面，区分简单案件、法律适用复杂案件、事实认定困难案件、群体性纠纷案件，并为此类案件在一个环节或一个程序内一次性实质化解提供类型化设计和方法论指导。

关键词： 纠纷一次性有效解决；一个纠纷一个案件；整体性方法；个案解构；治理逻辑

引　言

法官每天都在进行决定案件的工作。然而，最令我们困惑的是法官到底如何对待案件？如何看待纠纷？需要什么样的解纷模式？我们是否在依法办案的同时，有意或无意程序性"制造"了更多的案件，离实质性化解纠纷的初衷越来越远了？纠纷一次性有效解决意指在一个环节或一个程序内一次性实质化解纠纷，避免进入不必要的后续环节或程序，努力达到案

---

* 谢新竹，南京海事法院政治部副主任；赵凌峰，江苏省高级人民法院研究室三级主任科员。

结事了的实际效果。近年来，全国法院案件数量总体处于高位运行态势，[①]但司法统计呈现的巨量案件数并不能反映真实的矛盾纠纷数，加之纠纷实质性化解功能不足，实践中一个纠纷被程序性分裂为大量"案中案"，"一案结多案生"问题较为普遍。从近 10 年案件数据看，全国法院二审、再审、再审审查、执行案件等诉内"衍生案件"数量居高不下，占当年收案数的 35% 以上。2020 年，上述四类案件收案数占比更是高达 41.45%。[②]这不禁引发我们继续追问与思考：何为案件？何为纠纷？诉讼目的到底为何？解决这一系列问题，有必要从体系化治理角度重塑司法解纷模式，依法公正裁判案件，真正实现一个纠纷一个案件，并在一个环节或程序内实质性化解纠纷。

一 样态与问题：纠纷一次性有效解决的类型化困境

程序合乎规范，同时能实质解决问题，实现案结事了，实现诉讼目的，才能真正体现诉讼价值。[③]纠纷化解过程中，因上一环节工作不到位、不规范，一个纠纷在司法程序中反复进退，徒增案件数量等问题较为普遍，亟待解决。[④]

（一）结构困局：纠纷"一次性"解决功能缺失

"一次性"作为一种定量限制，追求的是有效率的公正。"一次性"绝不是当事人来一趟法院就能有效化解纠纷，更不是超越法律把所有相关问题、各种法律关系揽到一个程序内解决，而是在整体观语境下，在每一个环节都把服判息诉的功课做实做足，避免进入不必要的后续诉讼。

1. 诉前功能失灵，纠纷成为案件

诉前调解作为降低成诉率的有效途径，潜在风险在于制度"空转"、功能发挥失灵等问题，导致大量纠纷得不到一次性化解从而进入诉讼。以

---

① 全国法院 2018 年受理案件 2803.48 万件，2019 年 3160.55 万件，2020 年 3084.43 万件，2021 年 3354.96 万件，2022 年 3372.2 万件。

② 李光旭：《困局与破局：诉内"衍生案件"治理之路径构建》，《法律适用》2022 年第 9 期。

③ 张军：《抓实抓好公正与效率为大局服务为人民司法》，《人民法院报》2023 年 3 月 17 日，第 1 版。

④ 黄海龙、潘玮璘：《"尽可能一次性解决纠纷"理念的基本内涵与实践要求》，《中国应用法学》2022 年第 5 期。

Z 省法院诉前调解为例，2018 年至 2020 年，诉前引导调解案件 59% 左右仍进入诉讼程序，其中 35% 进入一审程序，24% 进入特别程序。[①] 实践中，诉前调解以专职调解员为主，诉中调解以法官为主。诉前参与调解的专职或兼职调解员很少或未参与诉中调解，致使诉前调解成果无法向诉中有效转化，一定程度上降低了调解成功的可能性。同时，有的调解员对引导当事人主动履行诉前调解协议的积极性不够高，较多调解协议未在司法确认申请期限内履行。有的甚至为了体现工作量，引导当事人再走一遍司法确认程序。这些都不利于纠纷一次性有效解决。

2. 诉的功能异化，一案衍生多案

纠纷一次性有效解决中的"一次性"并不局限于一个诉讼标的，而是指在一次诉讼或一个诉讼程序中尽可能地解决纷争。[②] 以 J 省某基层法院一段时期 756 份判决书为例，检索"另案""另诉""另行处理"关键字，抽取 164 份判决书，分析发现有 66 个案件不符合"纠纷一次性有效解决"要求，占案件总数的 8.73%。具体表现为：法律释明不合理，关联诉求未能一并提出；追加当事人不及时、不到位，纠纷未能完整处理；程序合并不够灵活，关联案件未能一并审理、调解。

3. 程序性反复，诉讼成诉累

前后同一主体、同一诉讼标的的诉，为"实质的一诉"，[③] 应当在一个程序或一个环节内实质性化解。反复撤诉、重复起诉既增加诉累，又耗费大量司法资源，使当事人和法院都陷入困局。比如，Z 省某基层法院在两年时间内共受理一审民商事案件 2.9 万件，涉及相同原被告、相同案由的案件共计 1976 件，占收案总数的 6.8%。其中，584 件案件在撤回后又重新起诉。有的法院在年底清案攻坚阶段，为完成结案任务，以减免诉讼费等方式动员原告撤诉；有的因当事人需补充大量材料，无法按期结案，选择说服原告先行撤诉；有的系原告自身提供证据不足，自行撤诉并补充证据后再行起诉；等等。

（二）制度瓶颈：纠纷"有效性"解决机制不畅

"有效性"作为一种价值追求，体现"一个纠纷一个案件"理念，要

---

① 数据来源：Z 省法院发布的关于"程序空转"现象专题分析情况的通报。本文涉及的该省数据、相关情况均来自此通报。

② 任重：《中国式民事程序简化：逻辑与省思》，《法治研究》2022 年第 3 期。

③ 袁琳：《民事重复起诉的识别路径》，《法学》2019 年第 9 期。

求全流程把握纠纷，引导当事人正确理解司法裁判，自觉履行裁判义务，最大限度将纠纷化解在前端审级、程序或环节，推动形成诉内一次性解纷闭环。

1. 立审执割裂，纠纷反复流转

立案、审判、执行三个阶段化解纠纷，必须保持连贯性、一致性和整体性，注重协调联动，形成一体化解纷合力，否则上一环节未解决的纠纷，必然延续到下一环节。[①] 比如，2018 年至 2020 年，Z 省一审民商事调解结案 56.72 万件，同期以调解书为依据的执行收案 22.64 万件，相当于约有 40% 的调解案件进入执行程序。这既有有的当事人缺乏诚信、恶意调解、拖延诉讼、对被告履行能力评估有误等方面原因，也有立审执衔接不畅问题，致使本可以消化的部分调解案件仍进入执行程序，导致纠纷无法一次性有效解决。

2. 上下级法院层级疏离，纠纷难以终局

为避免改判案件带来的"递进式化解"工作，且囿于审理难度较大、怕麻烦、审限将至等因素，[②] 有的法官对于确有错误的一审判决，较少与原审法官进行有效沟通，而是机械采用发回重审方式"简单"结案，或提审后维持，导致纠纷无法有效解决。以 Z 省为例，2018 年至 2020 年，48.7% 的案件因"二审平衡"需要等非瑕疵原因发回重审，34.7% 的案件为原判决认定基本事实不清，这两种理由占了全部发回案件的 83.4%。此外，提审后予以维持的案件应引起高度关注。当前，有的法院采用民事再审审查与再审审理分离模式，导致审查和审理的法官认识不一致。实践中，再审审查法官基于平复当事人情绪、面对信访压力的考量予以提审，提审后在无新证据、新情况出现的情形下，对原审予以维持。

（三）效果脱嵌：纠纷"实质性"解决实效不显

"实质性"作为一种目标追求，要求生效的判决即为终局判决，意味着程序终结和实体最终定谳。[③] 为此，法官应当摒弃司法冷漠和"法条主义"，善于"释法说理"以理服人，把裁判意见当中的法理、事理、情理

---

① 王启江：《执行工作长效机制建构下的立审执衔接问题研究》，《法律适用》2019 年第 11 期。

② 北京市第一中级人民法院课题组：《关于建立民事审判"纠纷一次性解决机制"的调研报告》，《法律适用》2013 年第 1 期。

③ 傅郁林：《审级制度的建构原理——从民事程序视角的比较分析》，《中国社会科学》2002 年第 4 期。

讲清、讲明、讲透，使当事人和普通公众知法明理、遵法循理，切实感受到公平正义就在身边。

1. "案结事未了"，实质解纷目的落空

心结没有解开，案件就没有真正了结。实践中一些民转刑案件，当事人在民事案件中的"心结"未打开是酿成刑事案件的重要因素。此外，实践中有的司法人员认为，申诉、上诉乃至上访都是当事人权利，司法机关不应过多干预，处理完案件就"结案了事"，而不是真正追求"案结事了"效果。有的法官忽视当事人真实诉求，机械性处理案件，尤其是对那些社会关注度高、与群众利益密切相关的案件，没有认真倾听各方意见并尊重群众的朴素情感和公平正义观，个案当事人虽获得十几份判决、裁定，但诉求没有得到实质性回应，纠纷没有得到有效解决，案结事未了。

2. "回避式裁判"，当事人权益保障悬空

实践中，有的法官缺乏正确的司法理念，认为只要对"案件"负责就不必对"纠纷"负责，这实质上是一种"回避式裁判"。[①] 同时，"另案主张""另行主张"等"甩包袱""踢皮球"式判决易引发当事人不满，有的甚至激化矛盾，引发申诉信访，导致当事人不得不反复诉讼，不得不通过审判监督程序纠正，当事人上诉、申请再审，导致纠纷无法一次实质性解决。

3. 负面"后裁判效应"，解纷效果缺乏公众认同

法官承担着弥合生活与法律之间缝隙的责任，承担着通过个案公正裁判弘扬社会主流价值观的责任。[②] 然而，有些案件的裁判结果表面上"严格"遵循法律及其司法解释和相关规范性文件，但令人遗憾的是，这些裁判未能从弥合法律规则与法律秩序、公众认同、公共秩序之间的价值冲突出发，致使民意与司法之间产生隔阂，导致纠纷无法实质性解决，甚至引发负面"后裁判效应"。比如，天津大妈赵某某非法持有枪支案，并未注意到"善良大妈""生活之所需""类似于玩具枪"等日常经验思维和浓厚的民间因素，作出"冷冰冰"有悖一般公众认知的较重实刑判决，导致解纷效果缺乏公众认同。

---

① 黄海龙、潘玮璘：《"尽可能一次性解决纠纷"理念的基本内涵与实践要求》，《中国应用法学》2022 年第 5 期。

② 胡田野：《论"三个效果"有机统一的司法理念与裁判方法》，《中国应用法学》2022 年第 3 期。

二 理性回溯：纠纷一次性有效解决的理论意蕴

（一）困境之源：纠纷无法一次性有效解决的成因分析

一个案件，因受理法院或承办法官不同，他们秉持的解纷理念不同，关心的裁判价值会不同，所采用的解决机制也会不同，细心和耐心程度不同，审理的方向和重点会各有倾向，以致案件展示出深度广度不同的事实、高低不一的结果、优劣有别的解纷效果。

1. 理念之惑：结的是案而非纠纷

客观来讲，每个司法程序或环节都有法律依据，并发挥其应有功能，当事人充分经历这些程序或环节，一定程度上也是实现程序利益及法治保障的体现。[①] 然而，有的法院、法官，没有形成纠纷一次性化解的理念，只求"合法范围内"和"合法程序内"办案，直接将如何"消灭案件""程序上办结案件"作为目标任务，不注重压减不必要的程序环节，不注重缩短不必需的程序周期，甘于低效、无效甚至负效办案，任由司法统计的案"件"增加，一个纠纷被程序性割裂为多个案件，形成"案件孤岛"。

2. 方式之惑：机械司法而非严格公正司法

一般而言，法律是一种保守力量，是对现实生活规则的总结、确认和记录。[②] 与之同时，法律的抽象性、概括性也必然导致其无法观照到每一个具体行为。[③] 在个案司法场域，法官更多地根据对法律统一的、规则化的理解来解释和适用法律，[④] 基于社会经验和价值判断等法外因素裁量案件则显得尤为踯躅。加之错案责任追究一直是高悬在中国法官头上的一柄"达摩克利斯之剑"，基于职业风险考量，法官更倾向于按照法律规定进行裁判，裁判案件的关注点在于如何对公正的判决进行正确表述，而并不太关注对判决的表述如何被大众接受，这从前几年一些著名的案件引起广泛热议就可以看出。[⑤] 不难理解，机械司法的裁判大多表现为机械地适用法

---

① 黄海龙、潘玮璘：《"尽可能一次性解决纠纷"理念的基本内涵与实践要求》，《中国应用法学》2022年第5期。

② 苏力：《法治及其本土资源》（第四版），北京大学出版社，2022，第72页。

③ 胡昌明：《论机械司法》，《经贸法律评论》2023年第4期。

④ 胡昌明：《社会结构对法官裁判的影响：以1060个刑事判决为样本》，社会科学文献出版社，2015，第20页。

⑤ 胡昌明：《中国法官职业保障研究》，中国社会科学出版社，2019，第204~205页。

律。这也必然导致法官仅仅从个案所涉及的法律规则层面来处理案件，不考虑案件处理是否被社会公众认同，就案办案、机械司法，陷入"办理一案、矛盾一串、信访不断"的境地。

3. 机制之惑：制度拼接而非制度聚合

在纠纷化解过程中，依照法定程序分阶段、连贯地进行活动，这对诉讼各环节的整体联动提出了更高要求，倘若制度聚合效应得不到有效发挥，会导致诉讼程序一体性、连贯性被打破，使得诉讼阶段呈现"碎片化"。① 一次性有效解决纠纷过程也是整合社会资源，形成化解矛盾纠纷合力的过程。② 实践中，有的法院仍处于解纷资源物理空间整合阶段，机械地将各部门、各机构人员汇聚到一个办公地点，协作机制和流转程序不畅，实际运作过程中存在较为明显的诉前调解分流走过场、调解成功率低、纠纷回流量大等问题，一定程度上出现"分流不化解""中心不中用"的尴尬局面。有的法院立案阶段只注重立案，审判阶段只负责判案，不注重前端调解和多元化解，不善于通过示范判决将已经存在的、即将发生的、可能引发的诉求或案件，依法一揽子纳入现有案件中一次性实质解决，不仅错过解决纠纷的良好时机，还导致这一环节工作"外溢"到后一环节，致使纠纷无法在当前环节、当前阶段一次性有效解决。

4. 能力之惑：情理法的整体性思维缺失

纠纷化解是一门体现法官审判艺术的活动，是法官良知善心、生活经验法则以及法律解释、推理、论证等理性法律方法、技术与策略的整体性表达。③ 可以说，这种"情理法"整体性思维模式及其所展现的独具特色的一体化司法平衡艺术风格，集中体现了中国传统司法实践理性智慧，有利于促进司法裁判法律效果和社会效果的有机统一。④ 司法解纷是多元价值的互动过程，是"法律规则""社情民意""理性""经验"等多种元素融合的过程。⑤ 解纷过程往往涉及多方面复杂的法律和非法律问题，若处理不好，不仅不能一次性有效解决纠纷，还可能导致其他一系列不利后果发生。社会转型时期，诉讼案件数量不断攀升，为加快结案，法官往往

① 赵静、薛澜：《探究政策机制的类型匹配与运用》，《中国社会科学》2021 年第 10 期。
② 丁亮华：《新时代司法改革的逻辑展开与路径思考》，《中国法学》2023 年第 3 期。
③ 李拥军：《合法律还是合情理："掏鸟窝案"背后的司法冲突与调和》，《法学》2017 年第 11 期。
④ 张本顺：《"法意、人情，实同一体"：中国古代"情理法"整体性思维与一体化衡平艺术风格、成因及意义》，《甘肃政法学院学报》2018 年第 5 期。
⑤ 陈恩泽、肖启明：《当前法官纠纷化解能力的现状及对策》，《法学评论》2009 年第 2 期。

更关注个案法律评价，忽视情理法融合，较少关注当事人和社会评价。面对一些疑难复杂案件，有的法官常常动员当事人撤诉，或者找理由驳回原告起诉或诉讼请求，对结案后产生的社会效果在所不问。

（二）逻辑理据：纠纷一次性有效解决的正当性证成

纠纷一次性有效解决作为一种司法理念，是"公正与效率"统一到司法实践中的具体体现，属于指导法官的实践性司法规律，[①] 是充分发挥审判职能的应然追求，是提升人民群众司法获得感的必然要求，对促推社会治理现代化具有重要现实意义。

1. 纠纷一次性有效解决是充分发挥审判功能的应然追求

审判功能具有多元性，但这并不意味着这些功能的价值是等同的。[②] 在诸多功能中，解决纠纷无疑最为重要、最为关键。囿于司法权的被动性、中立性等原因，司法解纷机制无法完美无缺，司法解纷功能也不可避免出现不足，与社会需求和人民期待存在一些差距，这从上诉、再审、重审、执行、申诉信访等"衍生诉讼案件"数量居高不下就可以看出。基于此，中国法治语境下的审判功能完善，需要我们将目光转向自身内部，充分发挥专业优势，通过发布典型案例、完善示范诉讼机制等方式，指导完善社会规范等纠纷解决机制，推动裁判规则转化为社会治理规则。此外，纠纷一次性有效解决作为一种新型解纷模式，旨在一个程序或一个环节内依法一揽子一次性解决与案件相关联的问题，避免"一案结多案生""一事多诉"等问题，其内在逻辑不仅与充分发挥审判功能一脉相承，同时也丰富了其内涵意蕴，是充分发挥审判功能的应然追求。

2. 纠纷一次性有效解决是提升人民群众司法获得感的必然要求

纠纷一次性有效解决至少包含三层意蕴：其一，案件实现裁决终结；其二，当事人之间纠纷得到实质性化解，没有留下"后遗症"；其三，以案件审理明晰行为边界，产生外示效果，社会公众、行政机关等主体能够根据法院的裁判自动调整自身行为。[③] 以上为三层递进关系，但必然落脚于有效满足人民群众司法需求。反观司法实践，若案件循环往复、终审不终、程序空转，非但不能及时实质性化解矛盾纠纷，还易导致当事人矛盾激化、司法资源浪费等诸多问题，这显然与提升人民群众司法获得

---

① 江国华：《司法规律层次论》，《中国法学》2016 年第 1 期。
② 周尚君：《习近平法治思想的数字法治观》，《法学研究》2023 年第 4 期。
③ 黄先雄：《行政诉讼"程序空转"现象的多维审视》，《法治研究》2023 年第 1 期。

感相违背。为此，应避免当事人因法律知识欠缺等因素无法准确归纳诉讼标的和请求而承担败诉后果，或者通过不止一个诉讼实现权利、化解纠纷，而是要通过在一个诉讼中最大限度解决当事人的纠纷，实现案结事了。

3. 纠纷一次性有效解决是"公正与效率"内在逻辑的必然蕴涵

公正与效率是双重互补关系，公正在法律中的第二意义就是效率。① 司法效率必须以司法公正为前提，追求以最经济的方式实现公正。② 司法不仅要解决"问题"，而且要在法律规定的期限内解决"问题"。所以，解决纠纷不仅要公正，还必须迅速。③ "正义的第二种意义，简单地说来，就是效益。"④ 上述内容与纠纷一次性有效解决在逻辑上有机统一、彼此交融。其中，纠纷一次性有效解决的"一次性"、"有效性"与"实质性"形成的逻辑闭环，强调在一个环节、一个程序内一次性实质解纷，既体现法律的实质正义，也是司法效率的应然之义。

4. 纠纷一次性有效解决是促推社会治理现代化的现实需要

纠纷一次性有效解决要求法院和法官不仅着眼于减少诉讼案件，还能够见微知著，跳出个案看纠纷，善于从个案、类案中发现治理中存在的问题，及时预警并提出建议，为个案纠纷解决和权利救济提供司法进路。当代中国司法模式更多呈现出"治理型司法"态势，⑤ 不仅要求贯彻具体法律，化解社会矛盾纠纷，保障权利救济，实现权力制约平衡，体现鲜明的"法治化"特征，还要求积极回应经济社会发展主题，实现国家治理目标，实现对社会秩序的法律整合，体现鲜明的"治理性"特征。⑥ 基于此，法院在一次性解决纠纷实践中必须综合运用政策考量、利益平衡等方式严格依法履职，超越个案纠纷化解，不断增强司法裁判实质性化解纠纷功能，更好促推社会治理现代化。

---

① 〔美〕理查德·A. 波斯纳：《法律的经济分析》，蒋兆康译，中国大百科全书出版社，1997，第16页。
② 钱弘道：《论司法效率》，《中国法学》2002年第4期。
③ 江国华：《司法规律层次论》，《中国法学》2016年第1期。
④ 〔美〕理查德·A. 波斯纳：《法律的经济分析》，蒋兆康译，中国大百科全书出版社，1997，第16页。
⑤ 李红勃：《通过政策的司法治理》，《中国法学》2020年第3期。
⑥ 李红勃：《通过政策的司法治理》，《中国法学》2020年第3期。

三 逻辑重构：纠纷一次性有效解决的体系化治理

体系化治理体现整体性思维，蕴含着丰富的治理意涵，内嵌融理念、目标、结构、方法于一体的整合机制，为涵盖主体、行为、制度、资源、评价的体系所支撑，从源头治理、原生案件治理、衍生案件治理等三个层面为纠纷一次性有效解决提供一套分层递进式的治理逻辑和类型化设计。

（一）逻辑起点：以整体性理念把握每一起进入诉讼渠道的纠纷

1. 全面性考量纠纷

在诉前、诉中、诉后等各阶段，立案、审判、执行、信访等各环节，全面考量纠纷所涉及的社会性因素，包括社会价值理念、公共政策、社会评价、社会治理等特定情境。① 在社会性因素影响下，个案纠纷在不同场域，所承载的社会评价、利益诉求并不相同，产生的法律效果和社会效果也不同，由此决定了个案审查深度各有所异。② 首先，超越单一法律思维以及对案件简单化认知的视野局限，把个案司法裁判放置到时代、国情、文化等社会目标实现层面，全面考量法、理、情因素，公正裁判，以案释法，大力弘扬社会主义核心价值观，不断增进司法裁判的公众认同。其次，处理纠纷思维从"规则、事实"二元结构延伸至"规则、事实、价值判断"三维，全面审视各当事人之间的法律关系，把单个、碎片化、不连贯的案件事实片段，重现为连贯、系统、简明且符合事实演进逻辑，符合社会普遍认知的事实描述，整体性再现真实的案件事实和场景，按照精准识别→深入分析→综合考量→预测效果→修正判决的思维逻辑链条实质性化解纠纷。最后，诉前重预防，加强矛盾纠纷多元化解，促推矛盾纠纷前端化解。诉中重质效，充分做好释明、调解、引导等工作，前瞻性地把已发生的、可能或即将发生的诉求或案件，依法一揽子纳入现有案件一并实质性化解。诉后重答疑，认真倾听当事人意见，进行必要的说明解释，及时消除当事人对裁判结果的疑虑困惑，减少不必要的上访申诉。

2. 全流程把握纠纷

实现纠纷一次性有效解决，必须跳出个案看纠纷，树立"一个纠纷一

---

① 方乐：《司法参与公共治理的方式、风险与规避——以公共政策司法为例》，《浙江社会科学》2018 年第 1 期。

② 〔美〕理查德·波斯纳：《法官如何思考》，苏力译，北京大学出版社，2009，第 223 页。

个案件"理念，建立以一个纠纷为主线、覆盖纠纷处理全流程的关联案件统一管理体系，把案结事了、服判息诉一体化贯彻到立案、审判、执行、信访等各个环节，加强"立审执监访"各环节释明疏导与和解调解，依法在一个程序、一个环节内一揽子实质性化解纠纷，减少上诉、再审和申诉信访案件。

3. 全方位化解纠纷

综合采取各类协同机制实质性化解纠纷。首先，从减少纠纷成为诉讼案件层面，加快矛盾纠纷多元调处中心规范化建设，积极推动群团组织、行业协会设立专业性调解组织，运用社会规范有效解决本领域、本行业纠纷。其次，从纠纷化解机制层面，帮助群众纠正"解决纠纷就是打官司"的错误理念，破除对诉讼机制的过分依赖。针对各种解纷机制的适用范围和特点，积极引导当事人选择最合适的非诉讼纠纷解决方式，便捷、高效、低成本化解矛盾纠纷。最后，从诉讼解纷层面，全方位化解成讼纠纷，减少二审、执行、涉诉信访等诉内"衍生案件"。

（二）综合施策：以整体性方法处理每一起诉讼

1. 源头治理：实现纠纷一次性前端化解，避免纠纷发展至"诉"之层级

首先，不断完善落实"党委领导、政府主导、社会协同、公众参与、法治保障的社会治理体制"，集结党委、政府、基层自治组织、民间团体、社会成员个体等力量，共同推进基层社会治理。其次，优化自治、法治、德治资源，注重发挥道德规范等社会规范的"软法"作用，在法律规定范围内探索增强社会规范制度刚性的路径方法，依法依规开展行业自治、群众自治。最后，人民法院主动参与包括市民公约、乡规民约、行业规范、团体章程等在内的社会规范制定，协调一切积极因素，最大限度凝聚基层治理群众力量。指导村居组织群众就特定事项协商形成乡规民约等社会规范，推动行业纠纷解决机制纳入行业成员共同遵守的章程，让群众用更少程序、更短时间、更低成本解决实际问题。

2. 原生案件治理：实现一个纠纷一个案件一个程序内化解

纠纷第一次进入法院并经首次程序审理后的案件为原生案件。于此语境，裁判者必须力争以最少流程、最短时间、最优服务一揽子回应当事人核心诉求，引导当事人合理表达诉求，按照以事实为依据、以法律为准绳、以核心价值观为指引的裁判逻辑和说理逻辑，全流程进行司法释明和司法调解，做实服判息诉工作，避免这一环节纠纷"外溢"至后一环节，或同一基础法律关系引发多次诉讼、关联诉讼、重复诉讼，努力实现一个纠纷一个案件一个程序内化解。

3. 衍生案件治理：减少"案生案"，让纠纷止于诉内

加强案件质量管控，在诉前、立案、审理、执行等环节进行规范有序的动态跟踪，减少二审、再审、申诉、执行、信访等衍生案件的发生。同时，加强对滥用诉权、滥用程序异议权、滥用上诉权、滥用申请再审权和信访权利、恶意拖延诉讼等行为的规制和惩戒。

（三）体系支撑：纠纷一次性有效解决的要素整合

1. 主体

整体性治理依赖于多元主体达成共同目标，形成协同效应，构建起整体性解纷结构。[①] 一方面，宜将纠纷一次性有效解决整体性置于党委领导、政府负责、民主协商、社会协同、公众参与、法治保障、科技支撑治理格局中考量，打破碎片化、分隔化治理界限与限制。[②] 另一方面，明确多元主体职责定位，更新和提升法官纠纷化解理念和能力，比如在纠纷化解过程中转化和落实公共政策能力、依靠社会各方面力量化解矛盾纠纷能力、社会风险评估预防能力。

2. 行为

纠纷一次性有效解决不仅关注诉讼活动本身，还关注办案人员业内业外应具备的职业素养，包括诉讼内化解纠纷行为、诉讼外履职行为、业外行为。[③] 一是就诉讼内化解纠纷行为而言，在解纷过程中必须平等对待当事人，注意防止自己的言行给当事人带来不信任之感；二是对诉讼外履职行为而言，体现在法院工作管理、服务大局、参与社会治理等方面，此时的个人行为代表着法院队伍的整体形象；三是就业外行为而言，在社会公众看来，不管是业内还是业外，办案人员都应时刻注意自己的言行举止，时刻传递社会正能量。

3. 制度

实现纠纷一次性有效解决离不开体制机制支持。总体而言，较之于当前纠纷解决机制，其更加注重纠纷化解的系统性、整体性优化，体现各类

---

① 江国华：《司法规律层次论》，《中国法学》2016 年第 1 期。

② 陈恩泽、肖启明：《当前法官纠纷化解能力的现状及对策》，《法学评论》2009 年第 2 期。

③ 孙辙、张龚：《司法的实体公正、程序公正及法官的行为公正》，《法律适用》2022 年第 3 期。

主体之间的协作，以及各种纠纷预防、管控、处理之间的有机衔接、协调联动，旨在发挥司法裁判和个案纠纷解决的社会治理溢出效应。[①] 这就意味着，必须构建符合司法规律、系统、完善的审判质效管理指标体系，健全多元解纷机制，完善司法民主和司法工作机制，健全示范性调解和判决机制，并将其作为践行纠纷一次性有效解决理念的重要制度支持。比如，在处理同类纠纷过程中，宜选取典型个案先行审理，作出示范性裁判，为其他类似案件的审理与一次性有效审结提供范例。[②]

4. 资源

要实现纠纷一次性有效解决，必然寻求实现党委、政府、基层社会自治组织、民间团体、社会成员个体等多元主体资源以及信息资源间的良性互动。比如，注重对司法裁判开展大数据深度分析，对新类型纠纷、诉讼多发领域、涉诉信访和社会治理热点进行动态分析与研判，对普遍性、趋势性问题及时提出综合治理类司法建议，督促有关部门堵塞漏洞、防范风险、完善规则，并做好具体落实跟踪指导，做到问题早发现、早化解，实现矛盾纠纷少发生、不发生。

5. 评价

对于纠纷一次性有效解决是否取得预期的效果、达到预期的目标，需要确立一个相对客观的评估标准，建立健全一套相应的评估体系来进行衡量，这既是一个事实判断与技术判断的过程，又是一个价值判断的过程。纠纷一次性有效解决是多元价值的互动，是将法律规则、社情民意、经验理性等多种元素进行融合的过程。评价标准为：必须符合程序法的原理与规律，[③] 在解纷过程中必须把案结事了作为目标，挤出程序"水分"，避免"程序空转"，实现终局化解，有效防止"一案结多案生"问题发生。

四 纠纷一次性有效解决的个案解构

一般来讲，社会矛盾最终会以案件形式进入司法程序。当事人选择法

---

① 黄文艺：《"平安中国"的政法哲学阐释》，《法制与社会发展》2022 年第 4 期。

② 胡建萍、吴红艳：《示范性案例制度的理念与内涵——四川省成都市中级人民法院示范性案例制度剖析》，《人民司法》2007 年第 9 期。

③ 赵旭东：《程序正义概念与标准的再认识》，《法律科学（西北政法学院学报）》2003 年第 6 期。

律途径解决纠纷，实质是选择"法律"这一社会治理方案促进当事人双方达成共识，实现权益保障最大化。① 实现纠纷一次性有效解决，必须对纠纷进行分层识别、精准分类，根据案件审判规律，在区分简单案件、法律适用复杂案件、事实认定困难案件和群体性纠纷案件的基础上提出一次性有效解决方案。

1. 简单案件：尽快一锤定音、定分止争

一般来讲，此类案件事实较为清楚，权利义务关系相对明确，且争议不大。② 或虽然在事实认定和法律适用上存在争议，但司法实践中已有先例，纠纷进入司法程序后不存在事实认定、法律适用困难。③ 这类纠纷，事实认定和法律适用清晰明朗，处理原则是快捷、简易、实际，法官可用最少程序、最短周期化解纠纷，最容易一次性有效解决纠纷。具体操作方案如下。第一，精准识别简单案件，考量标的额大小、"事实是否清楚、权利义务关系是否明确"和争议大小等可适性，动态识别不同层面的简单案件类型。第二，书面要素化审理，分类型按要素固定事实，提供可选择的处理方案，由纠纷主体确认事实并选择处理方案，达不成共识的由法院决定。第三，尽可能适用小额诉讼程序，引导适用申请司法确认调解协议、申请支付令、申请实现担保物权等非诉程序，这些程序具有"一审终审"特点，更契合一次性有效解决纠纷理念。第四，立审执高效衔接，纠纷处理方案载明执行申请，当事人不自觉履行的，根据执行申请立即转入执行程序。同时，必须防止当事人"恶意串通"、虚假诉讼以及案件不当简化等问题，特别是基本事实审查存在偏差、遗漏、程序转换、反复、空转，甚至触发审判监督等程序问题。

2. 法律适用复杂案件：加强法律释明，引导当事人合理表达诉求

一般来讲，此类案件基本事实较为清楚，但缺乏可直接参照适用的法律规范，或仅依据法律规范字面表述难以直接明确作出裁判，可能囿于文义解释的多重含义，也可能囿于法律漏洞需要填补，④ 还有可能案件事实

① 董储超、舒瑶芝：《诉源治理导向下的纠纷解决：理念澄清与范式革新》，《交大法学》2023 年第 4 期。
② 李潇潇：《"繁简分流"之下简单案件的分层识别——以 2021 年〈民事诉讼法〉中独任制修订为视角》，《中国社会科学院大学学报》2023 年第 1 期。
③ 黄海龙、潘玮璘：《"尽可能一次性解决纠纷"理念的基本内涵与实践要求》，《中国应用法学》2022 年第 5 期。
④ 黄海龙、潘玮璘：《"尽可能一次性解决纠纷"理念的基本内涵与实践要求》，《中国应用法学》2022 年第 5 期。

虽有明确法律依据，但若据此得出裁判结论，公众难以认同，易引发负面"后裁判效应"。此类纠纷多表现为多项诉求叠加、多重法律关系并存，法律诉求、经济诉求、情感诉求混杂等特点。具体操作方案如下。第一，充分尊重法律的实践品性，合理运用遵循先例、法律解释、漏洞补充、司法政策、法律推理等法律技术，厘清涉案法律关系，准确把握案件核心矛盾，明晰审判脉络，引导当事人精准合理表达诉求。第二，做好庭前工作和释明工作，依从"案件事实→涵摄法律关系→权利义务→诉讼请求"思路，引导当事人变更不当诉讼请求，尽可能让当事人诉得准。要求当事人"另案""另诉""另行处理"，案件被裁驳、被发改的，都必须合理可行，都应当进行充分释明。第三，综合采用合并诉讼请求、合并审理、环节并减、抵消主张、督促当事人主动履行等方式，努力在一个程序或一个环节内一次性有效解纷。第四，矫正当事人救济预期，释明法律适用及类案解决方案，使当事人对和解、调解、裁定、判决等各类解决方案在救济效果、时间、成本、确定性等方面形成理性预期。第五，充分考量个案纠纷背后"情"与"理"因素，不断增强司法裁判社会治理功能，让一次性解纷过程与结果更加符合公众期待。

3. 事实认定困难案件：坚持司法适度职权化，依法发现客观事实

一般来讲，裁判者所认定的事实就是案件原生事实的客观反映，裁判者通过证据等在主观上认识、发现、查明客观案件事实或基本事实。[1] 本文意在探讨在当事人已穷尽举证证明责任的情况下，法官仍无法对待证事实形成内心确信，进而产生事实认定困难的案件。具体操作方案如下。第一，充分释明证据规则，矫正当事人对于法律事实的预期，同时，坚持司法适度职权化，充分发挥调查令、法院调取证据、证据提出命令、陈述保证等作用，尽可能在当前环节完成调查取证工作和事实认定工作。第二，注重发挥法官在调查取证和事实认定方面的作用，综合采用调查走访、现场勘验、下乡走访等方式，努力使法律事实最大限度接近客观事实，注重对事实认定过程或举证分配问题充分释法说理，确保当事人胜败皆服。第三，合并争议，缩小分歧，当庭分析、论证当事人各自义务、过错及责任，释明反诉权利，引导当事人"抵消"责任，缩小争议。第四，针对涉及社会公序良俗等的敏感案件，动态审查案件事实，不仅关注案件本身事实，而且更深层次分析案件发生的原因，更深入了解和把握与案件相关的

---

① 张步文：《司法证明原论》，商务印书馆，2014，第 438 页。

社会背景、因果关系、传统文化、社会风俗等因素，尽可能透过个案化解背后的矛盾纠纷。

4. 群体性纠纷案件：尽可能一揽子解决案件关联问题

面对群体性纠纷，单一个别诉讼难以最大化地实现实体法价值，追求司法"效率"一定程度上阻碍司法"正义"的实现，易滋生群体性案件不稳定因素。为此，应着眼于高效率解决系列性、关联性、类型化纠纷，站在当事人、社会公众角度考量"一个纠纷一个案件"的公正与效率。具体操作方案如下。第一，选取具有共通争点的纠纷先行调解，如调解不成，选取其中一个或几个案件先行立案审理并作出裁判，发挥示范案件引领作用，妥善处理群体性案件。第二，积极运用普通共同诉讼、代表人诉讼、示范性诉讼制度，尽可能用一个诉讼程序解决多个纠纷。例如，因某地商品房楼盘延迟办证，200多户业主先后向S省P市人民法院提起诉讼，主张违约金等经济赔偿。S省P市人民法院采用诉讼代表人共同诉讼和示范性裁判的思路处理该系列案，制定"三步走"解纷策略，实现纠纷在一审程序内一次性有效解决。

结 语

纠纷一次性有效解决体系契合司法运行规律，是多元开放的，伴随社会治理格局的演变而不断丰富发展。纠纷一次性有效解决不仅是一种司法理念、解纷方式和裁判方法，更是一种司法态度，要求办案人员在每一个司法程序或环节，以"如我在诉"的同理心，去细心了解当事人"心结"，以"求极致"态度寻找一次性化解纠纷最优项。同时，应当秉持系统性思维，统筹兼顾、整体施策，把纠纷化解放置在"法治国家、法治政府、法治社会一体建设"和"自治、法治、德治一体推进"中全面考量，特别是聚焦良法善治，深入研究市民公约、乡规民约、行业规范、团体章程等社会规范在推进基层社会治理中的作用，实现源头化解纠纷。

认真对待"在家上学":一种新型教育模式的反思与规制[*]

万　艺^{**}

摘　要：作为一种新型教育模式的"在家上学"近年来受到我国不少家庭的密切关注,却为教育部门所明确反对。"在家上学"不同于我国法律中规定的"家庭教育",实则是对"在校上学"的一种替代而非补充。欲使"在家上学"合法化,前提是概念界定明确清晰,具体而言,施教主体、受教主体和教育场所三方面都应明确界定。根据施教主体的不同,"在家上学"可以分为"亲力亲为型"与"借助外力型"两种。从学理上看,亲力亲为型在家上学可能会在专业性、全面性、价值观与社会化等方面产生问题;而借助外力型在家上学则能够较为有效地避免相关问题产生,但从长远来看可能存在教育不公与阶层固化的深层隐忧。因此,对于"在家上学"应当从制度上进行规制,包括修改立法以严格限制小学高年级阶段的亲力亲为型在家上学,同时通过立法适时探索构建义务教育阶段的借助外力型在家上学。

关键词：在家上学；教育法治；亲力亲为型；借助外力型；法律规制

伴随着教育事业的不断发展与完善,一种适用于义务教育阶段的新型教育模式——"在家上学"被不少家长高度关注,尤其是在美国、英国、加拿大、俄罗斯和我国台湾地区相继承认了"在家上学"的合法性后,我国大陆地区各地也有家长陆续开展了"在家上学"的实践。但在 2017 年教育部明确表示"在家上学"违背义务教育法后,^①"在家上学"在我国的境遇急转直下,可以说是一夜之间跌至谷底。然而,自 2020 年初至

---

* 本文系江苏省社会科学基金项目"体育性别平等的法治保障研究"(项目号：22TYD013)、江苏高校哲学社会科学研究一般项目"教育法治化背景下的教育规律与价值体系研究"(项目号：2022SJYB0952)的阶段性研究成果。

** 万艺,法学博士,江南大学法学院副教授、硕士生导师。

① 参见《在家上学、退学进"私塾"？教育部：违背义务教育法》,载中国青年网,https://news. youth. cn/gn/201709/t20170906_10657965. htm,最后访问日期：2023 年 9 月 6 日。

2022 年底，断断续续长达三年之久的在全国各地广泛开展的"居家线上学习"①，又让"在家上学"重回人们视野并成为众多家长关注的热点议题之一。民众要求立法承认并规范"在家上学"，亦有众多学者从合法化、可能性等多重视角提出了专业意见，② 但应当明确的是，居家线上学习不是"在家上学"，而三年的线上学习经历也并非"在家上学"的具体实践。那么"在家上学"究竟所指为何？只有明晰了"在家上学"的内涵，进一步的合法化与规范性才有前提基础与实践可能。而明确界定"在家上学"的概念就是认真对待"在家上学"的第一步。

一 概念上的再界定：何为"在家上学"

法治作为现代社会最重要的治理方式之一，其核心是"依法治国"，即依照法律治理国家。而法律最一般的表现形式与载体就是法律条文（法条），我们所看到的、熟知的法律通常就表现为一系列法条按照一定的逻辑顺序排列集合而成的文本，也就是通称的法律文本。综观任何一部法律，都会发现其中包含诸多法律概念与法律术语，这些进入法律文本的概念和术语，有一个共同的特征：明确性。③ 法律的严谨性与严肃性在很大程度上正是来源于法律概念和术语的明确性。因此，欲使"在家上学"合法化，进入立法程序并被规定在法律文本之中，首先要做的就是明确界定"在家上学"的概念。只有概念足够清晰，内涵足够明确，深入探讨和进一步规制才有可能。

通过参考比较多篇学术论文，可以发现，作为西方舶来品的"在家上学"（Home Schooling），也称"在家教育"（Home Education）或"家庭学校"（Home School），通常是指身心健康的儿童，到了义务教育阶段的入学年龄，并不进入学校接受教育，而是以家庭为主要学习场所，由家长（多是孩童父母）或家庭教师担任主要施教主体，对儿童进行义务教育的教育形式。由此可见，"在家上学"与"在校上学"相对，是一种典型的

① 李德显、苏若菊：《居家学习：误区、反思及启示》，《教育科学》2020 年第 6 期。

② 段斌斌：《"三个协调"："在家上学"能否合法化的关键》，《教育理论与实践》2017 年第 16 期；张瑞芳：《我国"在家上学"合法化路径选择探析》，《教育理论与实践》2016 年第 1 期。

③ 参见周安平《常识法理学》，北京大学出版社，2021，第 115 页。

"非学校教育"①；并且"在家上学"与"在校上学"之间为互斥关系，也即选择了"在家上学"就不可能同时做到"在校上学"，同样地，选择了"在校上学"也就无法同时满足"在家上学"。因此，"在家上学"实则是对"在校上学"的一种替代，虽然很多学者辩称"在家上学"可以作为学校教育的一种制度补充，②可事实是，这两种互斥的教育模式，可以在制度上做到双轨并存——学校教育为主要、在家上学为补充，但对于单个个体而言，则只能择其一，而不能同享受。可见，"在家上学"与"在校上学"相对，二者呈现互斥关系。此外，就"在家上学"的概念而言，还有如下几点需要特别明确。

第一，受教育主体为身心健康的适龄儿童，受教育阶段为义务教育阶段。什么是适龄儿童、何为义务教育阶段，在我国现行的《义务教育法》（2018年修正）中有着明确规定。根据该法第11条之规定，凡年满6周岁的儿童即为适龄儿童，条件不具备的地区，可以推迟到7周岁。又据第2条之规定，国家实行九年义务教育制度，可知义务教育阶段包括了小学和初中。因此作为受教育主体的适龄儿童的义务教育阶段应为6~15周岁。由于义务教育在性质上为强迫教育，具有强制性，因此在本该强制入校上学的阶段选择在家上学，是"在家上学"最受争议也是最抵触法律的表现，而这也构成了"在家上学"概念的核心时间段——义务教育阶段。凡是不在义务教育阶段的时间范围内，比如高中或大学阶段的在家自学，虽然在外观上类似于在家上学，但都不属于"在家上学"的范围，不是本文所指的"在家上学"。另外，在家上学的儿童不仅要适龄，而且要身心健康。这也就是说，因身体状况原因而不能正常入校接受义务教育的适龄儿童，依法也是可以不入校的，但需要取得相关教育行政部门的批准（《义务教育法》第11条第2款）。这种情形（身体原因）下的适龄儿童如果选择在家进行学习，是为法律所允许的，却不是本文所指的"在家上学"，不属于"在家上学"的范围。

第二，施教主体为儿童父母或聘请的家庭教师。在实践中，"在家上学"的施教主体主要是适龄儿童的父母（占比超过七成，其中母亲教授为

---

① 任杰慧：《体制外守望：中国式"在家上学"的教育困境——基于北京R学堂的个案研究》，《民族教育研究》2015年第5期。

② 段斌斌：《论在家上学的合法化前提》，《华中师范大学学报》（人文社会科学版）2018年第2期；胡劲松、段斌斌：《论"在家上学"的权利主体及其权利性质——保障适龄儿童受教育权的视角》，《教育研究与实验》2014年第4期；何颖：《当前我国义务教育阶段"在家上学"的法学分析》，《教育学报》2012年第4期。

主的占比超四成，父母共同教授的占比近三成①），即使采用的是家庭互助的方式，也是由互助家庭的儿童父母来完成施教。除此之外，还有少部分"在家上学"家庭采用的是聘请家庭教师教授。据此可知，在家上学的施教主体为儿童父母或聘请的家庭教师。至于占比近1/6的"孩子自学"或"网络学习"为主则不能够被认为是"在家上学"，因为孩子在家自学实际上处于一种未接受教育的状态，属于"辍学在家"而非"在家上学"。而运用网络的学习不同于疫情防控期间的"居家线上学习"，疫情防控期间全国各地广泛开展的居家线上学习，本质上仍然是一种学校教育，因为这是由学校教师开展的有组织的教学活动，只是将教学的场所由学校的教室搬到了电脑的云端。而在家以网络为主自行开展学习，其实在本质上也是一种孩子自学的状态，与孩子看书本自学没有实质差别，差别仅仅在于手段的不同，一个是靠孩童看书本自学，一个是靠孩童通过网络自学。但这二者本质上都是一种未依靠或主要未依靠他人的孩童自学方式，这样的状态下儿童基本处于未接受教育的辍学状态，因此不应该被视为"在家上学"。

第三，教育场所主要是家庭。在家上学的教育场所当然主要是家庭，但这并不是说家庭就是在家上学的唯一场所。例如采取家庭互助形式的在家上学，也可以选择租借某个固定场地作为在家上学的互助教学场所。在此还需注意的是，"在家上学"主要在家庭进行教育，因此易与我国特定法律概念——"家庭教育"相混淆，但它们其实是两个内涵完全不同的概念，区别在于：我国《家庭教育促进法》（2021年发布）中规定的"家庭教育"是指，父母或者其他监护人为促进未成年人全面健康成长，对其实施的道德品质、身体素质、生活技能、文化修养、行为习惯等方面的培育、引导和影响（第2条）。因此，"家庭教育"是对学校教育尤其是义务教育的一种补充，而非替代，强调的是孩童不在学校上学的时间里（如放学后、寒暑假期间），家长应当担负起教育的职责，积极促进未成年人的健康成长。因此，"家庭教育"是对"学校教育"的补充，而"在家上学"则是对"学校教育"的替代。

可见，本文所谓的"在家上学"特指身心健康的适龄儿童在义务教育阶段并不进入正规学校接受教育，而是选择以家庭为主要教育场所，由儿童父母或聘请的家庭教师为施教主体对儿童进行教育，以替代学校教育的

---

① 参见《21世纪教育研究院：2017中国"在家上学"调查报告》，载爱运营网，https://www.iyunying.org/news/101876.html，最后访问日期：2023年9月6日。

一种非学校教育形态。而"家庭教育""居家线上学习""网络学习""儿童自学""因身体原因在家学习"以及各种不在义务教育阶段内的在家学习等容易与"在家上学"概念相混淆的教育形式，都不是本文所指的"在家上学"。明确了"在家上学"的概念内涵后，进一步运用类型学方法对在家上学进行类型划分，可以得到在家上学的各种类型。根据施教主体的不同，可以将"在家上学"分为"亲力亲为型在家上学"和"借助外力型在家上学"两类。

（一）亲力亲为型在家上学

顾名思义，亲力亲为型在家上学是指仅由受教儿童的父母作为唯一的施教主体在家庭内对儿童进行教育。这也是最典型、最常见的在家上学类型，在所有的在家上学人数中占比超过七成。① 或是不满学校所提供的教育，或是不认同学校的教育理念，有部分家长选择亲自"上场"担负起教育子女的责任，将家长与教师的身份合二为一。亲力亲为型在家上学最大的特点就是施教主体的单一性，即仅为单个家庭适龄儿童的父母，除此之外，再无他人。适龄儿童接受的教育全部来自其父母，所有的教育教学工作都由父母完成。需要说明的是，如果是由父母购买网上课程供儿童学习，儿童主要是通过网络自学的方式来接受教育，而父母并不充当儿童的教师承担起教育的职责，只是参与和督促教学，那么这种情形并不属于亲力亲为型在家上学，甚至不是在家上学，根据前文的论述，此种情形应为儿童辍学在家。由此可见，作为最典型、最彻底的在家上学类型，亲力亲为型强调父母需要亲自教育子女，而不是主导或参与儿童的教育，是要对子女教育的方方面面进行全盘包办，并为子女量身定制最适合其发展、最具个性化的独特教育。

（二）借助外力型在家上学

借助外力型在家上学是指作为施教主体的不是儿童父母，而是由父母聘请的家庭教师，或者由多个孩童的父母轮流作为施教主体，共同对儿童进行教育。借助外力型在家上学由于不是由单个家庭的儿童父母独自在家进行教育，而是在不同程度上借助了外力（如聘请家庭教师或与其他儿童父母一起），因此区别于亲力亲为型在家上学。借助外力型在家上学由于

---

① 参见《21世纪教育研究院：2017中国"在家上学"调查报告》，载爱运营网，https://www.iyunying.org/news/101876.html，最后访问日期：2023年9月6日。

条件较多、要求较高，因此并不是常见的在家上学类型，在所有的在家上学人数中占比不足两成。① 借助外力型在家上学体现了施教主体的多元性，即除了孩童自身父母外，还包括其他孩童的父母及父母所聘请的家庭教师。由于在不同程度上借助了外力，这种类型的在家上学对家庭的经济、父母的精力等各方面的要求相较于亲力亲为型都更高。同时，从外观上看借助外力型，貌似父母只是部分参与子女的教育，但实际上仍是由孩童父母主导教育的进行。因为无论是家庭教师的选择还是家庭间的互助，都由孩童父母进行实质考量和把控。因此，借助外力型在家上学排除了孩童父母对自己子女的教育"垄断"，同时又能够使父母在子女的教育过程中占据主动和主导之地位。这也是借助外力型在家上学区别于亲力亲为型在家上学的又一大不同。

总之，在家上学根据施教主体的不同可以分为"亲力亲为型"与"借助外力型"两类。施教主体上的差异，直接导致了亲力亲为型在家上学中，父母"垄断"了子女的教育，而在借助外力型在家上学中，父母"主导"了子女的教育。"垄断教育"具有排他性和向内封闭性，"主导教育"则具有包容性和向外开放性。并且，"垄断教育"排斥除父母以外的其他任何人参与到孩童的教育过程中，而"主导教育"则允许甚至欢迎其他适格的教育主体积极参与到孩童的教育过程中来。

二 理论上的再反思：为何"在家上学"

在明确了"在家上学"的概念内涵和基本类型后，一个在逻辑上无法回避的问题是为何"在家上学"，这个问题也构成了如何"在家上学"的前提，也即"在家上学"是否必要。只有论证了"在家上学"的必要性，进一步探讨如何"在家上学"才有可能。否则，根据奥卡姆剃刀原理，"如无必要，勿增实体"。

（一）必要性之反思

有部分学者主张在家上学确有必要，因为美英等发达国家都已开展并实践了三十余年，其作为一种先进的教育形式和教育理念很有必要为我国所借鉴并引进，以改善我国现有教育体制下存在的诸多问题与弊端。暂且

---

① 参见《21 世纪教育研究院：2017 中国"在家上学"调查报告》，载爱运营网，https://www.iyunying.org/news/101876.html，最后访问日期：2023 年 9 月 6 日。

不论是否引进了"在家上学"就能够一劳永逸地解决现有教育体制下的所有问题，仅就美国三十余年的"在家上学"实践进程来看，也可以发现其间一直伴随着广泛争议和持续批评，① 而远非学者所言那般风平浪静、一路坦途。如仔细观察更可看到，这一由美国部分家长通过长期坚持不懈地游说呼吁而争取得来的合法权利，主要源自美国家长长久以来对校园环境、宗教和公立学校学术的不满，② 对校园环境的不满主要是由于公立学校中存在的吸毒、暴力、性混乱及性传播疾病，宗教方面则是因为他们认为他们的宗教信仰在公立学校不受欢迎，对公立学校学术的不满主要是由于学校失败的学术指导。③ 因此可以看到，美国从出现"在家上学"运动到在立法中明确"在家上学"权利，自有其历史来源与现实需要。

而反观我国，并未有如美国那般严峻的校园环境问题和宗教信仰问题。虽然在我国，偶发的校园食品安全问题不时挑动家长的神经，近 1/3 的学生欺凌发生率也足以引起重视，④ 但是类似校园枪击、毒品泛滥或是性传播疾病等严重危及人身安全的问题在我国义务教育阶段中还是极为罕见的，我国中小学校园的环境安全可以得到保障。另外，由于我国《宪法》规定了宗教信仰自由与禁止利用宗教妨碍国家教育制度（《宪法》第 36 条）的基本原则，并且我国没有确立国教，属于非宗教国家，遵循政教分离原则，因此宗教信仰和教派冲突等问题也基本上未出现在我国的校园文化之中。可见，在校园环境与宗教问题上，中美之间存在着较大不同。而"在家上学"确实能够较好地解决校园环境与宗教问题，但也容易滋生出价值观偏狭、社会性缺失等相关问题。可见，"在家上学"所能解决的校园环境与宗教问题原本就不存在于我国。但这并不是说"在家上学"就完全没有必要引入，只是说不能够简单因为美国有"在家上学"我们也就必须有。而正视中美校园之间的客观差异性，也是认真对待"在家上学"的重要一环。

---

① 刘晓巍：《美国"在家上学"法律问题及其争议——兼论父母教育选择权的社会文化与法律制度基础》，《比较教育研究》2021 年第 10 期。

② 贺武华：《我国"在家上学"现象深度分析：中美比较视角》，《浙江社会科学》2012 年第 11 期。

③ 任杰慧、张小军：《教育人类学视野下的"在家上学"现象》，《学海》2015 年第 5 期。

④ 2016 年进行的抽样调查显示，我国学生欺凌发生率为 33.36%（其中经常被欺凌的比例为 4.7%，偶尔被欺凌的比例为 28.66%），远低于西方发达国家普遍在 80% 以上的学生欺凌发生率。华中师范大学教育治理现代化课题组 2019~2020 年进行的专项调查也显示，我国学生欺凌的发生率为 32.4%。详见姚建龙《学生欺凌防治：理性再识与路径调适》，《探索与争鸣》2024 年第 7 期。

尽管在校园环境与宗教方面，中美存有较大不同，但在对待公立学校的学术指导上，中美家长的看法基本趋同，即不少父母都不满于公立学校的学术指导。部分家长认为公立学校教的太少或教的没用，也有家长认为学生人数太多，老师无法顾及每个学生，难以给每个学生提供最合适的学术指导，只能提供标准化教学，最终导致学生学习上的差距。[①] 为每个儿童提供最适合其发展的个性化教学在公立学校或者说在学校中是不可能做到的。因此，如果从作为教育接受者的适龄儿童角度言，"在家上学"确实既能够避免劣质过期"预制菜"所引发的校园食品安全问题等类似问题，也能够避免校园霸凌事件发生，还能够根据孩童自身的性格特点，提供最适合其发展的个性化教育。如此看来，"在家上学"确有引进之必要，至少在校园食品安全、防范校园霸凌与个性化教育等方面具有显著优势。但此外，"在家上学"也不可避免地会产生其他一些问题，下文将具体结合"在家上学"的两种类型作学理上的进一步分析。

（二）"在家上学"的学理反思

根据施教主体的不同，"在家上学"可以具体分为"亲力亲为型"与"借助外力型"两种。从学理上看，亲力亲为型在家上学可能会在专业性、价值观和社会化等方面产生严重问题；而借助外力型在家上学虽然能够较为有效避免这些问题的产生，但从长远来看依然存在教育不公与阶层固化的深层社会隐忧。

1. 对亲力亲为型在家上学的学理反思

首先，施教主体的专业性与全面性无法保证。[②] 教师作为社会中的一项重要职业，具有高度的专业性，这种专业性主要体现在两个方面：一是作为职业的教师，在整体上具有专业性；二是作为个体的教师，在某一学科上具有专业性。[③] 教师作为整体的专业性，在制度上主要是通过设定教师资格获取、教学技能培训、教育心理掌握、师德师风传承等诸多规范要求予以确保。而教师作为个体的专业性，主要体现在专业分工上，如某类教师专门从事某一学科的教学或研究，像中小学语文教师、高中数学教

---

① 参见《21世纪教育研究院：2017中国"在家上学"调查报告》，载爱运营网，https://www.iyunying.org/news/101876.html，最后访问日期：2023年9月6日。
② 王佳佳：《美国"家庭学校"的教师资质问题论争及其启示》，《全球教育展望》2016年第11期。
③ 陈桂生：《"教师专业化"面面观》，《全球教育展望》2017年第1期。

师、大学法学教授等等。因此，从教师专业性角度考量，并不是所有人都适合并且能够成为教师。当然，这并不是说所有实施"在家上学"的父母都必须取得教师资格或从事教师职业，才能对自己的子女进行教育。父母对自己子女的教育具有天然的正当性①这点毋庸置疑，但并不是所有的父母都能够教育好自己的子女也是一个不争的事实，可以说有些父母并不具备教育好子女的能力。而"亲力亲为型"在家上学的施教主体除了孩童父母外并无他人，因此在专业性上难以获得保证。那么如果父母是教师，能否解决这一问题？答案同样是不能。这是因为，专业的分工和复杂精细化，使得教师精通并专注于某个学科方向，而无法做到所有学科的全面与全能。即使亲力亲为型的父母本身就是教师，他们也仅通晓语文或数学等某一学科的教学，而无法通晓体育、音乐、绘画、科学、法治、劳动等各学科的教学（这在小学低年级阶段或许可行），因此学科覆盖的全面性难以获得保证。仅依靠孩童父母双方（有时甚至是父母一方）教导的亲力亲为型在家上学难以在专业性与全面性上为受教儿童提供保障。

其次，施教、受教主体的价值观容易偏狭。由于亲力亲为型在家上学的施教主体仅为孩童父母，可以想见的是，作为受教主体的适龄儿童，正值价值观形成的初期，其价值观的形成仅来源于父母这单一渠道。获取信息渠道的单一性与施教主体的垄断性使得受教儿童的价值观养成具有相当程度的封闭性，而封闭性本身就容易导致价值观的单一、偏狭甚至偏激。如果此时施教主体的价值观本就失之偏颇，又无法得到及时纠偏矫正，就极其容易将偏狭甚至错误的价值观念植入受教儿童的内心，进一步导致受教主体的价值观偏狭，从而造成偏狭价值观的"文化遗传"。

最后，受教主体的社会化难以完成。② 现代学校除了教授知识外，还有一个重要的功能就是通过群体学习和群体生活来促进学生的社会化。由于"人是社会性的动物"，无法过离群索居的生活，而个人在正式进入社会的公共生活前，一般被认为需要经历一个"社会化"的过程，在习得通常的社交礼仪文化和基本的社会生活技能后，才能顺利地融入社会的公共生活中，从而成为一个合格的社会公民。而这个社会化过程一般被认为是在学校完成的，学校也被看作进入社会前的关键环节，因此学校又经常被称为"小社会"。而如果选择"在家上学"，尤其是亲力亲为型在家上学，

① 尹力：《试论父母教育权的边界与内容》，《清华大学教育研究》2012 年第 5 期。
② 廖青、肖甦：《我国台湾地区在家上学合法化之后的经验与启示》，《教育科学》2017 年第 3 期。

那么在很大程度上会导致受教儿童缺失社会化过程。因为亲力亲为型在家上学的教育场所是家庭，施教主体仅为父母，受教主体是子女，具有高度的内封闭性和强亲缘性，在这种环境下，受教主体欠缺群体学习与群体生活的机会，即便有也仅仅是与有血缘关系的兄弟姐妹一起学习，而缺少接触无亲缘关系的同辈和长辈的机会，因此难以完成社会化。这也是美英等国的"在家上学"在早已取得合法地位的今日却依旧为人所诟病的地方之一。[①]

2. 对借助外力型在家上学的学理反思

借助外力型在家上学可以通过聘请家教、多个家庭互助共学的方式来较好地解决施教主体的专业性与全面性不足的问题；同时由于施教主体的多元性与获取信息渠道的开放性，亦能在较大程度上避免出现受教主体的价值观偏狭问题；而通过多个家庭互助共学的方式，或是积极参与社区组织的各项活动，受教主体在社会化方面也能获得较大改善。[②] 因此，相较于亲力亲为型在家上学，借助外力型在家上学在专业性、全面性、价值观与社会化等各方面均有实质改进，并且能够根据受教儿童的需求提供个性化教育，真正做到一切为了孩子，符合"儿童最大利益"原则，是值得引进的在家上学类型。但如果我们将社会视作一个整体，将教育与收益、选拔相关联，同时将时间线放长来看，引入借助外力型在家上学作为义务教育阶段的一种替代形式，长久下去恐将导致教育不公与阶层固化的深层社会问题，就此埋下社会隐忧。

当然，即便没有借助外力型在家上学，这些问题在现代社会也存在，有关的讨论也从未停止过。而引入借助外力型在家上学同样无法改变这一既存事实，但是否会进一步加剧此种趋势也不能仅靠学理上的逻辑推导就武断得出结论，因此保持相当的审慎态度与预先考量很有必要。

三 制度上的再规制：如何"在家上学"

从必要性与学理性两方面对"在家上学"进行深入分析与反思后，得到一个立体全面的"在家上学"，结合"在家上学"的性质，最后要解决的是如果引入"在家上学"，应当如何规制。关于如何具体规范"在家上学"的问题，学界已有诸多颇具启发之论著，本文欲从"在家上学"的

---

① 王义坤、吴亮：《美国的在家上学制度发展及其启示》，《中国青年研究》2019 年第 9 期。

② 尚超：《美国"家庭学校"学生社会化问题研究》，《比较教育研究》2004 年第 5 期。

两种类型着手，就如何规制"在家上学"展开进一步分析。

（一）严格限制亲力亲为型在家上学

尽管亲力亲为型在家上学在现有实践中占比较大（超过七成），是多数实行"在家上学"的家庭的首要选择，但由于亲力亲为型无法保证施教主体的专业性与全面性，容易造成偏狭价值观的"文化遗传"并难以完成受教主体的社会化，从总体上看对适龄儿童之影响弊大于利，因此建议修改或通过相关立法以严格限制亲力亲为型在家上学。

至于为何不是立法完全禁止亲力亲为型，主要原因是考虑到小学低年级（1~3年级）的特殊性，即作为受教主体的适龄儿童还多数处于无民事行为能力或刚具有限制民事行为能力①的阶段，社会化需求相对较小，价值观也尚处于萌发期，并且在校所学的课业科目较少，对教学专业性的要求也不高，主要是养成良好的学习生活习惯，因此作为法定监护人的父母不仅有权教育②也是能够胜任的。但随着儿童年龄的增长和心智的成长，到了小学高年级（4~6年级）阶段，所学科目与知识逐渐增多，年龄与心智也已全部达到限制民事行为能力的程度，社会化需求显著增长，此时再由父母完全包办子女的教育则难免会出现前述的各项问题，故建议立法禁止小学高年级阶段的亲力亲为型在家上学。

对于小学低年级阶段，家长如欲选择亲力亲为型在家上学，可以采取"依申请许可"的原则，由所在学区的学校对申请材料进行初审，审核通过后提交给县（区）教育局进行复审。在提交在家上学申请时应注明类型为"亲力亲为型"，并同时提交"教学计划、课程安排、教材教案"等相关材料。审核通过后，施行亲力亲为型在家上学的父母应按照教学计划与课程安排做好日常的教育教学工作，并如实记录教学过程，制作教学日历以备核查，学校和县（区）教育局应对每学期审核通过的在家上学家庭进

---

① 《中华人民共和国民法典》第19条规定："八周岁以上的未成年人为限制民事行为能力人，实施民事法律行为由其法定代理人代理或者经其法定代理人同意、追认；但是，可以独立实施纯获利益的民事法律行为或者与其年龄、智力相适应的民事法律行为。"第20条规定："不满八周岁的未成年人为无民事行为能力人，由其法定代理人代理实施民事法律行为。"可见，不满8周岁的为无民事行为能力人，8~18周岁的为限制民事行为能力人。而小学低年级儿童为6~9岁，多数属无民事行为能力或刚具有限制民事行为能力。此时有关儿童自身利益的诸多决定都需要由其法定监护人代为作出，而无法由儿童自己决定。

② 《中华人民共和国民法典》第1068条规定："父母有教育、保护未成年子女的权利和义务。未成年子女造成他人损害的，父母应当依法承担民事责任。"

行定期检查，看是否落实了教学计划和安排，是否有"名为教学、实则辍学"的现象发生，一经发现应当撤销许可，强制儿童入校上学。但对于教学的效果和成绩则不应当做过多要求，更不能将之作为其后审批与否的衡量标准。即只要父母按照审核通过的申请材料严格落实教学计划与安排，就应当准予儿童继续"在家上学"。对于后续不申请在家上学的家庭，应允许受教儿童转入所在学区学校对应年级继续接受义务教育。但对于即将进入小学高年级的儿童家庭，则不应当准许其继续申请亲力亲为型在家上学。

（二）适时探索借助外力型在家上学

如前所述，借助外力型在家上学能够较为有效地避免专业化、全面性、价值观偏狭与社会化不足等问题，因此在进入小学高年级阶段后，应当在立法上禁止亲力亲为型在家上学，但可以适时通过立法探索构建借助外力型在家上学机制。

具言之，选择借助外力型在家上学的家庭，在适龄儿童的义务教育低年级阶段适用的申请要求相较亲力亲为型而言并无太大不同，即都是采取"依申请许可"的原则，由学校、县（区）教育局两级审批，一学期一申请，定期检查教学情况，但教学效果不作为批准通过与否的标准。这些要求均与亲力亲为型在家上学一致，但到了义务教育的小学高年级阶段，如欲选择继续在家上学，则只能选择借助外力型在家上学。

对于进入小学高年级阶段的适龄儿童家庭选择借助外力型在家上学的，应当采取"全过程监督"的原则，构建以"学校+教育局"为主的"尊重儿童意见、学前申请、学中检查、学后考核"的分阶段、全流程式监督方式。由于进入小学高年级阶段的儿童在年龄和心智上已达到限制民事行为能力的程度，具有一定的意志能力，能够较为清晰地表达自身感受且具有一定的辨识能力，因此对于是否采取借助外力型在家上学的方式，应当征求受教儿童的意见，并尊重其意愿。在父母向学校提出借助外力型在家上学的申请后，应当由学校通过谈话的形式征求儿童意愿，对于强烈反对的儿童，即使父母坚持，也应驳回申请。对于儿童和父母均愿意采取在家上学方式的，接受其申请，并对申请材料进行审查，除了审查"教学计划、课程安排、教材教案"外，还应重点审查所聘请的家庭教师是否具备教师资质，能否胜任家庭教学。儿童父母具备教师资格的，也可以同时担任教师，共同进行教学。在申请材料齐备的情形下，由"校—政"两级审核批准。申请通过后可以正式开始借助外力型在家上学，其间应接受学中定期检查，检查内容不仅包括教学上是否严格按照计划执行，还有社会实践的参与情况，以促进儿童的社会化过程。最后还应当加强对儿童的学后考核，也即在学期结束后，应当对教学效果进行检查，可以组织儿童参加相应的考试，并将考核成绩作为之后是否批准继续在家上学申请的依据。对于考核成绩不合格者，应当不批准借助外力型在家上学申请，使儿童进入所在学区学校对应年级继续接受义务教育。对于考核成绩合格者，可以批准继续在家上学申请，并为在家上学的家庭提供帮助与支持，直至义务教育阶段结束（见表1）。

表1　义务教育阶段"在家上学"类型

小学低年级（1~3年级）	小学高年级（4~6年级）
"依申请许可"亲力亲为型在家上学	禁止亲力亲为型在家上学
"依申请许可"借助外力型在家上学	"全过程监督"借助外力型在家上学

结　语

有关"在家上学"问题的分析探讨，这既不是第一篇，也不会是最后一篇。而对于"在家上学"的现实吁求，我们理当正视而不可忽视。虽然制度的构建漫长且艰难，但只要向前迈出了第一步，也就离终点更近了一步。至于我们是否愿意接受并积极面对，"在家上学"都已然在现实的进行中，但相较于无制度规范的盲动而言，有制度的依循毕竟更有保障。因此，认真对待"在家上学"，是当下中国教育法治现代化一个无可回避的重要问题。

经典名篇

资产阶级国家与主权问题[*]

〔苏联〕帕舒卡尼斯　著^{**}　姚丰瑞　姚　远　译^{***}

　　年轻的英国国家学专家哈罗德·拉斯基，基于近几十年的政治经验写成关于主权问题的研究著作，①其作为批判传统国家理论的尝试值得关注。拉斯基确信，目前国家学的任务主要是批判性的。"我们正站在人类历史中的批判时代的门槛上，"他表示，"现在即使是最基本的概念也需要分析"（《现代国家中的权威》，第 109 页）。在另一处，拉斯基进一步定义了当今危机的性质，"在我们这个时代，人们普遍觉得民主发展的结果并不尽如人意"（同上，第 52 页），此外，"不可否认，在最近四分之一世纪中，民主的议会制生命已经开始衰败"（同上，第 184 页）。在专门谈到英国时，拉斯基对"社会化的"（социализированного）自由主义时代进行了总结，该时代在 1906 年以"宏大的承诺"揭开帷幕，终结于世界大战，在普遍的"道德和经济上的幻灭"中黯然退场（同上，第 110页）。拉斯基同样指出了法国和美国政治民主的令人不满与失望之处。"在整个 19 世纪，世界上没有任何一个立法议会曾带来希望的曙光。朝向无形官僚政治的趋势愈演愈烈，因为国家本身正在成为（借用法语的表达来说）官员的辛迪加。"（同上，第 111 页）关于这场危机的原因，他并未按下不表。只要经济权力完全为资本所掌握，政治民主就是一个骗局。"不得不说，"他写道，"对我们这个时代的问题来讲，多数决原则并不是定论。只要政治权力依然与经济权力相分离，国家的决断实际上就是被歪曲的"（同上，第 113 页）。他不止一次谈到形式民主与全能资本之间的

---

　　*　本文译自 Евгений Пашуканис, Буржуазное государство и проблема суверенитета,《Вестник коммунистической академии》, 1925, № 10, стр. 300–312.

　**　帕舒卡尼斯（1891—1937），苏联著名法学家，提出"法的商品交换论"，著有《法的一般理论与马克思主义》。

***　姚丰瑞，烟台大学外国语学院专任俄语教师；姚远，南京师范大学法学院、中国法治现代化研究院教授。

　　①　H. Laski（Г. Ласки），Studies in the Problem of Sovereignty（К проблеме суверенитета），London, 1917; Authority in the Modern State（Авторитет в современном государстве），London, 1919.

这种基本矛盾，他不甚准确地将其定义为"政治权力与经济权力的分离"。因此，谈到美国时，他认为，那里的政治民主面临着世界上最强大的经济独裁（同上，第116页）。他不得不作出总结，即被冠以民主之名的政治制度需要作出重大改变，他宣称，"任何政治民主只要不是工业民主的反映，都不可能是真实的东西"（同上，第38页）。在下文中，我们将回到拉斯基对"工业民主"制度的理解上来；这里我们暂且指出，他并不同情那些要求"所有经济活性都集中在国家手中"的"率直集体主义的简单化公式"（同上，第37页）。在这里，就像在许多其他问题上一样，作者倾向于点到为止。

拉斯基也清楚地指出在资产阶级民主经历的危机中发挥了最积极作用的社会阶级。作者一一列举出英国政府近几十年来不得不面对的政治难题，如爱尔兰问题、妇女问题、第二议院问题等，并总结道，"但在这些问题之外，工人阶级问题如泰山压顶，其自我意识不断觉醒，把握自身命运的决心也日益坚定。工人阶级拒绝通过保险法等措施来解决社会问题。其罢工运动表现出的对资本力量的仇恨，比自神圣同盟以来的任何时代的仇恨都更加强烈。在著名的都柏林运输工人罢工中，工人阶级表现出了劳动史上空前的团结。……它要求彻底改革财富分配。……它在与资本的冲突中拒绝国家的调解。它对使用军队维持社会秩序持不信任的态度"（同上，第111~112页）。此番长篇大论尤为耐人寻味，因为其中包含了一个温和庸俗的人对现代英国工人运动的评估。当然，这里难免有些夸大其词，但也很能说明问题，毕竟我们的作者遍查19世纪——也就是说，甚至包括宪章运动时代——也找不到英国工人群体在某个时刻［比现在］更加敌视资本。

工人运动不仅动摇了资本主义社会和国家的基础，而且迫使我们修订相关的理论。无产阶级的阶级斗争是一个明明白白的事实，它撕下了现代国家的欺骗性面具（亦即"共同善""人民主权"等各式理论），并揭示出国家的本质在于一个阶级对另一阶级的有组织的统治。拉斯基不得不承认，"如果说哈林顿在三百年前宣布了权力同土地占有相一致这条规律，那么，考虑到工业革命的结果，我们可以将他的公式扩展为——权力同广义上的资本一致"（同上，第38页）。在拉斯基看来，"政治权力是经济力量的附庸"这一状况已是司空见惯，尽管他也承认，"民主权力的机制有掩盖这一真相的倾向"（同上，第39页）。因此，如果说一方面，拉斯基试图从这样一种国家概念出发，即国家是以追求共同善为目标的制度；②那么另一方面，他承认"这一目标的落实还远远不够，以至于人们对该真理本身的价值产生了怀疑"（同上，第 119 页）。原来，"正如我们在实践中看到的那样，国家反映了统治集团或统治阶级所认定的政治上的善"（同上，第 81 页）。但因为"现今政治上的善主要按经济来界定"，所以"国家也就在自身中反映了社会的经济结构"。拉斯基以近乎马克思主义的方式补充道，"无论我们以何种方式组织国家机构，在实践中它们都将反映占主导地位的经济体系，也就是说，它们将保护这种经济体系。经由立法表达出来的国家意见，归根结底是在复述那些掌握着经济力量钥匙之人的意见"（同上，第 81 页）。同时，拉斯基解释说，资产阶级政治家在捍卫资本家阶级的利益时，有可能根本不考虑自己的个人利益，例如，一个名叫约翰·布莱特的人在反对工厂法的时候，完全不顾及他自己腰包的利益。但这不是问题的要害，因为正如拉斯基所指出的，"即使是一个人道的企业家也很自然地认为，维护企业家阶级的福利乃是善行所在"（同上，第 38 页）。

因此，工人阶级拒绝承认现代民主国家（资本之国）的无条件权威，这一事实并不令人惊讶，因为拉斯基教导我们，"国家权力的行使多半与其［工人阶级］利益背道而驰，这是当下唯一完全确定的事情"（同上，第 87 页）。然而，拉斯基先生并没有由此得出结论说，工人阶级必须夺取国家政权，并使其为自己的阶级目标服务。这是可以理解的，因为如果我们的教授得出了这样的结论，那他的书就未必能在牛津大学出版了。相反，拉斯基先生笃信以下"基本真理"，即"单纯的政治武器无力达成经济力量的彻底重新分配"（同上，第 82 页）。因此，他更喜欢摆弄工团主义，鼓吹"工业权力与政治控制的分离"，认为"这将消除工人阶级自决的主要障碍"（同上，第 91 页）。

在这里，我们遇到了最有趣的问题之一，即拉斯基如何设想那种将要取代资本主义的社会制度。现存的事物秩序不是永恒的，拉斯基对此毫不怀疑，"一方面是资本主义，另一方面是现代的议会制政府形式，二者不过是历史范畴，一旦完成自身使命就会消失"（同上，第 185 页）。同样，拉斯基确信："很难找到能让资本利益与劳动利益长期和平共处的基础。"

---

② "我们已经充分详细地了解到，国家是为了实现美好生活而存在的（尽管对何谓美好生活有不同理解），因此我们赋予政府为实现这种美好生活而采取行动的权力"（《现代国家中的权威》，第 28 页）。

"资本所能作出的最大让步,"我们的教授解释道,"也远远不能满足工人提出的要求"(同上,第 87 页)。拉斯基认为,工人最终会通过他们的工会或"工业中的民主自治"取得对生产的控制。他们将努力使工会成为"应从中发展出全新的工业劳动秩序的唯一细胞"(同上,第 87 页)。拉斯基深信,工人阶级迟早会赢得这种控制权,而且一旦赢得,就不会放手。资本如何在不经过斗争、不进行革命、没有工人阶级夺取国家政权的情况下让出自己的特权,这仍然是拉斯基先生的秘密。但需要指出的是,按照他自己的一般观念,拉斯基先生也对通过争取多数票而使国家权力和平移交给工人阶级不以为意。在他看来,少数派只要有良好的组织,且在经济意义上是社会的重要组成部分,就同样能成功地实现其目标。他呼吁,"一个国家如果无法保障重要少数派(如有组织的工人)所承认的迫切权利,迟早应该改变它自己的形式和实质"(同上,第 119 页)。

正如我们所看到的,拉斯基既接受了工团主义的"直接行动"理论,也接受了他们关于"积极少数派"角色的学说。这再次向我们表明,资产阶级教授可以极好地利用工团主义的所谓革命原则,以便将工人阶级的有组织部分与其他群众分离开来,用有特权的少数派的心理调教前者,并引导他们远离真正直接地(在政治上)攻击资本主义的道路。拉斯基把工业民主理解成这样一种制度:工人的录用和解雇手续、工资、工作时长、企业内部规定等,都由有组织的工人们自己决定。拉斯基没有向我们解释,如果不对资本主义财产权作出果断侵犯,前述工业组织何以成为现实,以及作为资本主义国家的现代国家如何能容许这种侵犯发生。相反,他相当出人意料地发现了一种新的、完全超越阶级的国家职能,即担当消费者利益的代表。最终表明,国家"对生产过程本身并不感兴趣;后者只在涉及工业对社会需要的正当满足时,才与国家产生关联。它[国家]一视同仁地与人们打交道。在国家眼中,他们都是某些财富的消费者"(同上,第 83 页)。拉斯基先生得出结论:如果说劳动和资本的利益直接对立且因此不可调和,那么,劳动和作为消费者组织的国家之间总是可以达成某种协议的。拉斯基以直观的、形象的方式解释了这一点。如果发生铁路罢工,相关工会的目的在于实现某种"经济权力的重新分配"。铁路公司则会表示反对。而对于国家来说,拉斯基认为,经济权力的重新分配这件事本身无关紧要。国家只在意停滞的工作能够恢复正常。因此,拉斯基先生总结道,"在代表生产者利益的集团和由作为消费者代表的各部分构成的国家之间,可以逐渐达成某种协议"(同上,第 88 页)。拉斯基先生描绘了一幅这样的图景，"未来，无论生产过程如何组织，在其中都必须建立一个像国家代表消费者一样代表全部生产者的权威中心。这预设了两个在性质上类似于国家立法议会的机构"（同上，第88页）。拉斯基提出，与生产有关的法律应由生产者的最高机关制定，而供应事务则由消费者的机关负责。共同的问题应当合力解决。同时，任何中央机关都不应有独占的主权。生产者的组织自然要以生产来划分，如采矿业、纺织业、运输业；消费者的组织则以地域划分，如公社、郡、州；生产者和消费者之间的协议将采取各种集体协议的形式。由此产生的纠纷将由专门法庭处理。由此，拉斯基先生满意地同狄骥的思想挂钩，众所周知，后者认为"我们正在走向联邦制社会，而法学将在其中占据非常光荣的位置"（同上，第89页）。

从本质上批判这位可敬的教授所构建的荒谬乌托邦，恐怕没什么意义。"生产者"和"消费者"作为两个独立的集体，何必要彼此对抗呢！仿佛每个工人不同时是生产者和消费者似的。这里只需要指出，拉斯基先生对于未来社会的描绘，并没有表现出特别高明的独创性；所有小资产阶级的伪社会主义因素，在他身上杂乱无章地掺在一起，此种伪社会主义的精神之父甚至可以说是蒲鲁东。至于将工人的阶级代表权与全民代表权结合起来的思想，这与日耳曼独立派当时提出的建议如出一辙：将委员会与制宪会议纳入同一体系。综上所述，得出以下两个结论。第一，工团主义所宣布的反国家运动，不再引起那些目光长远的资产阶级政治家的恐惧，他们不考虑用武力镇压工人运动，而是尽量把其引向对资本主义威胁最小的方向。拉斯基先生对法国工团主义的好感再典型不过了。第二，比较明智的资产阶级政治家，容许第二国际的英雄们歌颂纯粹民主的神圣原则，但他们自己也完全明白，资本的这种统治形式已经多么昭彰，其在群众眼中的声望已经衰落且将继续衰落到何种地步，以及新的更加微妙的治民方法有多么不可或缺。"多数人的意志""民族的意志"等概念不再发挥催眠作用。必须去寻找一些模棱两可的形式，这些形式表面上承认无产阶级的阶级利益，而实际上则使其服从于"全民的"即资产阶级的利益。在我们看来，拉斯基先生承担起了寻找这种形式的工作。

这些就是拉斯基先生所开具的解决社会问题的处方。现在让我们来看看他根据近几十年政治经验得出的关于国家主权性质的理论结论。

从表面上看，这些结论对一位资产阶级国家学专家来说是非常大胆的。拉斯基提议干脆废除主权这一过时且实际上毫无用处的概念。在他的批判中，他遵循詹姆斯的实用主义方法，大致如下这样推论。曾几何时，国家权力的绝对权威或国家主权的思想有益于社会发展；在当时，此种思想也具有理论价值。但这个时代正在远去，正如"君权神授"的时代已经一去不返（《主权问题研究》，第 208 页）。国家主权是在特定时刻为特定目的服务的工具，它是"一把在某个最猛烈的政治冲突之中铸就的、在当时所向无敌的利剑；但现在这把剑必须被新的武器所取代"（同上，第 209 页）。

在拉斯基看来，坚信国家"在理论上可以保障其所有法令都得到服从"是毫无意义的，"毕竟我们知道，实际上这不过是谬论"（同上，第 270 页）。拉斯基认为，国家毕竟不是唯一的组织，因此也不是唯一的权威。它与其他组织同时存在，这些组织也发出命令，并以这样或那样的方式力求得到服从。从法律理论的角度来看，国家行使的权力具有某种特殊的性质，与教会或工会等组织的权力有着原则上的区别。但在实践中，无论怎样，最后问题都可归结为一则简单的事实：一些人下达命令，另一些人则服从命令。就达成目标而言比较奏效的命令与不那么奏效的命令之间的区别，才具有实际意义。但是这种区别并不包含任何原则性的东西。拉斯基于是得出结论，"从这个角度来看，路易十四废除南特敕令，教会引入新的信条或是工会宣布罢工——所有这些都是权力的表现，其与国家权力的不同之处仅在于程度，而不在于种类"（同上，第 270 页）。

此外，我们可以很容易地想象这样一种情景：存在于国家中的组织对其成员的要求，与国家对作为其臣民的同一批人的要求出现了分歧。在这种情况下，学说假设国家权力的命令至高无上。但拉斯基并不满足于这个假设。对他来说，问题由实践决定，而在实践中，国家往往是无能为力和应当让步的。[③]

"社会的历史，"拉斯基断言，"注定背离在危机时刻只有国家拥有强制权这一观点"（同上，第 12 页）。例如，在国家与专业组织之间发生冲突的情况下，任何工人"都可以声称他所追求的建立新平衡，对社会而言比履行国家目前施加于他的义务更有价值"（《现代国家中的权威》，第 85 页）。

自然，对于拉斯基来说，举出一系列国家主权落空（也就是说，未能确保自己得到服从）的例子并非难事。威尔士煤矿工人在战争期间无视弹药法的禁令而发动罢工。英国政府尽管拥有理论上的主权，却无法阻止南

---

③　拉斯基一般认为，国家行为的强制性是高度附条件的东西。"在任何国家都不可能先验地确信，政府的某一行为会得到服从。从理论上讲，无政府状态的可能性存在于任何时刻"（《现代国家中的权威》，第 36 页）。由此，拉斯基得出结论，"一套恰如其分的国家理论，必须考虑的主要不是权威的要求，而是权威的真正落实"（同上，第 31 页）。

非议会禁止印度教徒向德兰士瓦移民，就像它从前无法迫使那些系统地违反国家法律的妇女参政主义者服从一样。阿尔斯特人在战前发起反对爱尔兰自治法的实际暴动，而其中最有趣的是，著名法学家戴雪（"王在议会之中"派的主权理论家）也加入了阿尔斯特人的抗议活动，进而宣布自己准备反抗那种按其学说乃是绝对无上的权威。拉斯基对此不无挖苦地补充道，"要是他［戴雪］没有成功的希望，大概也未必会反抗吧"（《主权问题研究》，第 274 页）。

拉斯基对待主权问题的进路就是如此现实和务实。国家主权是一种未落实于实践的幻想；在任何特定的时刻，国家主权既存在又不存在；它属于可能发生之事的领域，而不属于绝对确实之事的领域。国家并不具备任何特殊的、能够将自身与一切其他组织区分开来的无限力量。"国家主权实际上与教会或工会行使的权力没有什么不同。……国家发出的命令未必占上风，而断言国家命令必占上风的理论将毫无价值"（同上，第 270 页）。

国力的界限由个人和组织的反抗能力决定。归根到底，总是存在着反对国家的"革命后备军"（《现代国家中的权威》，第 44 页）。拉斯基不仅阐述了此种社会生活的"多元主义"（它打破了主权国家理论家的一元论建构），而且坚信此种"多元主义"具有积极价值。他赞成国家内部势力和反国家势力的斗争，视之为进步与自由的唯一保证。"有时，个人或团体的意志会发生冲突，而只有在斗争中制服或测试力量，才能决定何方意志高出一筹"（《主权问题研究》，第 270 页），"在基本问题上的意见分歧，恰恰是自由的代价"（同上，第 274 页）。

拉斯基在他的"自由思考"中渐行渐远，甚至准备承认公务员罢工的权利（他专门用了一章来讨论法国公务员罢工的历史）。他对此的论述非常简单：如果官员联盟所反对的舞弊行为——薪酬不平等、保护主义、专横专断、因政治信仰而遭受的迫害——告一段落，那么也就不存在罢工的借口了。另一方面，如果这些借口仍然存在，即使明令禁止，罢工也一样会发生。"近年来的历史，"他论述道，"已经非常清楚地表明，法律在大规模民众运动面前是无能为力的"（《现代国家中的权威》，第 379 页）。

拉斯基驻足于法国教师因传播反战观念而惨遭迫害的案例，他不明白，教师传播反战观念怎么就比肯斯菲尔德创作反达尔文讽刺短诗更不被允许。只可惜，拉斯基没有就国家官员宣扬共产主义观念的权利问题发表意见。他是否会将这项活动等同于创作反达尔文讽刺短诗，还是会更加严厉地对待？若能获知他的立场，肯定会非常有趣。

必须大体指出的是，虽然拉斯基教授的著作问世于 1917 年和 1919 年，其中也提到了卡尔·李卜克内西和罗莎·卢森堡，但我们在书中找不到关于共产主义运动、"十月革命"或苏维埃的只言片语。或许这是因为我们这位教授在这些问题上没有足够的材料，尽管他的第二本书的序言落款日期是 1918 年 4 月，也就是说，写于"十月革命"之后。或许，还有一个可能性更大的原因，即对布尔什维主义、"十月革命"、共产主义运动等现象的忽略，是由我们这位作者的一般政治观念所决定的。毕竟，拉斯基先生虽有大量文献参考资料，却从未在书中提及任何一部马克思主义著作，这不是无缘无故的。就连马克思的名字本身，拉斯基也只提到一次，涉及一处断然的声明，即"马克思作为法国工人运动领导天才的地位，再次被蒲鲁东取代"（同上，第 114 页）。

同时，也不能说拉斯基吝于引用文献参考资料，对政治学说史全无兴趣。相反，关于各种政治学说和学派——从复辟理论家（德·迈斯特、博纳尔）到第三共和国的反动派（布尔热、布鲁内蒂埃）——的历史考证文章，在他的书中占据很重要的一部分。但马克思和革命马克思主义对这位可敬的教授来说，显然并不值得关注。这种情况使我们对拉斯基先生关于国家主权这一瑰宝的非同寻常的自由思考，稍稍作出不同评价。的确，如果一个人像拉斯基先生那样无视最融贯的无产阶级阶级斗争理论，略过这场斗争的最具革命性的表现，那么他就可以把资产阶级国家完全放心地移交给它的一切敌人，原因很简单，这些"敌人"本身实际上并不代表任何可怕的东西。如果我们考虑到这一点，那么这位伦敦教授的那些大胆和近乎革命性的结论终究不过是表面功夫，而他与主权国家的斗争乃是德国人所说的"模拟战"，即为转移视线而进行的斗争。他大量引证事实来表明资产阶级国家那不实的虚弱性，这些事实只能证明，除了无产阶级的共产主义革命之外，实际上没有什么能对国家造成严重的威胁。因此，举例来说，拉斯基深知，现代国家的实际威势使得它曾经的那些劲敌（如教会）的野心化为乌有。然而，为了证明国家的无能，他还是列举出了一些事实和史例，大都涉及 19 世纪基于国家与教会交互关系而发生的冲突。他的第一本著作完全围绕此类论题展开，包括苏格兰长老会的分裂、英国政府对抗天主教的斗争、英国教会中的所谓"牛津运动"、俾斯麦的文化斗争。

如此丰富的宗教—教会问题，或许能使拉斯基先生的书更容易为虔诚的英国公众所接受，但也在很大程度上剥夺了该书可以引起的普遍兴趣。

谁真正需要知道，可敬的查尔默斯先生在 1843 年就英国政府插手苏格兰教会事务一事发表了何种意见？或者，同样可敬的"书册派"曾表达了怎样的想法？以及最重要的是，这些事件与资产阶级民主的现代危机有着怎样的关系？拉斯基先生埋首研究了国家与教会之间的这些口角中最微不足道的细节，他认为或者想让我们认为，他已经证明了国家无力侵犯"教会的内在生活"。而事实上他恰恰表明，与从前世俗权力和宗教权力相斗争的时代相比，与英国国王会真心担忧其天主教臣民发动叛乱的时代相比，现代资本主义国家的实际威势得到了怎样的无限强化。现在，国家已经征服了自己曾经的对手亦即教会，并使其供自己驱策，不管后者被冠以何种名称。拉斯基本人深知这一点。当谈到格莱斯顿曾担忧天主教在宣称教皇永无谬误的时代的反国家影响时，拉斯基指出，如果放在 1916 年，他可能会有不同的观点。事实上，一个人可以成为教皇永无谬误论的拥护者，同时也能为了英国资本的利益而恭顺地战死沙场。两种"至上权威"和两种"服从义务"实现了绝妙共存。多元主义被证明是一项绝对安全的原则。拉斯基同情地引用了西德尼·史密斯的话，后者曾在 19 世纪上半叶写道，"假设这些天主教徒疯狂到在饮食中遵照中国道德家的指导，那就是三阶效忠。如果他们遵循婆罗门的着装规定，那就是四阶效忠。如果他们接受希腊长老关于教养孩子的指示，那就是一种新的效忠。但只要他们参与战斗、纳税、不犯罪，无论他们为自己选择何等荒谬的最高权威、何等怪诞的服从义务，都无关紧要"（《主权问题研究》，第 126 页）。出于同样的考虑，拉斯基甚至平静地准许了服从"社会主义国际"的义务，因为他相信后者的权威只是协约国外交政策的附加手段。因此，他甚至做好了为"第二国际"悲剧流泪的准备，"导致 1914 年国际社会主义政策崩溃的真正困境在于，国际社会主义无法为其在交战国中的公认代表赋予遏制德国侵略政策的必要权威"（《现代国家中的权威》，第 93 页）。因此，拉斯基坚信，"第二国际"的社会主义婆罗门的权威，不仅不会损害胜利的协约帝国主义的政策，相反，它能够为其提供非常重要的服务。

这清楚地告诉我们，在这位伦敦教授的"破坏性"理论的背后，其实隐藏着对现代国家制度之坚实基础的不可动摇的信心，即相信敌对势力将通过折中办法而被及时驯服、安抚和腐化，相信即使不借助"主权的催眠术"，对社会舆论的熟练处理也总会给出资产阶级所需的结果。因此，例如，拉斯基曾多次重申一种思想，即国家行动要经受每个人在"道德与法"方面的良心审判。总的来说，作为一名英国教授，他处处为自己的现实主义和务实精神加入些许合乎德性的伪善成分。他对以下事实感到愤慨：德国人在战争期间牺牲了自己的道德判断自由，坚定不移地站在政府一边，甚至在侵犯比利时中立地位、卢西塔尼亚号沉没事件等情况下也支持政府。（当然，此时拉斯基宁愿完全忘记"无论对与错，毕竟是我的祖国"这句俗语已经在英国扎根。）但是，拉斯基此种愤懑之情的意义在其对过去那场战争的回顾中得到揭示，他证明，"独裁"德国的军人作战时所具有的"冥顽不灵"，无法与"源出于自由思想过程的坚强信念"相提并论，后者乃是民主英国的军人的过人之处（同上，第93页）。原来，道德判断的自由不仅是无害的，而且对那个能巧妙利用"道德与法的崇高原则"掩盖其帝国主义政策目标的国家来说大有用处。如果能达到同样的目的，甚至能够证明自己与敌人相比具有"道德优越性"，为何还要愤世嫉俗，冒着激起反抗的风险公开宣扬马基雅维利原则呢？因此，应当指出，尽力给马基雅维利主义带去最后致命一击的拉斯基著作，将收获所有《凡尔赛和约》支持者的高度认同。总的来说，在很多方面，拉斯基先生都可被视作后凡尔赛时代之后最新"民主反战论"——它如今被打上"专家计划"的烙印——的先知之一。

　　拉斯基同这个特定历史阶段意气相投，这从他将各国置于整体图景中的方式上可见一斑。不出所料，在他看来居于首位的是文明与自由的三大优胜者：英国、法国和美国。我们这位作者单单关注这三个国家；这里，他追溯了某些进程，其进一步发展将会带来"真正的自由"，而绝口不提所有其他国家。对拉斯基来说，如上所述，各苏维埃共和国和正在觉醒的东方国家都是不存在的。在他看来，全人类政治进步的命运显然完全由现代的英国、法国和美国来决定，而其他国家则注定要承担后凡尔赛时代历次会议赋予它们的角色，即作为被动旁观者或被告。毋庸置疑，拉斯基认定，作为被告的德意志这个国家"将武力奉为最高法律"，并使"道德与法的普遍标准服从于国家需要原则"。

　　根据拉斯基的观点，世界大战对犯下惨绝罪行的德国来说是应有的惩罚。当然，我们这位教授在黑格尔哲学中找到了这种惨绝罪行的根源。同时这也给了他机会，将世界大战美化为"争取自由的斗争"，并以礼拜日布道的劲头回忆起战场上同时代人的"幽灵军团"，以及他们那种"将赢得的自由扩展到社会生活全部领域"的遗愿（同上，第122页）。最值得注意的是，正是在出现这种令人厌恶的调调的那部著作里，他告诉读者"大型金融康采恩与外交政策的联系是一个古老问题，其古老程度足以让任何客观观察家认识到它的重要性"（同上，第 48 页）。在这个问题上，拉斯基也提到日俄战争、塞西尔·罗德斯的冒险，以及一些德国公司如何利用政府的支持来获得租让经营权。但我们在拉斯基先生那里找不到更多新鲜的历史事例，来阐明上述"古老问题"。相反，他出人意料地向我们展示了如下发现，"在国家对外关系中，马基雅维利时代即将结束。将伦理标准应用于各国外交政策，这是所有记挂文明未来之人公认的一项要求"（同上，第 122 页）。面对如此信誓旦旦的说辞，读者当然只能冷静下来，并思考现代民主——根据拉斯基的说法，它罹受内部的斑斑恶行——如何不可思议地挖掘出自身的魔力，使其外交政策竟能摇身一变而成为美德的盛举。

我们对拉斯基先生著作的分析到此结束。如果说复辟时期的法国贵族"什么都没忘记，什么都没学会"，那么先进资本主义国家的资产阶级则并非如此。资产阶级的政客们学到了一些东西，并在尝试着忘记一些东西。例如，如果以两个资产阶级政党交替执政为机制基础的英国传统议会制，如今不仅在存有非资产阶级的第三政党的情况下发挥作用，也在恰由这第三政党组建政府的条件下发挥作用，④ 便能证明其一定程度的灵活性和适应性。新的理论须适应新的关系。如果说"议会中的国王"的主权实际上是通过一套复杂传导机制来行使的，而驯顺的工会领导人在其中发挥着至关重要的作用，那么戴雪的经典学说就应该让位于更灵活的拉斯基学说。如果说十五年前的英国统治阶级在上议院裁决工会是否有权参与政治活动（奥斯本案），而现在是由工会创建的政治组织（工党）在某种程度上掌握着政府权力，那么为了实现这样的演变，就需要有相应的意识形态工作。拉斯基先生的著作反映了这种新的需要。他的著作是我们这个时代的典型，在这个时代中，无产阶级和资产阶级在战前的旧有实力对比关系已遭破坏。他的著作向我们表明，资本主义国家已不能再坚守无法实现的超阶级主权的意识形态立场，而不得不寻找新的方法来腐蚀和贿赂无产阶级的某些阶层，就像衰落期的罗马帝国试图通过雇用越来越多的日耳曼部落守卫边疆，来延缓自身在所难免的灭亡结局。

---

④　本文写于麦克唐纳内阁垮台之前。

人物访谈

关于现代早期中国法科知识人

——孙笑侠教授访谈

孙笑侠　张　顺[*]

孙笑侠教授简介：

孙笑侠，1963年出生，浙江温州人，现任浙江大学数字法治研究院院长，教育部"长江学者"特聘教授。曾在浙江大学和复旦大学任教，中国社会科学院法学博士，享受国务院政府特殊津贴，第三届全国十大杰出中青年法学家，哈佛大学燕京高级访问学者。1984年起任教于浙江大学（含原杭州大学）法学院，历任讲师、副教授、教授，任博士生导师。1998年受命主持筹建新浙江大学法学院，后担任常务副院长。2007年起任浙江大学光华法学院院长。2012年至2017年担任复旦大学法学院院长，后兼任复旦大学学术委员会主任、复旦大学人权研究中心（国家基地）主任。从事法理学、公法学和法律人物史研究。代表作有《法律对行政的控制》《程序的法理》《司法的特性》《法治的需求及其动力》《法门穿行》《法科知识人》。在《中国社会科学》《法学研究》《中国法学》等刊物发表论文百余篇。曾任中国法学教育研究会副会长、全国法律硕士专业学位教育指导委员会委员（2004年至2020年）、上海市法治研究会副会长、上海市人民政府法制办咨询专家等。现兼任中国法理学会副会长、最高人民法院案例指导工作专家委员会委员、中华司法研究会常务理事、上海市委依法治市研究院学术顾问、上海市人民政府行政复议委员会委员。多次参加全国人大常委会、中央纪委、中央政法委、中央司法改革领导小组、最高人民法院、最高人民检察院、司法部、教育部、中国法学会、上海市委市政府等国家机关组织或委托的咨询论证活动。

被采访人：孙笑侠（以下简称"孙"）

采访人：张顺（以下简称"张"）

---

　　*　孙笑侠，浙江大学数字法治研究院院长、教授；张顺，常州大学史良法学院副教授。

张：孙老师，您好！非常感谢您能接受我的采访。今天的采访将主要围绕您 2023 年 11 月出版的《法科知识人》展开。这本书体量巨大，字数可能要超过 150 万字。是什么原因，促使您写作这样一本 60 位人物的评传？

孙：写《法科知识人》本来只是出于兴趣与好奇。我从 300 多位法律人物中选择了 60 位，这一过程要面对无尽又难寻的史料，于是写作变得十分艰难。但一直有一股很强的力量，持续在背后推着我。我当时也说不太清楚什么原因，现在细想，原因可能有两个。一是为了真实再现历史人物，纠正被今人误读了的历史人物面貌。比如，被概念化的严复、梁启超、王宠惠、顾维钧和李大钊，被淡化的余棨昌、周鲠生，被色彩化的陈瑾昆和钱端升，被遗忘的林行规、杨荫杭、冯炳南、王开疆，被神化的吴经熊，等等。以往有些学术作品关注制度史，而忽视法律人物，有些学术作品考证单个人物，而"爱乌及屋"，失去中立性。抽象概念化地盲目崇拜，是对历史人物的不尊重。二是试图探寻个体与历史的关系。法律人个体在法制历史中是什么样的存在？个人面对历史事件或体制运行规律，该如何对待知识、如何对待职业、如何对待专业、如何对待政治、如何对待命运？由于当代法律人有当代人的傲慢，以至于误以为自己能够把握自己的职业命运和历史命运。所以说，以史为鉴应该包括以历史人物为鉴，这也是写作此书的本意和原因。

张：以往我们习惯采用"法律人"或者"法律共同体"来表述法官、检察官、律师等法律职业，为何您会在这本书使用"法科知识人"这样的表述？出于什么样的问题？我个人感觉，"法科知识人"是您第一个使用。

孙：这涉及我是如何确立"法科知识人"这个新概念的。20 世纪 90 年代我研究法律职业，即法律人，包括学法律出身的法官、检察官、律师以及从政的法科官员，那时的法治建设背景是法律职业重建，如司法职业化、法律职业教育、法律职业伦理、司法考试等等。所以重点是从职业分类角度来研究不同法律人的共同素养与职业特性。但那时的研究只在制度建设方面，没有从个体的"人"的角度深挖，没有重点关注到法科从业人员并没有全部蜕变成政法体制机器上的"螺丝钉"，还存在少量的"知识人"。

康德用"有勇气运用理性"（have the courage to make use of your own intellect）来定义知识人，索维尔（Thomas Sowell）用"理念的处理者"区别于技术意义上的专家，有学者后来为康德的定义加了"在一切公共事务上"的限定，于是知识分子便是"有勇气在一切公共事务上运用理性"

的人。那么中国法律人中也有这样的知识人。

为什么我们能记住百年历史中的一些杰出的或臭名昭著的法律人？是因为这些人在运用理性上成了两个极端。比如像王世杰、胡次威是政府官僚，顾维钧、徐谟是外交官，但他们仍然保持知识人的专业理性。还有一批是法院院长、检察长、法官、检察官、律师，甚至还有专职从商者，如冯炳南开公司，郭卫经营法律图书，魏文瀚是杜月笙搭档、长江运输公司总经理。这些高官、律师和从商者受过法科教育，不仅有法科知识和思维方式，还能用理性处理公共事务。如果在其从政、执业和经商活动中失去法科知识人的"核心品质"，他们就会自动退出法科知识人的范畴。有的人一生中功过参半或晚节不保，就是因为有时拥有理性，有时丧失理性，比如六十人中的董康、杨鸿烈和郑毓秀。

张：在《法科知识人》这本书中，您将这 60 位人物分为"新知先行者""政治行动者""职业行动者""学术静观者"四类。为何为做这样的区分，区分的标准是什么？

孙：我的四类型划分是根据中国传统的"士"的类型，"士"有"事"与"思"的基本关系，这正构成后来中国知识人"行"与"知"的范畴。这与西方知识人"行动的人生"（vita activa）和"静观的人生"（vita contemplativa）的划分，又是吻合、呼应的。

第一波是"新知先行者"，他们并非全都是法科出身，但他们发挥了法科知识人的作用。西方法学知识刚进入中国，为变法图强的紧迫任务，边"知"边"行"，是这一波法科知识人的特点。除极少数留学欧美者之外，大致有三类。一是在西方法学专业知识尚未普遍传入中国的时期，一些懂西方、懂西学的非法科知识人，起到了法科知识人的替代性启蒙布局作用。而这种新知识和新理念最初来自法政启蒙学者，如严复、康梁等人，他们为文明进步、客观上也为修律变法作了新知识和新观念的储备，以此来看，严复、康梁等人是法学方面有"新知"的知识人。二是传统律学家经过学习研究，成为中国第一代法学家，如沈家本、董康等。三是早期留学日本取得法科学位（或速成法科）回国从事修律变法的骨干，如六十人中的江庸和汪有龄以及书中介绍到的章宗祥、曹汝霖、陆宗舆、吴振麟、范熙壬等人。

第二波是直接投身政治行动的法科知识人，我称之为"政治行动者"。之所以直接投身政治，是因为大批早期法科知识人有"治平"思想和从政的制度环境，他们以行动来服务于社稷，有直接从政的，比如王宠惠、罗文干、王世杰、胡次威等是政府官僚，也有在野从事立宪运动的，比如褚辅成、沈钧儒、刘春霖等。当时还没有健全的法律职业制度，所以这一波法科知识人的出现有一定历史必然性。当时尚未形成法律活动的职业化，法律职业共同体尚未成熟，因此他们行动的政治性多于职业性，甚至完全是政治性的行动。

第三波是司法职业化阶段涌现的行动者，我称之为"职业行动者"。这与法制秩序的初步建立和相对成熟有关，出现了一批有专门化知识和素养的法律职业从业者，比如北洋时期大理院的推事和同时期的律师。从逐渐养成的法律职业共同体中凸显了一批有现代知识分子性质的有思想、有作为的职业知识人。比如大理院的余棨昌和刘崇佑、林行规、陈锐霆等律师。

第四波是专职从事学术或教育的，可称为"学术静观者"。法律活动职业化到一定阶段，出现了以学术为业的独立法学家职业，这便是静心从学的法科知识人。1917年蔡元培说，"现在我国精于政法者，多入政界，专任教授者甚少，故聘请教员，不得不聘请兼职之人，亦属不得已之举"。他推进大学学术化，始以法科治"术"非"学"为由，将其脱离北大，终因反对声音甚烈作罢，继而倚重英美派对法科施以学术化改造，改变"留日派"独掌北大法科的局面。英美派的到来"始组成正式的法科，而学生亦渐去猎官的陋见，引起求学的兴会"。1919年改"学门"为"学系"，"法科"改为"法律学系"，可谓法科学术化演进的重要标志。学术成为独立的职业之后出现的专门从事学术和教育的知识人群体，整体上是最晚出现的知识人类型，以法学学术为业，治学从教，疏离体制，独立于政治。

张：如果非要在这四类人物中进行评判和选择，您更青睐哪一类型？为什么？

孙：法科知识人这四种类型是知识进化的结果，依历史角色演变逻辑的先后顺序，登上历史舞台。四种类型的法科知识人中除了第四波"学术静观者"之外，都是"行动派"。如果从后人（读者）角度看，三类"行动派"的人生有故事，活得有声有色，有事功，有感悟。如果他们能够在晚年把自己的感悟和思想写下来，完成从"行动"到"静思"的转型，"行"与"知"达成了平衡——这就有了完整的生命体验。这是我更欣赏的人生。

张：作为读者，我们非常想了解，在这60位"法科知识人"中，您最为推崇的是哪一位？为什么？

孙：这 60 位前辈中，各有千秋，甚至其中的少数"丑角"也有值得我尊重的地方。无疑，沈家本是中国法制近代化转型的领袖人物，严复以翻译西方著作启蒙国人有无可替代的贡献，梁启超是位有趣味有温度有自知反省精神的启蒙者，伍廷芳是位有正义感、家国担当和无私直率的早期法律家，这些人物都是我们耳熟能详的人物。此外，还有些人物的特点并没有受今人关注，比如把职业主义发挥到淋漓尽致的律师，包括五四时期著名律师刘崇佑、中国行业法务开拓者林行规、在上海滩助力公共事务的著名律师陈霆锐等等。职业化法官中也有令人敬仰的，比如曾任大理院院长的余棨昌、郁达夫的哥哥郁曼陀、被日伪威逼而流亡四年的郭云观、代表中国出席东京审判的检察官向哲濬等等。

另外"静思派"中也有学者的典范，不仅学问精湛，事功显赫，格局宏大，人生又极具戏剧性。比如周鲠生、张君劢、史尚宽、梅仲协和李浩培，他们可谓楷模型学者，一点不输给人文学科中的陈寅恪、胡适等民国一流学者。只是因为我们是法科，专业性强而不受社会公众关注。拿周鲠生先生来说，他隐约存在一明一暗两条线索，由此可以看到他书斋内外两个空间。我们现在只知其"明线"，诸如渡洋留学，回国任教，筹创武大，书斋问学，等等。他还有一条"暗线"。我们很少注意周鲠生的身世，他是孤儿出身，他年轻时就有一个"铁杆"的朋友圈，他们一起参加过辛亥革命。他的留学经历缘起于被清政府抓捕而逃亡，逃到了上海受黄兴资助而赴英国留学。留学回国在北大任教期间还被指派创办了好几所大学。他的国际法思想广博深邃而富于实践理性。他对于政治有独特的处理风格，在需要他的时候，担当大任，事毕后又没事一样地返回书斋。他在抗战期间为何去美国长达 6 年？和谁在一起？他和胡适是怎样的友谊？他学术思想的底色是怎样的？周鲠生的这条"暗线"上的细节，在书中都有逐一交代。通过明暗两条线的交织可以看到他的"两个空间"——书斋内外的学术之"知"与实践之"行"的空间。作为学者，周鲠生深思于书斋，又践行于社会。他之于书斋内外的张力、兼顾与管控几乎是达到了极限。在"知与行"的理性上，他是近代法科知识人的一个典型标本，人们只知其国际法著作，而这个人物却鲜有被人认识和知晓。

张：这 60 位"法科知识人"，绝大多数人都有留学经历。学术界也常常根据学者的不同留学经历，将其分为德国派、英美派等。您怎么看这一现象？您认为二者之间有何关联性？

孙：一方面，这是时代造就的。因为法科知识主要是舶来的，当时主要靠出国留学，接受法科训练。另一方面，这也反映了一个普遍现象——杰出的时代人物与留学经历之间有着必然联系。这六十人中的大多数有留学经历，是 20 世纪前五十年法律人中的佼佼者。留学能够比较中西、增长理性、提升认知、开阔视野和体验人生。甚至连已中状元的刘春霖，也决心东渡日本留学，研习法科，归来服务国家与社会。如果刘春霖满足于所谓的"国学"，他的眼光、视野、境界、思维和能力能达到这样的高度吗？所以胡适说，"一个时代有一个时代的'士大夫'"。当代中国虽然经济发达了，但在法律与制度上，仍然还处在向西方持续学习法律的阶段。在今天，对于个人而言，如果要学习新的有用的专业，比较中西文化差异，增长理性，提升认知，开阔视野，体验人生，出国留学仍然有必要。

这 60 位前辈中留学日本的多于留学欧美的，而留学英美者多于留学欧陆的。这是当时不同国家留学难度与成本不同所致，留学欧陆的难度和成本最高。所谓德国派、英美派之分，在当时并不那么明显。1907 年从德获得法科博士学位的马德润，是中国第一位留德法科博士，但他的留德学历并没有多大优势，原因和个人性格有关。在蔡元培主政北大时，有留日派和欧美派之分，前者以兼职从教从政的居多，因此蔡元培对他们很反感，甚至想把北大法科撤销停办算了，过了几年，因欧美派回国海归多了，占据一定比例的教席，这才敦促北大保留了法科。至于后来到了 30 年代，特别是抗战之后，一个问题凸显出来——中国究竟是优先学德国法还是优先学美国法？这才有了留德派与留美派的分野，因制度选择关系构成了知识竞争关系。今天看来，留德与留美各有长处，中国法治是混合型继受的结果，因此，我们不一定全部学德国法，但民法上我们必然要学习德国法。

张：早在十多年前，您和苏力教授围绕"法律人思维"进行了一场论战。"法律人思维"和《法科知识人》的研究之间是否存在某种深层联系？

孙：《法科知识人》当然会涉及法律思维，因为清末第一代法科知识人出现的标志就是接受法科思维训练后从事法律活动。中国传统的律学，也有法律思维，比如古代律学家们在法律适用上讲究"经"（常）与"权"（变）、"名"与"实"关系，这是古典的法律方法。但律学不是现代意义上的法学，因此还难以构成一种完整的法律思维和法律方法，何况二者法律价值观也大相径庭。中国社会处世待物有独特的思维，过于讲究功利和实用，而缺乏规则、逻辑与权利思维，缺乏体系性和价值理念。这是由我们的文化决定的。所以法律思维的养成对于中国人而言是个极为重要也是相当漫长的过程。而法律思维的独特性，取决于有无独特的知识体系、概念定义和价值观。在此一时难以讲清楚，总而言之，第一，知识是成逻辑体系的，不能把知识作孤立和割裂的碎片化理解；第二，词汇不等于概念，二者区别在于概念是思维的要素，概念是有确定性定义并包含思想的；第三，法律思维是有价值观的。

我在法科教育中一直主张并致力于推动法律人思维的养成。法律思维是法律人的标志性因素，所谓法律理性，也集中表现于此。欧陆的法律思维强调推理的"体系"思维，美国现实主义法学传统强调"灵感"和"洞见"（霍姆斯），这是风格的不同，但并不代表美国法律人没有法律思维。美国后现代法学为学术竞争上的标新立异，波斯纳"超越法律"的思维，只存在于特殊案件或疑难案件中，并不表示可以此来打破法律职业的思维方式。即便如此，也只是少数学者的意见。

张：美国学者波斯纳特别强调，法律人在法科知识的基础上，一定要掌握相应的法外知识。结合"法科知识人"的研究，您是否认可这样的观点？为什么？

孙：法律人要掌握相应的法外知识，我很赞成，因为办案和决策都不只用到法律知识。尤其是在当代。今天我们的法律已经具有高度的交叉化，我把它称为法律的"科际性"，一部法律或一个条文中，包含了法科以外知识，甚至是自然科学的知识。因此，法学也必然趋向于"科际性"的增强。法官、律师或政府决策者在思考法律问题时，碰到的不再是单一的法律知识，还可能交叉到经济学甚至自然科学。我经常讲，今天的法律教育和课程设置不能停留在上个世纪，时代和社会对法律人才的需求在发生变化。要与时俱进，增设交叉法学课程和法外知识课程，要训练法科生交叉复合、触类旁通的能力。要克服法科毕业生就业难，重点也在于此。

张：讲到法律人，也总是会说到"法律人共同体"。在多个场合，您都强调法学是职业之学，法律人是一个共同体所形成的，职业共同体内部要形成邻人效应，互相监督。这60位法科知识人所处的时代，是否有法律人共同体？为什么？

孙：这是个老问题。法律教育不同于通识型的文理和艺术教育，它本质上是职业教育。职业教育的最大特点是按照职业要求统一训练。法科生毕业后考取法律职业资格，进入社会就业，从事法律活动或其他工作，原本应该有共同的知识体系、共同的法律思维、共同的解释方法、共同的职业语言、共同的职业伦理、共同的职业信仰。因此他们隶属于知识共同体。如果他们又经过同一道门槛——法律职业资格考试，这从理论上讲，就是统一化的职业素养的考核检验。曾经实行的国家统一司法考试和后来的法律职业资格考试，一个基本精神就是达成法律职业素养的"统一性"。尽管法科生从事各种不同岗位的工作，诸如律师、仲裁员、法官、检察官、法律顾问、政府公务员甚至进入其他企业或经商等等，看起来是不同的岗位和角色，但他们受过法科专业训练，至少能够把法律知识和思维带到本职工作领域中。

"法律职业共同体"是针对某种社会弊端现状而提出的，过去提出这个问题，主要针对检察官、法官和律师的紧张关系或相互不尊重而言。这是一种对未来的良好愿望，希望司法官与律师之间以职业共同体成员相待，消除紧张关系乃至不尊重现象。有人说，事实上并不存在这种共同体，我也接受这个判断。但是，现实生活中有凶手滥杀无辜，有人在污染地球，你能否认人类存在命运共同体吗？

张：近年来，如何建构中国自主法学知识体系，破解法学发展"卡脖子"问题是学术热点话题。在民国时期，已有中国学者在国际上享有一定的声誉。这些法科知识人的学术研究和人生阅历，对于中国自主法学知识体系的建构有何启迪？

孙：中国法科知识人百余年的努力，某种意义上说，就是让中国从制度上融入世界文明之林。当然这百余年里，也曾经出现过一个问题的讨论——舶来的法学能否克服水土不服问题？尽可能让引进的文明制度融入中国，这是几代人共同努力过的大业。其间也形成了观点的对抗，比如沈家本的法理派与张之洞、劳乃宣的礼教派。政治上的守旧思想往往是法治进步的最大障碍。

今天提出"中国自主法学知识体系"，这是个巨大而复杂的课题。如果只为"自主"而一味强调"自主"，那么一国法学很容易达到"自主性"，因为法律是主权的体现，正所谓"我的地盘我做主"。如果我们要在刑法上恢复株连、肉刑，审判程序搞"跪审"和游街示众，民法上恢复礼制，男尊女卑，父父子子，这不是很具有"自主性"吗？从这个极端例子中，你可发现，自主还要顾及文明标准，自主与文明之间有微妙的关系。自主不能只强调文化传统特色。而不考虑人类文明标准。文明标准不是哪国定的，而只可能是哪国先搞的。文化与文明不同：文明是反野蛮、反愚昧的价值观，文化是一种事实存在；文明是人类统一的共同性财富，而文化是局部人群的多样性习俗；文明一定是先进的，而文化可能是落后或腐朽的。一国艺术与文学的自主性很有必要，正如中国的京剧、诗词、书法和国画。但法律与法学的自主性实现起来是很难的。难在既要满足法学的"自主性"，又要满足法学的"文明性"。首先要找到本民族优秀法律和法学传统，并且它能够融入世界，成为人类文明的价值。就此而言，中华文明中并非没有这类宝贵传统，比如无讼或息讼思想。如何把这种思想加以改造创新，进而设计成一种现代文明的制度？这需要法学界和法律界来研究、构想和设计。

张：由于我们是史良法学院的校友或学生，也十分想了解您对史良先生的评价？

孙：明年是史良先生诞辰 125 周年。她 1900 年 3 月 27 日出生于常州一个文化人家庭，祖父和外祖父都是前清的进士。父亲史刚（字子游）是个私塾先生，家中有 9 个孩子。史良从小就不裹脚，是"天足"。在那个"不裹脚没人要"的时代，她很可能是个"没人要"的女人。史良从小就不想做个传统的女子，加上家中兄弟姐妹多，成长环境宽松，从小就受大家庭爱学习和爱自由的空气熏陶。史良受姐姐史群影响较大。史群是女师国文教师，思想成熟，表达清晰，演说能力强，常支持和参与学生活动，是史良身边的榜样。史良 14 岁才入读武进县立女子师范附小读书。她的中学是江苏武进县立女子师范学校，她成绩好，胆子大，生性倔强，说话做事爽脆，样样抢在前头。史良多才多艺，还有绘画天赋，读书时有写生作品刊登于校刊。从女权意识角度看，其实史良本有"女权"之天赋。

史良原来在上海法政大学读书，1926 年学生运动矛头指向校长徐谦及其夫人，发生"驱徐驱沈"运动，结果有 4 名同学被开除，史良为此抱不平，走上讲台发表演说，并与 100 名同学随之组成护校团。加上徐谦校长与王开疆意见不合，王开疆便退出"法政"筹办"法科"，即上海法科大学。史良不光一个人转校来了，她还带着 100 多名同学，脱离法政大学，转校进入法科大学。

史良 1931 年当律师之际，上海只有极少数女律师，据 1931 年的一篇《女律师的特别责任》介绍，上海约有七八个女律师。这就不难理解她后来律师执业过程中从事妇女解放、民主抗争、抗战动员等活动的勇气和胆魄。作为女性的她的行迹在那个年代是十分稀罕的。1933 年初夏，宋庆龄专门约史良到家里，要她为一个叫施义的人辩护。史良年轻，感到压力大，便请她的老师董康律师一起办。结果，法院判决施义52天徒刑，同时可以交保释放。没想到后来有人叛变，招供了施义的真名——邓中夏。1933年9月，邓中夏在南京雨花台英勇就义。这是史良"第一次承办为革命者辩护的案件"。1937年"七君子"免罪开释时，有记者采访"七君子"中唯一女性史良。一见面，她就爽朗而幽默地笑称："关了7个月多1天，体重增加了17磅。"然后说，在看守所，是大学毕业以来最舒适的一段时光。对自己蹲监狱如此轻描淡写，第一句话就以体重自虞，足见此女子非同一般。她在同时代女性法律人中脱颖而出，成为凤毛麟角。从今天的眼光看史良的思想和行动，有反叛精神是其一，但关键是这种反叛需要公共性的方向感，这才使得她的勇气成为理性的勇气。与其说她是个有反叛精神的女性，不如说她是个反叛旧习俗和旧制度的跨时空的成功穿越者。

稿　约

《法律与伦理》是由常州大学史良法学院创办、社会科学文献出版社出版的集刊。每年出版两期（1月和7月）。现面向海内外专家、学者真诚约稿。

一　刊物栏目设置

本刊主要栏目有：

（1）自然法专题；

（2）法律与环境伦理专题；

（3）法律、科技与伦理研究专题；

（4）法律与人性关系研究专题；

（5）法政治学研究专题；

（6）法律职业道德研究专题；

（7）部门法学研究专题；

（8）书评；

（9）人物访谈；

（10）学术通信。

二　注释体例

（一）本集刊提倡引用正式出版物，根据被引资料性质，在作者姓名后加"主编""编译""编著""编选"等字样。

（二）文中注释一律采用脚注，每页单独注码，注码样式为：①②③等。

（三）非直接引用原文时，注释前加"参见"；非引用原始资料时，应注明"转引自"。

（四）数个注释引自同一资料时，体例与第一个注释相同。

（五）引用自己的作品时，请直接标明作者姓名，不要使用"拙文"等自谦辞。

（六）具体注释举例：

1. 著作类

①王泽鉴：《民法总则》，北京大学出版社，2009，第 80 页。

2. 论文类

①朱庆育：《法律行为概念疏证》，《中外法学》2008 年第 3 期。

3. 文集类

①〔美〕杰里米·沃尔德伦：《立法者的意图和无意图的立法》，〔美〕安德雷·马默主编《法律与解释：法哲学论文集》，张卓明等译，法律出版社，2006，第 115 页。

4. 译作类

①〔德〕维尔纳·弗卢梅：《法律行为论》，迟颖译，法律出版社，2013，第 155 页。

5. 报纸类

①刘树德：《增强裁判说理的当下意义》，《人民法院报》2013 年 12 月 27 日，第 5 版。

6. 古籍类

①《汉书·刑法志》。

7. 辞书类

①《元照英美法词典》，法律出版社，2003，第 124 页。

8. 外文注释基本格式为：

author, *book name*, edn. , trans. , place：press name, year, pages.

author, "article name," *journal name*, vol. , no. , year, pages.

三　审稿期限

集刊实行审稿制，审稿期限为两个月。谢绝一稿多投。

四　投稿邮箱

投稿邮箱：lawethics@ sina. com。

《法律与伦理》编辑部

图书在版编目（CIP）数据

法律与伦理. 第十三辑 / 侯欣一，夏纪森主编 .
北京：社会科学文献出版社，2024.12. --ISBN 978-7-
5228-4551-7

Ⅰ. D90-053

中国国家版本馆 CIP 数据核字第 2024NL9724 号

法律与伦理 第十三辑

主　　编／侯欣一　夏纪森

出 版 人／冀祥德
组稿编辑／刘骁军
责任编辑／易　卉
文稿编辑／齐栾玉
责任印制／王京美

出　　版／社会科学文献出版社·法治分社（010）59367161
　　　　　　地址：北京市北三环中路甲 29 号院华龙大厦　邮编：100029
　　　　　　网址：www.ssap.com.cn
发　　行／社会科学文献出版社（010）59367028
印　　装／三河市龙林印务有限公司

规　　格／开本：787mm×1092mm　1/16
　　　　　　印张：13.75　字数：231 千字
版　　次／2024 年 12 月第 1 版　2024 年 12 月第 1 次印刷
书　　号／ISBN 978-7-5228-4551-7
定　　价／98.00 元

读者服务电话：4008918866